ŒUVRES COMPLÈTES
DE
EUGÈNE SCRIBE

DE L'ACADÉMIE FRANÇAISE

OPÉRAS COMIQUES

HAŸDÉE
LA NUIT DE NOËL
LA FÉE AUX ROSES
GIRALDA

PARIS
E. DENTU, LIBRAIRE-ÉDITEUR
PALAIS-ROYAL, 17-19, GALERIE D'ORLÉANS

IV. — 14.

1879

Paris-Imp. PAUL DUPONT, 41, rue Jean-Jacques-Rousseau. 294.7.79.

ŒUVRES COMPLÈTES

DE

EUGÈNE SCRIBE

DE L'ACADÉMIE FRANÇAISE

RÉSERVE DE TOUS DROITS

DE PROPRIÉTÉ LITTÉRAIRE

En France et à l'Étranger.

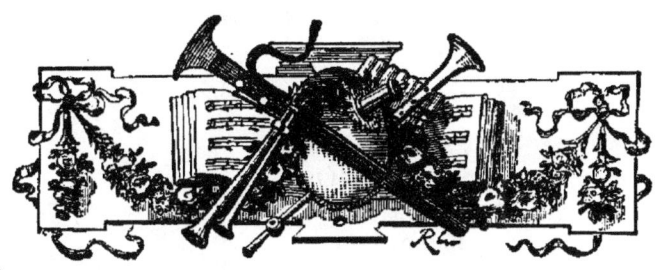

HAŸDÉE
ou
LE SECRET

ACTE PREMIER

Un riche appartement dans le palais du gouverneur de Zara, en Dalmatie. Portes et fenêtres au fond. Portes latérales. A droite un canapé et une table. A gauche une table.

SCÈNE PREMIÈRE.

LORÉDAN, MALIPIERI et LES PRINCIPAUX OFFICIERS de la flotte vénitienne assis à une table somptueuse, DOMENICO, PLUSIEURS MATELOTS ou ESCLAVES GRECS les servent.

COUPLETS.

Premier couplet.

LORÉDAN.
Enfants de la noble Venise,
Vaillants marins !

MALIPIERI et LE CHŒUR.

Vaillants marins !

LORÉDAN.

Que liberté soit la devise
De nos festins !

MALIPIERI et LE CHŒUR.

De nos festins !

LORÉDAN.

J'aime la vapeur enivrante
De tous les vins !

MALIPIERI et LE CHŒUR.

De tous les vins !

LORÉDAN.

Et gaîment je permets qu'on chante
Tous les refrains !

MALIPIERI et LE CHŒUR.

Tous les refrains !

LORÉDAN, seul, élevant son verre.

Présent des dieux, douce ambroisie,
Viens charmer, consoler nos jours !
Par ton ivresse l'on oublie
Jusqu'à l'ivresse des amours !

Deuxième couplet.

Amis, je bois à la défaite
Du musulman !
Je bois ces vins que leur prophète
Blâme et défend !
Demain le fracas de la guerre
Et des canons !
Mais aujourd'hui le choc du verre,
Et répétons :
Présent des dieux, douce ambroisie,
Viens charmer, consoler nos jours !
Par ton ivresse l'on oublie
Jusqu'à l'ivresse des amours !

LE CHŒUR.
Par ton ivresse l'on oublie
Jusqu'à l'ivresse des amours !

MALIPIERI.
Vive notre amiral ! il fait bien les choses. (Aux officiers.) Jamais je ne l'ai vu d'aussi joyeuse humeur !

LORÉDAN.
Vous trouvez, Malipieri?...

MALIPIERI.
Hier, vous nous donnez un bal... aujourd'hui un dîner somptueux.

LORÉDAN.
Et demain peut-être une bataille.

MALIPIERI.
Quel luxe de plaisirs!...

LORÉDAN.
Domenico, apporte nos chibouques.

DOMENICO.
Oui, maître.

MALIPIERI.
Et pour terminer dignement la soirée, fais dresser les tables de jeu.

LORÉDAN, brusquement.
A quoi bon?

MALIPIERI.
Je défie tous ces messieurs... à commencer par vous, amiral !

LORÉDAN, tressaillant.
Moi, dites-vous... moi?

MALIPIERI, de même.
Et pourquoi pas?

LORÉDAN, troublé.

Pourquoi?... (Se reprenant.) Demain la flotte quitte le port de Zara pour retourner à Venise, et l'on peut employer sa soirée mieux qu'à perdre ou à gagner des poignées de sequins.

MALIPIERI.

Par le temps qui court les poignées de sequins sont rares ! et, si vous n'y tenez pas, n'en privez pas les autres... Je parie cent pièces d'or au premier coup de dés.

TOUS.

Je les tiens !

LORÉDAN, avec colère.

Messieurs ! (Se reprenant.) Vous êtes les maîtres. (Se retournant vers Domenico.) Qu'est-ce?

DOMENICO.

C'est Haydée.

MALIPIERI, bas, aux officiers.

L'esclave grecque qui nous appartenait et qu'il nous a enlevée.

SCÈNE II.

Les mêmes; HAYDÉE.

HAYDÉE, s'adressant à Lorédan.

Monseigneur...

LORÉDAN, avec bonté.

Que me veux-tu?

HAYDÉE.

Ma maîtresse Rafaëla, votre pupille, désirerait vous parler.

LORÉDAN.

C'est bien !... je me rends chez elle. (Aux officiers.) Vous pouvez, messieurs, passer dans la salle de marbre. (Leur montrant les appartements à gauche.) Rien ne vous y dérangera... je vous laisse.

MALIPIERI.

Ne reverra-t-on pas Votre Excellence de la soirée?

LORÉDAN.

Je ne le pense pas.

MALIPIERI.

J'aurais désiré cependant l'entretenir, avant notre départ de demain, d'une importante affaire.

LORÉDAN.

Je suis toujours visible pour mes officiers... pour mes compagnons d'armes!... ici... dans une heure... je vous attendrai.

MALIPIERI, s'inclinant.

J'aurai l'honneur de m'y rendre... (Aux officiers.) Et nous, allons jouer jusqu'au jour.

LORÉDAN, brusquement.

Adieu, messieurs.

(Il s'élance par la porte à droite pendant que Malipieri et les officiers sortent par la porte à gauche.)

LE CHOEUR.

Vive le jeu, douce folie,
Qui charme nos nuits et nos jours!
Par son ivresse l'on oublie
Jusqu'à l'ivresse des amours!

SCÈNE III.

HAYDÉE, regardant sortir Lorédan, DOMENICO, au fond du théâtre, donnant des ordres aux esclaves qui emportent la table.

HAYDÉE.

Qu'a donc le maître?... comme il est sombre!...

DOMENICO.

Lui? il était tout à l'heure d'une gaité folle. Il chantait, il versait à ses convives tous les vins de l'Espagne et de la Grèce... et tout à coup, ce qui lui arrive souvent, il a changé... il est devenu triste!

HAYDÉE.

C'est bizarre!

DOMENICO, s'asseyant près de la table à gauche et nettoyant le chibouque de son maître.

Et c'est dommage! un si bon maître!... j'en sais quelque chose, moi, serviteur de sa famille, moi, gondolier de père en fils, qui ai abandonné Venise et me suis fait matelot, pour rester avec lui... et je ne suis pas le seul qui l'aime! il n'est puissant... que pour rendre service, il n'est riche... que pour les autres, et il fait du bien à tout le monde.

HAYDÉE.

C'est vrai!

DOMENICO.

A commencer par vous, pauvre jeune fille, échappée presque seule aux massacres de Chypre et tombée entre les mains de ce Malipieri...

HAYDÉE.

C'était là le plus terrible!

DOMENICO.

Et ce que vous ne savez peut-être pas, c'est qu'il vous a enlevée à Malipieri, non pas d'autorité, comme il le pouvait, mais en vous rachetant!... toute sa part du butin qu'il lui a abandonnée pour vous ravoir!

HAYDÉE.

Est-il possible?

DOMENICO.

Et parce qu'il ne pouvait pas vous garder avec nous à bord, il vous a conduite ici, à Zara, dans sa famille, auprès de Rafaëla, sa pupille, une jolie fille, celle-là!

HAYDÉE, avec émotion.

Oui... elle est jeune, elle est belle!... Et toi, Domenico, qui sais tout, comment est-elle sa pupille? Elle est de sa famille sans doute?

DOMENICO.

Non!

HAYDÉE, de même.

Ah!... on la lui a confiée?...

DOMENICO.

Du tout! c'est une orpheline de famille patricienne, la nièce de l'avogador Donato, un dissipateur qui, il y a quelques années, s'est ruiné et s'est tué, laissant des dettes et sa nièce Rafaëla dans la misère. Lorédan, qui avait alors vingt-quatre ans, et qui connaissait à peine Donato, a adopté cette jeune fille.

HAYDÉE, de même.

Ah! il l'aimait?

DOMENICO.

Il y a six ans de cela. Elle en avait douze alors, et il ne l'avait jamais vue.

HAYDÉE, vivement.

Ah! c'est bien à lui... c'est généreux!

DOMENICO.

Et comme il ne pouvait l'emmener dans ses courses en mer, il l'a confiée ici à la femme du gouverneur, sa parente, qui l'a élevée.

HAYDÉE, avec hésitation.

Mais maintenant Rafaëla a dix-huit ans, et tout ce que son bienfaiteur a fait pour elle doit lui inspirer une reconnaissance...

DOMENICO.

Elle qui est votre maîtresse... et qui est toujours avec vous, a dû vous le dire!...

1.

HAYDÉE, naïvement.

Je ne le lui ai jamais demandé ! mais Lorédan doit, comme tout le monde, admirer son ouvrage !

DOMENICO, haussant les épaules.

Ah bien oui !... il la regarde à peine et ne s'en occupe guère...

HAYDÉE.

Tu crois ?

DOMENICO, se levant et descendant au bord du théâtre.

Il n'a plus le temps de rêver aux amours !

HAYDÉE, vivement.

Ah !... (Avec embarras.) Il n'a donc pas toujours été ainsi ?

DOMENICO, gaîment.

Lui ! Lorédan Grimani ! c'était de tous nos jeunes patriciens celui qui faisait autrefois le plus de bruit à Venise, par ses plaisirs et ses folies ! Pas une mascarade, pas une fête au Lido, dont il ne fût le héros ! j'en sais quelque chose, car c'est moi qui conduisais sa gondole. Et que d'aventures, que de sérénades, que de coups d'épée !... c'était là le bon temps ! Que son palais était beau, la nuit, à la clarté de mille feux, aux accents de la musique et de la danse, aux éclats du festin, au bruit de l'or et des dés qui roulaient sur le marbre ! C'est ainsi qu'il a dépensé plus des trois quarts de sa fortune, sans y regarder, sans compter ! se ruinant et riant toujours !... pendant que les vieux sénateurs secouaient la tête, et se disaient entre eux : Jeunesse oisive et dissipée qui finira mal ! avenir et talents perdus pour la patrie !

HAYDÉE.

O ciel !

DOMENICO.

Voilà que tout à coup, le lendemain d'une fête magnifique, où il avait invité tous ses compagnons de folies et toutes les beautés de la ville, il renonce au bal, aux courtisanes et à tous ses amis. Il dit adieu à Venise, équipe un navire, se fait soldat et va se battre contre les Turcs, mais se battre, dit-on, de manière à se faire tuer! depuis six ans il ne fait que cela. C'était chaque année nouvelles victoires, nouveau butin, nouveaux grades! estimé du Sénat, adoré du peuple, il est amiral de Venise et sera doge un jour! il est glorieux, il est grand, il est riche!... mais il ne rit plus!

HAYDÉE.

En vérité!

DOMENICO.

Excepté les jours de bataille... il se réveille... il est heureux, mais le danger passé, la victoire gagnée, pendant que chacun le félicite, il écoute à peine, il baisse la tête et j'ai vu même quelquefois, quand il se croyait seul, des larmes (Montrant sa joue.) couler, là!

HAYDÉE, avec intérêt.

Ah! mon Dieu!

DOMENICO.

Bien plus! (A voix basse.) moi qui couche près de son appartement, je l'entends toutes les nuits se promener avec agitation... et une fois, il parlait si haut... que quoiqu'il m'ait défendu de jamais le déranger... je suis entré.

HAYDÉE.

Eh bien?

DOMENICO.

Eh bien!... c'était effrayant. Il ne m'avait ni vu, ni entendu! il dormait, comme qui dirait tout éveillé. Il était assis, et quoiqu'il n'eût devant lui ni table, ni cornet, il avait l'air de rouler des dés, et il disait : « Six et quatre! six et quatre... » puis un grand silence!... puis il cachait sa tête dans ses mains!

HAYDÉE.

Tu n'as parlé de cela à personne?

DOMENICO.

A personne!... qu'à vous, Haydée.

HAYDÉE.
A moi qui lui dois tout... et qui lui suis dévouée.
DOMENICO.
Je le sais! je le sais! il y a trois mois, quand on l'a rapporté ici, à Zara, couvert de blessures et presque mort... il n'en serait pas revenu sans vos soins...
HAYDÉE, l'interrompant.
C'est bien!
DOMENICO.
Tant qu'il est resté sans connaissance, vous ne l'avez quitté ni jour, ni nuit...
HAYDÉE, de même.
C'est bien!... c'est bien!
DOMENICO, vivement.
Oui, vous avez raison, c'est bien! aussi, depuis ce temps-là, quoique vous ne soyez qu'une pauvre Grecque, une esclave... moi, Domenico, qui ai l'honneur d'être matelot et citoyen de Venise, j'ai conçu pour vous une estime... laquelle m'a donné des idées... ou plutôt un projet dont je vous parlerai...
HAYDÉE.
A moi?
DOMENICO.
Pas ici!... à Venise, quand nous y serons de retour, ce qui ne tardera pas, grâce au ciel!... car j'ai tant d'envie de revoir les lagunes et ma gondole!... ah! vous qui ne connaissez que l'île de Chypre, votre patrie... si vous saviez quel bonheur d'habiter Venise!
HAYDÉE.
Je n'y tiens pas!
DOMENICO.
Laissez donc! c'est si beau!
HAYDÉE.
Mais vos inquisiteurs, vos espions!...

DOMENICO.

C'est égal!... c'est Venise!

(On entend du bruit dans le salon à gauche.)

HAYDÉE.

Tais-toi, voici quelqu'un qui n'est pas de nos amis.

SCÈNE IV.

Les mêmes; MALIPIERI.

MALIPIERI, avec humeur.

Eh bien! Domenico, tu n'entends pas? des glaces, des sorbets!

DOMENICO, sortant.

Oui, des rafraîchissements pour calmer leur ardeur... j'y vais, monsieur le capitaine! vous ne rentrez pas?

MALIPIERI, avec humeur.

Non... (A part.) Décidément la fortune m'en veut aujourd'hui!... j'aurais mieux fait de ne pas m'asseoir à ce jeu maudit... deux mille sequins perdus... sur parole... il est vrai... dettes d'honneur payables seulement à Venise... mais c'est qu'à Venise il y en a d'autres... beaucoup d'autres qui m'attendent... et à moins de quelques moyens désespérés et victorieux... (Apercevant Haydée.) Ah! mon ancienne esclave... ma part du butin... que, malgré moi, il m'a fallu céder à mon général.

HAYDÉE.

C'est-à-dire, vendre!...

MALIPIERI.

Dix mille sequins... vrai marché de dupe!... d'abord un seul de tes regards vaut mieux que cela.

HAYDÉE.

Le capitaine est galant.

MALIPIERI.

Et puis, à ces diamants que tu portais et dont mes soldats s'étaient déjà emparés, j'ai toujours eu l'idée, malgré ton silence obstiné, que tu appartenais à quelque riche et puissante famille de Chypre, qui paierait un jour pour ta rançon quatre ou cinq fois cette somme!

HAYDÉE, souriant.

Tu crois?

MALIPIERI.

Oh! tu ne me diras pas ton secret... mais il en est un autre peut-être... que tu possèdes... celui de ton maître.

HAYDÉE.

Il en a donc un?

MALIPIERI.

Que je tiens à connaître, par intérêt pour lui... et je me fais fort d'obtenir ta liberté... si tu me dis seulement...

HAYDÉE.

Quoi donc?

MALIPIERI.

Ce que Lorédan te dit, à toi... dans vos entretiens du soir!

HAYDÉE.

Ah! très-volontiers!

ROMANCE.

Premier couplet.

Il dit qu'à sa noble patrie,
Dont l'honneur lui fut confié,
Il aurait tout sacrifié!
Il dit que pour charmer la vie,
Le premier bien, c'est l'amitié!
Il dit que l'amour éphémère
Brille un instant et fuit, hélas!...
(A demi-voix.)
Et quoique discret d'ordinaire,
L'autre jour il m'a dit tout bas...

Tout bas...
(Malipieri redouble d'attention.)
A Venise, sachez vous taire,
   Oui, vous taire... vous taire...
(Gaîment.)
C'est la ville aux joyeux ébats,
Chantez-y, mais n'y parlez pas!
Chantez, amis, ne parlez pas!
   Tra, la, la, la, la.

MALIPIERI.

C'est très-bien!... voilà ce qu'il t'a dit! mais ce que tu sais de lui...

Deuxième couplet.

HAYDÉE.

Je sais qu'avant tout il estime
La vertu, la gloire et l'honneur,
Et qu'il tend la main au malheur ;
Je sais que, noble et magnanime,
Il méprise le délateur ;
Je sais qu'à la paix, à la guerre,
La prudence guide ses pas...
La preuve, c'est qu'avec mystère,
Hier soir, il m'a dit tout bas...
   Tout bas...
(D'un air mystérieux.)
A Venise, sachez vous taire,
   Oui, vous taire... vous taire...
C'est la ville aux joyeux ébats,
Chantez-y, mais n'y parlez pas!
Chantez, amis, ne parlez pas!
   Tra, la, la, la, la, la.

SCÈNE V.

Les mêmes; ANDRÉA.

MALIPIERI, avec humeur.

Qui vient là? que voulez-vous?

ANDRÉA, près de la porte.

Parler au capitaine des bombardiers, le signor Malipieri... on m'a dit qu'il était ici.

MALIPIERI.

C'est moi... avancez.

ANDRÉA.

J'ai vingt ans, je suis Vénitien, je voudrais me battre sous l'étendard de Saint-Marc... je viens vous prier de m'enrôler.

MALIPIERI.

Impossible dans ma compagnie !... choisissez-en une autre.

ANDRÉA.

C'est celle-là que je voudrais.

MALIPIERI.

Et pourquoi?

ANDRÉA.

Pour combattre sous les yeux de Lorédan Grimani, le premier homme de guerre de Venise.

MALIPIERI, brusquement.

Ma compagnie est au complet.

ANDRÉA.

Eh bien! recevez-moi comme volontaire... et à la première place vacante...

MALIPIERI, de même.

Il n'y en aura pas.

ANDRÉA.

On ne sait donc pas se faire tuer dans votre compagnie ?

MALIPIERI, avec hauteur.

On y sait du moins châtier les insolents.

ANDRÉA.

Insolent !

HAYDÉE, se plaçant entre eux.

Messieurs !

ANDRÉA.

Voilà un mot qui pourrait avancer la vacance que je demande, et supprimer d'abord le capitaine.

MALIPIERI.

Qu'est-ce à dire ?

ANDRÉA.

Que je ne suis pas encore votre soldat, et j'ai le droit de vous demander compte de ce que vous venez de dire.

MALIPIERI.

Je ne dois de comptes à personne.

ANDRÉA.

C'est ce que nous verrons !

HAYDÉE, bas, à Andréa.

Vous vous perdez... Revenez vers la dixième heure, vous verrez l'amiral lui-même... je vous le promets...

ANDRÉA, de même.

Est-il possible ?

HAYDÉE, de même.

Si vous partez... à l'instant.

ANDRÉA, lui serrant la main.

Adieu ! (S'adressant à Malipieri.) Que je sois ou non de votre compagnie, j'espère, seigneur capitaine, que nous nous retrouverons ailleurs !

MALIPIERI.

Dans votre intérêt... je ne le désire pas.

ANDRÉA, sortant.

Ce qui veut dire que, dans le vôtre, vous le craignez.

MALIPIERI.

C'en est trop!

HAYDÉE, le retenant.

Messieurs! messieurs! y pensez-vous? voici l'amiral.

(Sur un nouveau geste d'Haydée, Andréa sort par le fond.)

SCÈNE VI.

MALIPIERI, HAYDÉE, LORÉDAN, sortant de la porte à droite.

LORÉDAN, entrant lentement, et en rêvant.

Oui, aujourd'hui même, avant notre départ, je veux, je dois assurer son sort.

MALIPIERI, à part.

Toujours préoccupé!

LORÉDAN, s'approchant de la table à droite du spectateur, près du canapé, et apercevant Haydée.

Haydée, veuillez dire à Domenico de me donner ce qu'il faut pour écrire.

HAYDÉE, regardant autour d'elle.

Domenico n'est pas là, mais ce que vous demandez, maître, je l'apporterai moi-même.

(Elle sort.)

LORÉDAN, s'assied sur le canapé, appuie ses deux coudes sur la table et cache sa tête entre ses mains, puis levant les yeux, il aperçoit Malipieri qui l'examine avec curiosité.

Que faites-vous là? que voulez-vous?

MALIPIERI.

Votre Excellence a-t-elle déjà oublié le rendez-vous qu'elle m'a donné ici, il y a une heure?

LORÉDAN, comme sortant d'un rêve et lui tendant la main avec douceur.

Pardon!... parlez.

MALIPIERI.

Vous avez acquis gloire et richesse, monseigneur, et moi, qui me bats sous vos ordres, moi, patricien, qui aurais droit au commandement d'un navire, j'attends encore avancement et fortune.

LORÉDAN, froidement.

C'est peut-être moins ma faute que la vôtre ! c'est à vous de faire naître les occasions !

MALIPIERI.

Il s'en présente une; hier, au bal que donnait le gouverneur de Zara, j'ai aperçu... j'ai admiré une jeune fille que l'on dit votre pupille...

LORÉDAN, avec émotion et se levant.

Ah !... Rafaëla Donato !... Eh bien ?

ROMANCE.

Premier couplet.

MALIPIERI.

A la voix séduisante,
Au regard virginal,
Par sa grâce touchante
Elle charmait ce bal.
Dans mon âme ravie,
M'exprimant sans détours,
Le bonheur de ma vie
Est de l'aimer toujours !

LORÉDAN, froidement.

Et vos droits... vos titres ?

Deuxième couplet.

MALIPIERI.

J'ai perdu l'opulence,
Mais, noble par le sang,
J'ai déjà su, je pense,
Montrer quelque talent !
Que sur vous je m'appuie,

Je réponds du destin...
(Montrant l'appartement de Rafaëla.)
Le bonheur de ma vie
Est d'obtenir sa main !
Pardonnez mon audace !
Pardonnez ce cœur épris
Qui réclame un tel prix !
Répondez-moi de grâce ;
J'attends, amant discret,
Mon arrêt !

(A la fin de ce dernier couplet, Haydée rentre portant du papier, des plumes, de la cire et une large écritoire en bronze doré, qu'elle pose sur la table à droite, où brûle déjà une lampe.)

LORÉDAN, à Malipieri.

Je vous remercie, seigneur Malipieri, de l'honneur que vous daignez faire à Rafaëla, ma pupille, et à moi ; mais j'ai sur elle d'autres vues !

MALIPIERI.

Lesquelles ?

LORÉDAN.

Vous les connaîtrez à mon retour à Venise, et vous savez que cela ne tardera pas. Nous mettrons demain à la voile : occupez-vous du départ. La flotte turque veut, dit-on, ce que je ne puis croire, nous fermer le passage et nous empêcher de rentrer à Venise... cela me regarde... vous viendrez, avant de vous retirer, prendre mes ordres... pour demain !... je ne vous retiens plus.

(Malipieri s'incline et sort par la porte à gauche.)

SCÈNE VII.

LORÉDAN, se jetant dans un fauteuil, à gauche ; HAYDÉE.

HAYDÉE, s'approchant doucement de Lorédan qui est assis.

Ah ! que vous avez bien fait de le refuser, maître ! il n'a jamais aimé votre pupille.

LORÉDAN, souriant.

En vérité !

HAYDÉE, à demi-voix.

Bien plus encore, c'est votre ennemi mortel. Envieux de vos succès, il ne rêve que votre perte, et j'ai idée qu'il n'a été placé auprès de vous par le doge et le conseil des Dix que pour espionner toutes vos actions !

LORÉDAN, souriant.

Tu le crois !

HAYDÉE.

Oui, maître.

LORÉDAN, de même.

Et moi, j'en suis sûr ! (Se levant.) Il en fut toujours ainsi dans notre sérénissime république, elle ne vit que par la défiance. Mais bientôt j'irai moi-même rendre mes comptes au doge et au sénat.

HAYDÉE, avec émotion.

Oui, je l'ai bien entendu. C'est demain que vous partez !

LORÉDAN.

Avec Rafaëla, ma pupille, que j'emmène et que tu accompagneras.

HAYDÉE, tressaillant.

Moi !

LORÉDAN.

A moins qu'à bord de notre vaisseau tu n'aies peur de la mer et des orages.

HAYDÉE.

Ce n'est pas là ce qui m'effraie.

LORÉDAN.

Serait-ce la flotte turque ?

HAYDÉE.

Non, maître... car vous serez là !... C'est à eux de craindre... et puis, vous le savez... j'ai vu déjà des scènes plus terribles.

LORÉDAN.

Oui, pauvre jeune fille!... l'incendie... le pillage... le meurtre des tiens!

HAYDÉE.

Il y a d'autres dangers.

LORÉDAN.

Lesquels?

HAYDÉE, troublée.

Lesquels... maître!... (Vivement.) Eh mais! la haine secrète de ce Malipieri... qui vous menace... vous et la signora peut-être!

LORÉDAN.

Heureusement, elle aura d'ici à quelques jours un protecteur, un mari.

HAYDÉE.

Ah! vous lui en destinez un?

LORÉDAN.

Oui!...

HAYDÉE.

Et c'est?...

LORÉDAN.

Moi!...

HAYDÉE, à part, avec émotion.

Lui!... Mon Dieu!

LORÉDAN, froidement et sans la regarder.

Oui, moi.

HAYDÉE.

Ah! je comprends... vous l'aimez!

LORÉDAN, secouant la tête.

Non! et si j'eusse été mon maître, ce n'est pas là peut-être ce que j'eusse rêvé.

HAYDÉE, avec émotion.

Et pourquoi donc alors... pourquoi?...

LORÉDAN, brusquement.

Il le faut... je le dois, je l'ai juré !

HAYDÉE.

A qui donc ?

LORÉDAN.

A quelqu'un qui me voit... qui m'entend...

HAYDÉE.

Comment cela ?

LORÉDAN, sévèrement.

Si tu m'es dévouée... pas un mot de plus sur ce sujet.

HAYDÉE.

Oui, maître. (Timidement.) Et Rafaëla, votre pupille, est disposée... à ce mariage ?

LORÉDAN, comme sortant d'un rêve.

Ah ! tu as raison... Je ne lui en avais pas encore parlé... La voici !

SCÈNE VIII.

LES MÊMES ; RAFAELA, sortant de l'appartement, à droite.

QUATUOR.

LORÉDAN, allant au-devant d'elle.
Mes jours voués à la tristesse
N'ont eu de charme que par toi,
Et mon seul bien, c'est ta tendresse !...
Ce bien, est-il toujours à moi ?
    Ah ! réponds-moi !
Ce bien est-il toujours à moi ?...
Moi, protecteur de ton jeune âge,
Quand j'ose aspirer à ta foi,
Le sort que je t'offre en partage
Peut-il être accepté par toi ?
    Ah ! réponds-moi !
Ce sort est-il un bien pour toi ?

RAFAELA.

Par vous s'embellit mon enfance,
Tout mon bonheur, je vous le doi,
Et pour vous ma reconnaissance
Ne peut s'éteindre qu'avec moi!
Oui, croyez-moi,
Ne peut s'éteindre qu'avec moi!

SCÈNE IX.

LES MÊMES ; ANDRÉA, paraissant à la porte du fond.

ANDRÉA.

Pour mériter sa main ce seul espoir me reste,
Je l'essaierai du moins!...

RAFAELA, à part, l'apercevant.

Ah! qu'ai-je vu?
C'est lui!...

HAYDÉE, à Rafaëla.

Qu'avez-vous donc?

RAFAELA.

Moi!... rien! je te l'atteste.

HAYDÉE, l'observant.

Ah! sa voix est troublée...

(Regardant Andréa.)
Et son cœur est ému.

(A part.)
Allons! peut-être encor tout n'est-il pas perdu!

Ensemble.

HAYDÉE, bas à Andréa.

Espoir et courage!
J'en ai le présage,
Vainement l'orage
Redouble d'effort!
Marin intrépide
Que rien n'intimide,

Quand l'amour nous guide,
On arrive au port!

ANDRÉA.

Espoir et courage!
J'en ai le présage,
Vainement l'orage
Redouble d'effort!
Marin intrépide
Rien ne m'intimide,
L'amour qui me guide
Me conduit au port!

LORÉDAN.

Espoir et courage!
Tout me le présage,
Trop longtemps l'orage
A troublé mon sort!
Son cœur moins timide
Pour moi se décide;
L'amour qui me guide
Me conduit au port!

RAFAELA.

Ah! je perds courage,
Et tout me présage
Un terrible orage.
Mon cœur bat bien fort,
Oui, tout m'intimide,
Que le ciel décide,
Que Dieu qui nous guide
Veille sur mon sort!

ANDRÉA, bas à Haydée au fond du théâtre.

A l'heure où tu l'as dit j'arrive!...

HAYDÉE, à voix basse.

Du silence!

(Haut à Lorédan.)

Un soldat, monseigneur, vous demande audience.

LORÉDAN, sans se retourner.

Que veut-il?

HAYDÉE.

Ce qu'il veut!

(Poussant Andréa en avant.)

Va... parle!

ANDRÉA.

COUPLETS.

Premier couplet.

Ainsi que vous, (Bis.)
Je veux me battre et braver la mitraille...
Et sur l'Océan en courroux
Gagner mon grade en un jour de bataille...
Ainsi que vous,
Mon général, ainsi que vous!

Deuxième couplet.

Ainsi que vous, (Bis.)
A la fortune, à la gloire j'aspire,
De moi, je veux qu'on soit jaloux,
Et que Venise et me craigne et m'admire,
Ainsi que vous,
Mon général, ainsi que vous!

LORÉDAN, le regardant avec attention.

Sur quel vaisseau veux-tu combattre?

ANDRÉA.

Sur le vôtre!

LORÉDAN.

J'y consens!... et ton nom?...

ANDRÉA.

Andréa!

LORÉDAN.

Quoi! pas d'autre?

ANDRÉA.

Je viens pour m'en faire un!

LORÉDAN, avec satisfaction.

C'est bien!... Contre mon gré,

Je ne puis disposer d'aucun grade!
ANDRÉA.
Qu'importe?
Donnez-moi seulement, la paie est assez forte,
Le premier bâtiment qu'à la mer je prendrai.
LORÉDAN.
C'est dit!... A demain!
ANDRÉA.
A demain!

Ensemble.

HAYDÉE.

Espoir et courage!
J'en ai le présage,
Vainement l'orage
Redoublait d'effort!
Marin intrépide,
Rien ne l'intimide;
L'amour qui le guide
Le conduise au port!

ANDRÉA.

Espoir et courage!
J'en ai le présage,
Vainement l'orage
Doublerait d'effort!
Marin intrépide,
Rien ne m'intimide,
L'amour qui me guide
Me conduit au port!

LORÉDAN, regardant Rafaëla.

Espoir et courage!
Tout me le présage,
Trop longtemps l'orage
A troublé mon sort!
Son cœur moins timide
Pour moi se décide,
L'amour qui me guide
Me conduit au port!

RAFAELA.

Je reprends courage,
Quoique tout présage
Un terrible orage
Dont je tremble fort.
Oui, tout m'intimide ;
Que le ciel décide,
Que Dieu qui nous guide
Veille sur son sort !

(Andréa sort par la porte du fond.)

SCÈNE X.

HAYDÉE, LORÉDAN, RAFAELA.

LORÉDAN, faisant signe de la main à Andréa qui sort.

A demain, mon brave ! à demain !... au point du jour ! (Il s'assied sur le canapé à droite près de la table et se met à écrire.) Ce jeune Andréa est un noble cœur qui mérite d'arriver !

HAYDÉE, debout, au milieu du théâtre.

Et qui arrivera, car il veut se distinguer ou mourir.

RAFAELA, qui avait remonté le théâtre et suivi Andréa des yeux, redescend près de Haydée.

Tu crois !

HAYDÉE.

J'en suis sûre, et je ne serais pas étonnée qu'il eût dans le cœur quelque grande passion.

RAFAELA, avec embarras.

Celle de la gloire !

HAYDÉE, à part, regardant Rafaëla.

Et une autre encore, peut-être !

(Rafaëla s'assied à gauche du spectateur, Haydée est debout près d'elle.)

LORÉDAN, près de la table à droite, écrivant avec agitation.

Oui, demain sans doute un nouveau combat, et si je rencontre enfin... ce que je cherche depuis si longtemps...

HAYDÉE, bas à Rafaëla.

Voyez donc comme il a l'air ému!

RAFAELA, de même.

Comme il écrit avec agitation!...

(Lorédan met sous enveloppe la lettre qu'il vient d'écrire, fait fondre de la cire au flambeau qui est sur la table; il sonne, Domenico sort de la porte à gauche.)

SCÈNE XI.

Les mêmes; DOMENICO.

LORÉDAN, achevant de cacheter sa lettre et s'adressant à Domenico.

Eh bien! nos convives?

DOMENICO.

Ils sont capables de rester là toute la nuit! une fois qu'ils sont à boire et à jouer...

LORÉDAN, brusquement.

A jouer!... Dis-leur que demain nous partons... et qu'il est temps de se livrer au repos...

DOMENICO.

J'y vais... mais vous, monseigneur?

LORÉDAN, mettant dans sa poche la lettre qu'il vient d'écrire et de cacheter.

Moi!... Dieu veuille!... je ne le puis! tant de pensées... tant de souvenirs m'assaillent à la fois... donne-moi mon chibouque.

DOMENICO, lui présentant une longue pipe turque.

Voici. (Bas à Haydée.) Vous voyez bien que sa tête est en feu!... Pour le calmer, dites-lui quelques-uns de ces airs qui lui font tant de bien! (Bas à Rafaëla.) Vous savez, des airs du pays... des airs de Venise!

(Il va prendre sur la table à gauche une mandoline qu'il remet à Haydée. Lorédan est à demi-couché sur le canapé à droite, près de la table, et tout en fumant il paraît absorbé dans ses réflexions. Aux premiers accents de la mandoline, il tressaille et se retourne vers Haydée.)

LORÉDAN, lui tendant la main avec reconnaissance.

Merci, Haydée!... j'allais te le demander.

DOMENICO, à part, en s'en allant.

Je savais bien que cela lui ferait plaisir!... je vais congédier nos officiers.

(Il sort par la porte à gauche.)

SCÈNE XII.

LORÉDAN, HAYDÉE, RAFAELA.

BARCAROLLE à deux voix.

HAYDÉE, tenant une mandoline, et RAFAELA.

C'est la fête au Lido,
C'est la fête en bateau,
Dont Venise raffole!
Glissez donc, ma gondole,
Glissez vite sur l'eau...
C'est la fête au Lido.

Afin d'avoir jupe élégante
Et des perles de Murano,
Au Rialto j'ai mis en vente
Jusqu'à mon anneau d'or... l'anneau
Que m'avait donné Zanetto!
Mais, mais...
C'est la fête au Lido,
C'est la fête en bateau,
Dont Venise raffole!
Glissez donc, ma gondole,
Glissez vite sur l'eau...
C'est la fête au Lido!

(En ce moment, Lorédan, qui jusque-là avait continué à fumer, laisse tom-

ber son chibouque, et, la tête appuyée sur sa main, écoute Haydée et
Rafaëla qui continuent leur barcarolle.)

  Un jeune et beau seigneur, bien tendre,
  A l'œil noir, aux propos galants,
  Voulait me forcer de l'entendre...
  Non, seigneur, je n'ai pas le temps!...

   C'est la fête au Lido,
   C'est la fête en bateau,
   Dont Venise raffole!
   Glissez donc, ma gondole,
   Glissez vite sur l'eau...
   C'est la fête au Lido.

(L'air, qui jusque-là avait été vif et rapide, se ralentit en ce moment.)
  Glissez, glissez, ma gondole!...
  Glissez, glissez sur l'eau.

  RAFAELA et HAYDÉE, s'arrêtant et regardant Lorédan.

Le sommeil un instant a fermé ses paupières!
Gardons-nous!... gardons-nous de troubler un repos
  Qui le console de ses maux!
Gardons-nous!... gardons-nous de troubler son repos!

(Elles se retirent toutes les deux sur la pointe du pied dans l'appartement
     à droite.)

SCÈNE XIII.

LORÉDAN, dormant sur le canapé, MALIPIERI, entrant par la
    porte à gauche.

FINALE.

MALIPIERI.

Me voici, général!... A vos ordres sévères
  J'accours!...
    (S'arrêtant.)
  Il dort!

(Il le contemple quelques instants en silence sur la ritournelle de l'air suivant.)

AIR.

A toi seul la puissance,
Et la gloire et l'honneur!
Moi, je n'ai qu'une chance :
Je te hais!... je te hais!... c'est là mon seul bonheur!
Ta fortune,
Qui m'importune,
Longtemps m'humilia!
Mais patience,
Ma vengeance
Quelque jour t'atteindra!...
Jusque-là...
A toi seul la puissance,
Et la gloire et l'honneur!
Moi, je n'ai qu'une chance :
Je te hais!... je te hais!... c'est là mon seul bonheur!

(Lorédan, qui était étendu sur le canapé, se lève sur son séant pendant la reprise de l'air précédent; il prête l'oreille et semble écouter un air vif et animé.)

MALIPIERI.

Il s'éveille!...

(Il s'avance vers lui et s'arrête étonné.)
Non pas!

LORÉDAN.

AIR.

Ah! que Venise est belle!
Et quels accents joyeux!
Mon palais étincelle
Ce soir de mille feux!
Ici, loin des profanes,
Amis, versez toujours!
Je bois à vos sultanes,
Je bois à mes amours!

MALIPIERI, l'examinant avec étonnement.
O délire!... ô prodige!... il dort!

LORÉDAN, assis devant la table et continuant son rêve.
Voici des dés... voici de l'or!...
(Il a l'air d'agiter des dés dans un cornet et de les rouler sur la table.)
J'ai perdu!... par ma foi, qu'importe!
Faut-il une somme plus forte?...
Jouons, amis!... jouons encor!

Ah! que Venise est belle!
Et quels accents joyeux!
Mon palais étincelle
Ce soir de mille feux!
Ici, loin des profanes,
Amis, versez toujours!
Je bois à vos sultanes,
Je bois à mes amours!

(L'orchestre, qui jusque-là avait été vif et joyeux, exprime tout à coup une musique sombre et agitée.)

MALIPIERI, regardant Lorédan.
Quel changement, ô ciel!... sur son visage!
Ses doigts crispés se contractent de rage!

LORÉDAN, toujours assis sur le canapé devant la table, pendant que Malipieri qui est de l'autre côté de la table suit tous ses mouvements avec curiosité.
Quoi! perdre encor!... perdre toujours!...
(Frappant du poing avec colère sur la table.)
Eh bien donc, mon palais!... oui, tout ce qui me reste!
Sur un seul coup... un seul!... Destin funeste,
Tu ne m'abattras pas!... Satan! à mon secours!...
J'entends rouler les dés... et je sens mon cœur battre.
Allons!... et si je perds... la honte... le trépas!
(Il semble attendre avec anxiété les dés que son adversaire va rouler sur la table. Regardant.)
Ah! pour lui... six et trois...
(Il a l'air de prendre les dés, de les agiter, et dit à part lui avec joie et espoir.)

Il faudrait... six et quatre !...
(Il roule les dés sur la table et dit à voix basse avec effroi.)
Je perds !...

(Regardant son adversaire, il s'écrie vivement.)
O ciel !... il ne regarde pas !...
Il est à ramasser son or...
(Par un geste rapide il a l'air de retourner avec la main un des dés qu'il vient de rouler et s'écrie d'un air contraint.)
Ah ! six et quatre !

MALIPIERI, qui l'examine avec attention.

Quel mystère !

LORÉDAN, d'une voix tremblante.
Oui... je gagne !...
(A part et essuyant la sueur qui coule de son front.)
O honte !... j'ai gagné !...
Et la fortune change !... et lui... l'infortuné...
Perd à son tour !... toujours !... toujours !...

(Écoutant avec impatience.)
Quels chants de joie !
(Se levant et venant au bord du théâtre.)
Lorédan est vainqueur !... disent-ils... Taisez-vous !
(A demi-voix.)
Lorédan est un lâche, un homme infâme !... en proie

Aux tourments... et pourtant voilà qu'ils chantent tous :

Ah ! que la nuit est belle !
Et quels accents joyeux !
Le palais étincelle
Ce soir de mille feux !

(S'interrompant et criant.)
Taisez-vous ! taisez-vous !...

(Se promenant avec agitation.)
Supplice sans pareil !
Pour moi plus de bonheur ! pour moi plus de sommeil !
Mes torts, du moins, je veux, quoi qu'il m'en coûte,
Je veux les réparer !

(Comme s'il parlait à quelqu'un.)

Écoute bien ! écoute !
A toi, Rafaëla, la moitié de mes biens...
Et pour l'autre moitié... jure de la remettre
Au fils de Donato... s'il existe encor... tiens !
(Tirant de son sein la lettre cachetée qu'il vient d'écrire.)
Tiens ! tu lui donneras... sans l'ouvrir... cette lettre,
Pour lui seul...

MALIPIERI, poussant un cri et saisissant la lettre.

Ah !... (Il s'approche de la table à droite, et lit à la lueur de la lampe, pendant que Lorédan est resté immobile et debout au bord du théâtre ; lisant l'adresse.) « Au fils de Donato l'avogador, pour lui seul !... » (Ouvrant la lettre qu'il parcourt à la hâte.) « Un soir...
« dans l'ivresse du vin et du jeu... votre père contre qui
« j'avais risqué ma fortune sur un coup de dé... votre père
« a été trompé et ruiné par moi !... »
(Il achève de lire la lettre à voix basse. Pendant ce temps, Lorédan, dont le visage est redevenu calme et serein, reprend gaîment le premier motif.)

Ensemble.

LORÉDAN.

Ah ! que Venise est belle !
Et quels accents joyeux !
Le palais étincelle
Ce soir de mille feux !
Loin de nous les profanes !
Amis, versez toujours,
Je bois à vos sultanes,
Je bois à vos amours !

(Lorédan retombe endormi sur le canapé.)

MALIPIERI, tenant la lettre.

Heureuse découverte
Qui change nos destins !
Son salut ou sa perte
Sont donc entre mes mains !

Je tiens en ma puissance
Sa gloire et son honneur,
L'espoir de la vengeance
Est déjà le bonheur !...

(Malipieri sort par la porte du fond.)

ACTE DEUXIÈME

Le pont du vaisseau amiral vénitien. Le pavillon de Saint-Marc flotte sur le grand mât. Au fond, la mer et quelques vaisseaux turcs qui fuient à l'horizon. Les voiles du vaisseau amiral sont carguées. A droite, quelques blessés qu'on est occupé à panser. Sur le pont, des armes, des haches d'abordage, des débris annonçant un combat qui vient de finir. Les soldats sur le pont, les matelots et les mousses suspendus aux cordages, élèvent en l'air leurs armes ou leurs bonnets.

SCÈNE PREMIÈRE.

DOMENICO, SOLDATS et MATELOTS.

LE CHŒUR.

Victoire ! victoire ! victoire
　　Aux enfants de Saint-Marc !
　　D'une nouvelle gloire,
　　Brille leur étendard !

DOMENICO, étendant la main à l'horizon.

Ils espéraient que de Venise
Ils nous fermeraient le chemin,
Leur flotte est dispersée ou prise,
A nous la gloire !...
(Montrant des barils de rhum, et des ballots qu'on apporte.)
　　　　Et le butin !

LE CHŒUR.

Victoire ! victoire ! victoire ! etc.

SCÈNE II.

LES MÊMES; LORÉDAN, MALIPIERI, et PLUSIEURS OFFICIERS.

LORÉDAN, la hache à la main et encore dans la chaleur du combat.

AIR.

Vive la mitraille !
Bravons sa fureur !
Un jour de bataille
Est jour de bonheur !
L'éclair et la foudre
Troublent la raison ;
Oui, vive la poudre !
Vive le canon !
(A part, et sur un mouvement plus lent.)
En guidant leur vaillance,
J'ai cru trouver la mort ;
Mais pour moi plus de chance !
Oui... oui... j'existe encor !...
C'en est fait, la victoire
Dont s'enivre leur cœur
M'a rendu la mémoire,
Hélas ! et mon malheur !

DOMENICO, qui est monté au grand mât.
Un vaisseau turc résiste encor !...

LORÉDAN, vivement.
Tant mieux !
(Brandissant sa hache.)
Vive la mitraille ! etc.

DOMENICO, regardant toujours du haut du mât.
Non !... non !...
Il amène son pavillon.
Le vaisseau turc est pris !

LORÉDAN, avec tristesse et laissant tomber sa hache.
Tant pis !

LE CHŒUR.

Victoire! victoire! victoire! etc.

(Lorédan, plongé dans ses réflexions, remonte le théâtre et disparaît vers la gauche. Pendant ce temps, les matelots qui sont à droite se disputent un baril de rhum que l'on vient d'apporter.)

LE CHŒUR.

C'est à moi!... c'est mon bien,
Non, morbleu!... c'est le mien!
Du butin c'est ma part,
Eh bien donc... par Saint-Marc!
Que ce fer... ce poignard
Soit l'arbitre entre nous!

DOMENICO, qui est descendu du grand mât, se jetant entre eux.

Allons, amis, êtes-vous fous?
Au lieu de vous battre entre vous,
Jouez gaîment à qui boira
Le baril de rhum que voilà.

LE CHŒUR.

Il a raison!... jouons, jouons!
C'est dit! et bientôt nous verrons...

(L'un d'eux a tiré des dés de sa poche et les roule sur le baril pendant que Domenico et les autres matelots font cercle autour des joueurs.)

LORÉDAN, les apercevant et courant à eux avec colère.

Jouer! jouer!... plutôt vous battre!

(Posant son pied sur le baril.)

Je le défends!... non, je ne le veux point!

MALIPIÉRI, qui s'est avancé, s'adressant au matelot qui jouait.

C'est fâcheux, car pour toi c'était un fort beau point.

LE MATELOT.

En vérité!...

MALIPIERI, froidement.

Mais oui!... j'ai cru voir six... et quatre.

(A ce mot Lorédan tressaille.)

Ensemble.

LORÉDAN.

O rencontre imprévue !
Involontaire affront !
Souvenir qui me tue !...
Et fait rougir mon front !

MALIPIERI, avec joie.

Ah ! son âme éperdue
A senti cet affront !
Il détourne la vue,
Je vois rougir son front.

DOMENICO et LES MATELOTS.

O fureur imprévue !
Cessons ce jeu ! cessons !
Et tremblants à sa vue,
Amis, obéissons !

SCÈNE III.

Les mêmes ; RAFAELA et HAYDÉE.

(Elles paraissent toutes deux, à gauche, au haut de l'escalier qui conduit des étages inférieurs au pont du vaisseau.)

HAYDÉE.

Oui, signora... je n'entends plus de bruit, il n'y a plus de danger... venez !

RAFAELA.

A la bonne heure ! je ne pouvais plus y tenir... de crainte et de... (Regardant autour d'elle.) Le combat est donc fini ?

HAYDÉE, apercevant Domenico.

Lorédan ?... où est-il ? (Domenico lui montre Lorédan triste et la tête baissée.) Ah ! vous voilà, maître ! (Le regardant avec intérêt.) Il ne vous est rien arrivé ?...

LORÉDAN.

Non ! non !

RAFAELA.

Grâce au ciel !

LORÉDAN, aux deux jeunes filles.

Merci, merci, mes jeunes amies, mais au fond de ce vaisseau et pendant le combat vous avez eu bien peur ?

HAYDÉE et RAFAELA.

Oui ! pour vous !

DOMENICO.

Et il y avait de quoi ! on n'a jamais vu s'exposer ainsi ! vous étiez partout.

LORÉDAN.

Toi aussi ! car je t'y ai rencontré.

DOMENICO.

Pardi !... je vous suivais ! aussi une belle victoire, je m'en vante !

MALIPIERI, s'avançant.

Onze vaisseaux turcs que nous ramenons à Venise...

LORÉDAN.

Ah ! c'est vous, seigneur Malipieri ? je vous ai cherché des yeux dans le combat, et je vous ai rarement aperçu.

MALIPIERI.

J'observais l'ennemi.

DOMENICO.

Sa Seigneurie observe beaucoup.

HAYDÉE, à Rafaëla qui regarde autour d'elle avec inquiétude.

Et vous aussi... signorina... (A Lorédan.) Mais je ne vois pas mon protégé...

RAFAELA, avec embarras.

Oui... celui que tu avais recommandé...

LORÉDAN, à Haydée.

Tu avais raison de m'en répondre... il s'est battu comme

un lion!... pendant longtemps, il s'est tenu à mes côtés... mais vers la fin du combat, je ne l'ai plus vu.

MALIPIERI, froidement.

Il est probable qu'il aura été tué!

RAFAELA.

O ciel!...

HAYDÉE, à voix basse et lui serrant la main.

Taisez-vous donc!

LORÉDAN, à Malipieri.

Non!... il n'est, grâce au ciel, ni parmi les morts... ni parmi les blessés... je m'en suis déjà informé... mais il a disparu...

DOMENICO.

C'est lui que j'aurai vu se jeter dans une chaloupe avec une dizaine de bombardiers, des Dalmates qu'il emmenait.

MALIPIERI.

Des soldats de ma compagnie...

DOMENICO, à Lorédan.

Ils étaient là les bras croisés... ça les ennuyait, ces braves gens!

MALIPIERI.

Et je demanderai comment, malgré mon ordre et mon exemple...

DOMENICO.

Ils ont été s'exposer...

LORÉDAN, à Domenico.

Silence!... nous le saurons!... (Aux soldats.) Vous vous êtes bien battus, mes amis, votre devoir est fini... (A Domenico et aux matelots, leur frappant sur l'épaule.) J'ai défendu de jouer... mais je n'ai pas défendu aux vainqueurs de chanter et de boire!...

DOMENICO, avec une explosion de joie.

Vivat !

LORÉDAN, souriant.

Avec la modération qu'on doit toujours garder... même dans la victoire !... (A Haydée et à Rafaëla qui font quelques pas pour le suivre.) Restez ! vous serez mieux ici, sur le pont... au grand air. (A plusieurs officiers.) Vous, messieurs, suivez-moi !
(Il descend par l'escalier du fond, dans le second pont, suivi de tous ses officiers.)

DOMENICO, au fond du théâtre, à droite et à part.

Oh bien ! puisque l'amiral le permet, je vais chercher le baril de rhum pour renouer connaissance avec lui.

(Il descend par l'escalier du fond.)

SCÈNE IV.

MATELOTS au fond du théâtre, assis ou couchés, D'AUTRES occupés à différents travaux ; RAFAELA s'est avancée rêveuse au bord du théâtre ; HAYDÉE.

HAYDÉE, s'approchant de Rafaëla, et à demi-voix.

Si pensive et si triste en un jour de victoire !

RAFAELA, vivement et sortant de sa rêverie.

Moi !...

HAYDÉE, souriant.

Et l'intérêt que vous portez à mon jeune protégé qui me semble aussi le vôtre ! (Geste de Rafaëla.) Ah !... il faut tout me dire, ou, pour ma part, je lui retire ma protection ! Et d'abord comment vous connaissez-vous ?

RAFAELA.

AIR.

Unis par la naissance,
La famille et l'amitié,

Dans mes rêves d'enfance
Il était de moitié !
Et puis... vint le malheur qui sépara nos jours,
Et je ne le vis plus... mais j'y pensais toujours !

Ah ! que ses accents
Me semblaient touchants
Quand il s'éloignait
Et qu'il me disait :
L'honneur me réclame,
Je pars, je suis sa loi !
Mais mon âme
Restera près de toi !

Il est parti, pour un devoir sacré,
Jurant qu'il reviendrait glorieux, honoré !

Ah ! que ses accents, etc.

HAYDÉE.

Silence !... des matelots qui s'approchent !
(Elles s'éloignent toutes deux et remontent le théâtre à gauche en causant à voix basse.)

SCÈNE V.

LES MÊMES; DOMENICO, venant du fond, à droite, et roulant un baril de rhum.

DOMENICO.

Ohé !... ohé !... venez donc m'aider, vous autres ! voilà le baril de rhum remonté sur l'eau ! Allons, enfants, par là nous tous ! L'amiral l'a permis ; buvons et chantons !

TOUS.

Oui, chantons !

PREMIER MARIN.

A toi, Domenico, une chanson de matelot ?

DOMENICO.

Je ne demanderais pas mieux ! mais les brises de la mer

ont fait tort à ma voix, et mes belles notes sont à la dérive. (Apercevant Rafaëla qui vient de descendre par l'escalier du milieu, et Haydée qui s'apprête à la suivre.) Mais si Haydée voulait me remplacer, je crois qu'ici personne ne s'en plaindrait. (Bas à Haydée qui s'avance.) La chanson de la brise... Vous savez bien... la corvette qui attend la brise!... Voilà une chanson de matelot!

HAYDÉE.

Comment donc, seigneur Domenico, pour vous et pour ces messieurs...

TOUS.

Ah! brava!

HAYDÉE.

COUPLETS.

Premier couplet.

C'est la corvette,
Qui, leste et coquette,
Prête à partir,
Semble tressaillir!
Sa voile blanche
S'agite et se penche
En plis flottants
Appelant les autans.
Qui donc l'enchaîne encore sur la rive?
C'est qu'elle attend la brise tardive.....
La brise arrive...
Et la nef captive,
Comme un oiseau,
Vole et fuit sur l'eau.

Deuxième couplet.

Elle s'élance
Sur la mer immense,
Dont les flots bleus
Vont mirant les cieux.
Non, plus d'orages!

3.

>   Du haut des cordages,
>   Narguez les flots,
>   Bons matelots!
>   Que la gaîté soit votre devise!
>   Voici le ciel qui vous favorise,
>   Voici la brise,
>   Qui pour vous soumise,
>   Guide sur l'eau
>   Votre heureux vaisseau!

DOMENICO, qui a remonté la scène vers le milieu du second couplet d'Haydée, regarde du côté de la mer et s'écrie.

Qu'est-ce que je vois là?... Aux cordages, à la manœuvre... un vaisseau ennemi!... un vaisseau turc s'avance! (Mouvement général.) Non, non, c'est la brise qui le pousse vers nous, car il est démâté!... Eh mais... je ne me trompe pas! j'aperçois sur le pont celui que l'on disait mort, le jeune Andréa, qui tient à la main le pavillon de Saint-Marc! Qu'est-ce que ce peut-être?

TOUS.

Courons!

(Ils s'élancent vers la gauche et disparaissent du côté par lequel le vaisseau ennemi est censé arriver.)

SCÈNE VI.

RAFAELA, HAYDÉE.

RAFAELA, à part, avec émotion.

Andréa! est-il possible! (Regardant les matelots qui s'éloignent.) Et ne pouvoir, comme eux, courir auprès de lui!... Ah! n'importe!

(Elle fait quelques pas.)

HAYDÉE, qui a remonté le théâtre, le redescend en ce moment et arrête Rafaëla.

Calmez-vous, signora, ne vous l'avais-je pas prédit? Il

revient, j'en étais sûre ! il revient vainqueur et digne de vous !

RAFAELA.

Mais Lorédan !...

HAYDÉE, souriant.

Qui sait ? il y aura peut-être quelque moyen de le faire renoncer à vous... c'est difficile !... Mais enfin...

RAFAELA, avec joie.

Que dis-tu ?

HAYDÉE, à voix basse.

Oui... oui... il y a un secret qui vous concerne, vous et lui !... Et ce secret, si je peux le découvrir...

SCÈNE VII.

Les mêmes ; DOMENICO, descendant du fond du théâtre, à droite.

DOMENICO, à haute voix.

Ah ! celui-là est un brave... ou plutôt un enragé !

HAYDÉE et RAFAELA.

Qui donc ?

DOMENICO.

Le seigneur Andréa ! avec ses dix bombardiers, il s'est élancé sur le vaisseau turc...

HAYDÉE et RAFAELA.

Eh bien !

DOMENICO.

Eh bien... enlevé à l'abordage ! c'est sa capture !... c'est son butin ! Et ce que vous ne croiriez jamais, on ose le lui disputer !

HAYDÉE.

Et qui donc ?

DOMENICO.

Ce damné capitaine Malipieri déclare que ce vaisseau est à lui et de bonne prise.

HAYDÉE.

Et de quel droit?

DOMENICO.

Sous prétexte que les soldats qui ont accompagné Andréa étaient des bombardiers, des Dalmates de la compagnie Malipieri... donc, ce qu'ils ont gagné appartient de droit à leur capitaine.

HAYDÉE, s'élançant vers la droite.

C'est ce que nous verrons... je cours parler à Lorédan, notre maître...

RAFAELA, vivement.

Oui... oui... vas-y.

DOMENICO.

Je ne vous le conseille pas!... il est en ce moment de trop mauvaise humeur!

HAYDÉE.

Un jour de victoire!

DOMENICO.

Cela n'y fait rien! il avait tout à l'heure un air agréable et encourageant, auquel j'ai cru pouvoir me fier... et je me suis hasardé à lui parler d'un projet que je médite pour mon retour à Venise!...

HAYDÉE.

Lequel?

DOMENICO, avec embarras.

Il s'agissait... d'une personne qu'il connaît et sur laquelle j'ai des idées... d'un brave et honnête marin... des idées de long cours!... et je pensais que cela allait lui sourire comme à moi!... Ah! bien oui!

HAYDÉE.

Enfin! achève?

DOMENICO.

Ses traits se sont contractés, il a pâli; et ce que je ne comprends pas, il avait l'air de rire, en me disant : « C'est « bien, mon garçon, très-bien... dès que cela vous plaît et « vous convient... est-ce que cela me regarde!... pourquoi « viens-tu me parler de cela?... tu vois bien que je suis « occupé!... va-t'en! va-t'en!... » Et comme je n'ai pas l'habitude de le contrarier, j'ai cargué les voiles, en attendant que la bourrasque soit passée!... et tenez, tenez, le voilà! (Montrant le ciel qui dans le fond est chargé de nuages.) Il est sombre comme l'horizon dans ce moment! ça n'a pas l'air de s'éclaircir... il y aura de l'orage... (Emmenant Rafaëla qu'il fait descendre par le premier escalier.) Venez, signora. (Lui-même descend quelques pas, se retourne et s'adresse à Haydée.) Est-ce que vous restez?

HAYDÉE.

Oui!

DOMENICO.

Vous osez rester!...

HAYDÉE.

Oui!

DOMENICO.

Vous êtes brave!... moi, je m'en vas!

(Il descend l'escalier et disparaît.)

SCÈNE VIII.

HAYDÉE, LORÉDAN, entrant en rêvant.

HAYDÉE, le contemplant, à part.

C'est lui!... il ne me voit pas!

(Moment de silence, elle s'approche de lui timidement.)

LORÉDAN, froidement.

Ah! c'est vous, Haydée!

HAYDÉE.

Oui, maître, je venais vous demander...

LORÉDAN, brusquement.

C'est bien!... je consens, je consens! je l'ai déjà dit à Domenico. Vous êtes libre, vous l'auriez été plus tôt, si j'avais pu deviner vos intentions.

HAYDÉE.

Lesquelles, monseigneur?

LORÉDAN.

La préférence... dont vous honorez Domenico le matelot, le gondolier!

HAYDÉE, froidement.

Je n'en accorde ni à lui... ni à personne! Domenico s'est trompé!

LORÉDAN, vivement.

Est-il vrai! (Avec joie.) Oui... en effet... ce n'était pas possible... j'en étais sûr, je me le disais... ce n'est pas lui!... (S'arrêtant et avec doute.) Mais peut-être un autre choix?...

HAYDÉE, froidement.

Aucun!... pour choisir il faut être libre!

LORÉDAN.

Tu as raison! pardonne-moi de ne pas avoir encore brisé tes fers! plus d'une fois, je l'ai voulu... et je n'en ai eu ni la générosité, ni le courage!... ta voix m'était douce, comme celle d'un ami, ta présence me consolait dans mes souffrances.

HAYDÉE.

En vérité!

LORÉDAN.

Et malgré cela, je le sens, j'aurais dû déjà te rendre ta liberté.

HAYDÉE, vivement.

Et moi je ne l'aurais pas acceptée! (Lorédan fait un geste de surprise, et Haydée poursuit plus timidement.) Vous à qui je dois tout, vous qui m'avez sauvé la vie et l'honneur! ne m'avez-vous pas dit que vous étiez moins malheureux quand j'étais là?... J'y resterai, mon maître, tant que vous souffrirez!

LORÉDAN, lui prenant la main.

Reste alors! reste encore!...

HAYDÉE.

Que dites-vous?... parlez! parlez, je vous en supplie!

LORÉDAN, revenant à lui.

Moi!... je n'ai rien!... ce n'est pas moi dont il est question! (Vivement.) Que voulais-tu? que venais-tu me demander?... je suis bien égoïste!... en t'écoutant, en te regardant... je t'avais oubliée!...

HAYDÉE.

Je voulais, monseigneur, une grâce!...

LORÉDAN, vivement.

Quelle qu'elle soit, je te l'accorde!

HAYDÉE.

Ou plutôt justice pour Andréa!... Ce vaisseau dont vous l'aviez nommé commandant d'avance et devant moi, ce vaisseau qu'il a conquis par son courage...

LORÉDAN.

Eh bien!...

HAYDÉE.

Malipieri veut le lui enlever je ne sais de quel droit.

LORÉDAN.

Ce ne sera pas!... je te le promets... je te le jure!

HAYDÉE.

Je suis tranquille maintenant, et cours lui annoncer cette

bonne nouvelle!... (Apercevant Malipieri qui entre.) Le capitaine!... Ah! cette fois... il sera arrivé trop tard.

(Elle descend par le premier escalier qui conduit au second pont.)

SCÈNE IX.
LORÉDAN, MALIPIERI.

DUO.

LORÉDAN, à Malipieri qui s'incline et le salue.
Je sais le débat qui s'agite ;
Votre projet est insensé.
D'après son œuvre et son mérite
On doit être récompensé !

MALIPIERI, avec amertume.
Et tel qui brille et que l'on cite
Au dernier rang serait placé,
Si d'après l'œuvre et le mérite,
Chacun était récompensé !

LORÉDAN, avec hauteur.
Qu'est-ce ?... et que prétendez-vous dire ?

MALIPIERI, de même.
Que ce jeune homme en vain aspire
A ce titre que seul j'aurai !

LORÉDAN, de même.
A l'instant et de mon plein gré
Je le lui donne !... il est à lui !

MALIPIERI, avec ironie.
        Peut-être !...

LORÉDAN, étonné.
Comment ?

MALIPIERI.
Peut-être, ici, n'êtes-vous pas seul maître !

LORÉDAN.
Eh ! qui donc le serait ?

MALIPIERI.
　　　Celui, qui, je le crois,
Aurait votre secret!... et celui-là... c'est moi!

　　　　Ensemble.

　　LORÉDAN, à part.
　En mon cœur, tout mon sang se glace!
　De terreur, je me sens troubler!
　　(Reprenant courage.)
　Mais par une vaine menace
　Pourquoi me laisser accabler?

　　MALIPIERI, à part, le regardant.
　A ce mot seul, l'effroi le glace!
　D'ici, je le vois se troubler.
　Du déshonneur qui le menace
　La honte semble l'accabler!

LORÉDAN, se rapprochant de Malipieri et cherchant à cacher son émotion.
　Ce secret, sur lequel tout votre espoir s'élève,
　N'est rien qu'une chimère!

　　MALIPIERI, avec ironie.
　　　　　Oui, vraiment... c'est un rêve!
　Mais un rêve indiscret a révélé souvent
　Les crimes qu'autrefois on commit en veillant.
　　(Rappelant le motif de l'air qui termine le premier acte.)
　D'ici je vois encor, à Venise la belle
　Ce palais enchanté qui de feux étincelle!
　Je vois briller de l'or!... j'entends rouler des dés...

　　　LORÉDAN, à part et frissonnant.
Grand Dieu!

　　MALIPIERI, continuant de même.
　　Sur cette table, avec moi, regardez
Ce dernier coup...

　　　LORÉDAN, à part, de même.
　　　O ciel!

　　　　MALIPIERI.
　　　D'où dépend la partie,

D'où dépendront bientôt et l'honneur et la vie !
Un noble de Venise a perdu... je le vois !
Non, non... je me trompais !... sans honneur et sans foi
Il gagne !

   LORÉDAN, hors de lui et lui saisissant le bras.
  Malheureux !

    MALIPIERI, avec sang-froid.
    D'où vient donc ce courroux ?
Ce rêve est-il donc vrai ? ce seigneur... est-ce vous ?

   Ensemble.

    LORÉDAN.
Malgré moi l'effroi qui me glace
A ses yeux a tout révélé,
Du déshonneur qui me menace
Déjà je me sens accablé !

   MALIPIERI, le regardant.
A ce récit, l'effroi le glace,
Et d'ici je le vois trembler !
Du déshonneur qui le menace
La honte semble l'accabler !

   LORÉDAN, vivement.
Avant l'honneur, il faut m'ôter la vie !
Il faut prouver pareille calomnie,
  Sinon, monsieur...

    MALIPIERI.
    Ne craignez rien !
Toutes les preuves, je les tien !
Ce testament écrit par vous...

   LORÉDAN, stupéfait.
    O perfidie !

   MALIPIERI.
Au jeune Donato !...

   LORÉDAN, voulant chercher dans sa poche.
    Comment ?... par quel hasard ?...

MALIPIERI, froidement.

Ne cherchez pas! je l'ai...
(Voyant Lorédan qui porte la main à son poignard.)
Votre poignard
Ne pourrait pas empêcher, je le jure,
Ma vengeance!... elle est en main sûre!
Le parti le plus sage est encor, je le crois,
De s'entendre en secret et sans bruit... avec moi!

Ensemble.

LORÉDAN, à part.

Châtiment d'un crime!
Tourment légitime!
Oui... je vois l'abîme
Ouvert sous mes pas!
A mes vœux sois prompte,
O mort! je t'affronte,
Pourvu que ma honte
N'apparaisse pas!

MALIPIERI.

Châtiment du crime!
Tourment légitime!
Au bord de l'abîme
Tu m'obéiras!
D'avance, j'y compte!
Sinon, je raconte...
Et partout la honte
Va suivre tes pas!

MALIPIERI.

D'abord, je réclame ce titre
Que me disputait Andréa!

LORÉDAN, vivement.

Jamais! jamais! je l'ai dit : il l'aura!

MALIPIERI, le menaçant.

Mais de vos jours je suis l'arbitre...

LORÉDAN.

Prenez-les donc... immolez-moi!

MALIPIERI, de même.

Mais demain, aujourd'hui peut-être,
Par moi Venise va connaître...

LORÉDAN, à part.

Mon Dieu, prenez pitié de moi !

MALIPIERI, de même.

Que Lorédan, son héros, son idole
De l'honneur déserta la loi...

LORÉDAN, poussant un cri.

Qui ?... moi !... sans honneur et sans foi...
(Tombant accablé.)
Jamais ! jamais !

MALIPIERI, s'approchant de lui et le regardant froidement.

J'ai donc votre parole ?

LORÉDAN, baissant la tête en signe d'adhésion, dit avec effort et à voix basse.

Mon Dieu !... prenez pitié de moi...

Ensemble.

LORÉDAN.

Châtiment du crime ! etc.

MALIPIERI.

Châtiment du crime ! etc.

(Malipieri sort par la droite.)

SCÈNE X.

LORÉDAN, seul un instant et plongé dans ses réflexions; puis ANDRÉA, amené par HAYDÉE, qui lui fait signe d'avancer.

LORÉDAN, entendant marcher près de lui et se levant brusquement.

Qu'est-ce ?... qui va là ?

HAYDÉE, doucement.

C'est moi, maître... je viens de voir Andréa... à qui j'ai raconté...

LORÉDAN, avec impatience.

Quoi... que lui as-tu dit?

ANDRÉA, qui s'est approché.

Tout ce que vous vouliez faire pour moi... ce commandement que Malipieri me disputait et que vous m'avez accordé.

LORÉDAN, à part.

O ciel!

HAYDÉE.

C'était justice.

ANDRÉA.

Oui, j'ai enlevé ce bâtiment à l'ennemi. Je vous l'avais promis... mais vous aussi, mon général, vous avez tenu vos promesses.

LORÉDAN, à part.

Et comment lui dire maintenant...

ANDRÉA, avec chaleur.

Aussi dans ma reconnaissance... je me ferais tuer pour vous.

LORÉDAN, baissant les yeux et détournant la tête.

Non,... non... je ne suis pas digne d'un pareil dévouement... car ce que j'avais promis... ce que je désirais faire pour toi... m'est impossible...

ANDRÉA.

O ciel! et pourquoi donc?

HAYDÉE.

C'est Malipieri qui l'emporterait!

LORÉDAN.

Non... ce n'est pas lui... mais les lois de Venise auxquelles je dois obéir... et qui ne permettent de confier le commandement d'un vaisseau... qu'à un noble... à un membre d'une famille patricienne...

HAYDÉE.

Est-il possible!...

LORÉDAN.

Et mon choix... aussitôt mon arrivée à Venise, serait cassé par le conseil suprême... le conseil des Dix, plus puissant que le doge lui-même!

ANDRÉA.

N'est-ce que cela, mon général? rassurez-vous! votre choix sera confirmé par eux tous.

LORÉDAN.

Que veux-tu dire?

ANDRÉA.

Que je suis noble, que mon père était patricien.

LORÉDAN, à part.

O ciel! (Haut.) Et ce nom... pourquoi l'avoir caché?

ANDRÉA.

J'attendais pour le reprendre que je l'eusse réhabilité!... A vous, mon général... mon bienfaiteur... je puis tout vous dire. Dans une soirée fatale... dans une partie de jeu... mon père qui avait d'abord gagné des sommes immenses... vit tout à coup la fortune tourner contre lui... et ce qui arrive souvent, en pareil cas, devenir aussi constamment funeste qu'elle lui avait été favorable... Il perdit tout et même ce qui ne lui appartenait pas... entre autres l'héritage de sa nièce dont il était dépositaire... En rentrant chez lui... il se tua!

LORÉDAN.

O ciel!

ANDRÉA.

Oui, mon général... il s'est tué... et moi, cachant le nom de ma famille... ce nom jusqu'alors pur et intact... je partis, bien jeune encore, sur un vaisseau marchand. J'ai regagné par le commerce de quoi acquitter toutes les dettes de mon père. Je paierai tout... je le puis... il ne me restera rien... mais je suis marin, mais j'ai combattu sous vos yeux... j'ai maintenant un patrimoine que rien ne pourra m'enlever...

la gloire que j'ai acquise... et le grade que vous m'avez donné.

LORÉDAN, qui pendant le récit précédent a contenu avec peine son émotion.

Ah!... c'est trop de tourments... Achève... ton nom... celui de ton père?...

ANDRÉA.

Donato... l'avogador!

FINALE.

LORÉDAN, poussant un cri de terreur et restant immobile.
Ah! justice du ciel!

HAYDÉE, poussant un cri de joie et courant près d'Andréa.
A peine j'y puis croire!

Est-ce vrai?
(Andréa et Haydée remontent le théâtre en causant vivement et à voix basse, pendant la cavatine suivante.)

LORÉDAN, à part.
J'hésiterais encor!
J'ai dépouillé le père de son or
Et je dépouillerais lui... son fils, de sa gloire!
Non, non, jamais! Allons! du cœur!
Osons braver même le déshonneur!
(Regardant de loin Andréa, qui cause avec Haydée.)
Oui, le ciel m'éclaire,
Je dois aujourd'hui
Remplacer le père
Qui lui fut ravi.
(A part, et levant les yeux au ciel.)
Et toi, Donato, pardonne!
De plus qu'exigerais-tu?
Pour lui, pour ton fils, je donne
Bien plus que tu n'as perdu!
(A Andréa.)
Oui, le ciel m'éclaire :
Je dois aujourd'hui
Te rendre le père

Qui te fut ravi !
(Sur un geste de Lorédan, Domenico, qui vient d'entrer, sonne la cloche qui est au pied du grand mât.)

SCÈNE XI.

Les mêmes; MALIPIERI, DOMENICO, tout l'équipage, Soldats, Mousses et Matelots, accourant au son de la cloche. RAFAELA, sortant de la chambre de l'amiral et se plaçant près d'Haydée.

LE CHŒUR.
A la manœuvre !... allons, du zèle,
C'est notre chef qui nous appelle !
Pour lui, soldats et matelots
Braveraient la flamme et les flots.

LORÉDAN, s'adressant à Andréa.
Il est à toi,
Ce noble grade, espoir de ton jeune âge !
La justice m'en fait la loi ;
Il appartient à l'honneur, au courage...
Il est à toi !

(S'adressant à tous les matelots et à Malipieri qui arrive en ce moment.)
Devant vous, mes amis, devant tout l'équipage,
J'ai voulu proclamer mon ordre souverain ;
Le dernier bâtiment capturé ce matin
Aura pour chef...

MALIPIERI, près de lui, et à voix basse.
C'est bien !

LORÉDAN, à voix haute et montrant Andréa.
Andréa Donato !

ANDRÉA, HAYDÉE et RAFAELA, à part.
O bonheur !

MALIPIERI, furieux.
Un instant !...

LORÉDAN, *lui saisissant le bras d'une main et portant l'autre à son poignard.*

Toi, si tu dis un mot...
(A voix basse.)
A l'instant même... je t'immole !

MALIPIERI, bas à Lorédan.

Traître !... tu m'as trompé !...

LORÉDAN.

C'est ta faute !... pourquoi
As-tu compté sur la parole
D'un homme tel que moi... sans honneur et sans foi !...

Ensemble.

MALIPIERI, regardant Lorédan.

La guerre, la guerre !
Une guerre à mort !
Je suis, je l'espère,
Maître de son sort !
Sa gloire flétrie
Sourit à mon cœur !
A lui l'infamie
Et le déshonneur !

LORÉDAN, regardant Malipieri.

La guerre, la guerre !
Une guerre à mort !
De lui, je n'espère
Grâce ni remord.
Ma gloire est flétrie
Ainsi que mon cœur.
A moi l'infamie
Et le déshonneur !

HAYDÉE, RAFAELA et ANDREA.

Bonté tutélaire
Qui change mon sort !
Avenir prospère
Bien plus doux encor !
Par lui seul, ma vie

Renaît au bonheur ;
Lui, de la patrie
La gloire et l'honneur !

DOMENICO et LE CHŒUR.

Bientôt, je l'espère,
Nous verrons le port.
Oui, le vent prospère
Nous conduit à bord !
O rive chérie,
Si douce à mon cœur,
C'est là ma patrie,
C'est là le bonheur !

MALIPIERI, à part.

Ma vengeance n'est que remise !
Sachons nous taire sur son bord :
Car en maître il y règne encor.
Mais quand j'aurai touché Venise...
Quand nous serons entrés au port...

(En ce moment les nuages amoncelés à l'horizon s'écartent, se dissipent, et l'on aperçoit Venise et ses principaux monuments.)

TROIS MATELOTS, au haut des mâts et criant.

Venise !... Venise !... Venise !

TOUS.

O bonheur !

LORÉDAN.

Ah ! sa vue est mon arrêt de mort !

LE CHŒUR.

O reine de l'Adriatique,
Voici ta sainte basilique
Et tes minarets !

(Otant tous, avec respect, leurs bonnets de matelots.)

Salut ! ô ma cité chérie !
O Venise ! ô notre patrie !
Tu nous apparais !

(Le vent a gonflé les voiles du vaisseau qui semble se diriger vers le port, et l'on voit successivement passer dans le lointain l'arsenal de Venise, le quai des Esclavons, et la place Saint-Marc.)

LORÉDAN, qui pendant ce temps est au bord du théâtre à gauche.
La guerre! la guerre! etc.

MATELOTS et MOUSSES, suspendus aux cordages.
O reine de l'Adriatique, etc.

MALIPIERI, à droite, montrant Venise, qui apparaît.
La guerre! la guerre! etc.

HAYDÉE, ANDRÉA, RAFAELA.
Bonté tutélaire, etc.

(Le vaisseau est censé entrer dans Venise.)

ACTE TROISIÈME

Le grand vestibule du palais Grimani. De chaque côté une colonnade en marbre. — Au fond, le théâtre ouvert laisse apercevoir la mer et les principaux édifices de Venise.

SCÈNE PREMIÈRE.

HAYDÉE, seule.

AIR.

Je suis dans son palais, à Venise... chez lui!
Aux yeux de ces vainqueurs, que le sort fit nos maîtres,
Cachons, plus que jamais, le nom de mes ancêtres,
Ce nom si glorieux que les fers ont flétri!

Pour punir pareille offense,
Tant d'affronts, tant de souffrance,
Dès longtemps à la vengeance
J'aurais dû, dans ma fureur,
Livrer mon cœur.
Quel est, malgré moi, le charme
Qui m'enivre et me désarme,
Et quel nom me fait frémir,
Et de trouble et de plaisir?
Ce nom qu'hélas!
Je dis tout bas....

Ce nom, mon seul bonheur,
C'est celui du vainqueur
Que la gloire et l'honneur
Rendent cher à mon cœur!

J'entends ce peuple ingrat,
Ces patriciens, ce fier sénat,
Célébrer ses exploits...
A ses pieds je les vois!
Et lui, si mon cœur le voulait,
Je crois qu'aux miens il tomberait!

Ah! pour moi quel bonheur
De soumettre un vainqueur,
Que la gloire et l'honneur
Rendent cher à mon cœur!

Oui... oui... déjà j'ai cru voir
Luire à mes yeux un faible espoir.
Comme au loin dans la nuit brille
Une étoile qui scintille
Et qui guide sur les flots,
Les matelots!
Ainsi la douce espérance
A fait luire, en ma souffrance,
Un bonheur encor lointain
Qu'en mon cœur je cache en vain.
Un nom, qu'hélas!
Je dis tout bas...

Ah! pour moi quel bonheur, etc.

SCÈNE II.

HAYDÉE, RAFAELA, entrant d'un air agité.

HAYDÉE.

Qu'avez-vous, signora? comme vous me semblez agitée!

RAFAELA.

Ce n'est pas sans raison! Je ne t'ai rien caché, Haydée, je t'ai avoué qu'Andréa Donato, mon parent, mon ami d'enfance...

HAYDÉE.

Était celui que vous aimiez!... et vous faites bien, car

4.

maintenant il a conquis, par sa gloire, des droits à votre amour.

RAFAELA.

Juge alors de mon désespoir : Lorédan à qui nous devons tout, Lorédan, son bienfaiteur et le mien, vient en arrivant, de donner des ordres pour son mariage, avec moi sa pupille.

HAYDÉE, à part.

O ciel!

RAFAELA.

Il veut qu'il soit célébré aujourd'hui même!

HAYDÉE, avec désespoir.

Il n'y a plus à hésiter... il faut tout lui avouer, ou nous sommes... (Se reprenant.) je veux dire vous êtes perdus!

RAFAELA.

Moi! lui avouer!... ah! je n'oserai jamais!

HAYDÉE, remontant le théâtre.

Le voici sans doute! j'aperçois de loin, sur le grand canal, sa gondole qui revient et que conduit Domenico.

SCÈNE III.

HAYDÉE, RAFAELA; ANDRÉA et DOMENICO, que l'on ne voit pas encore.

VOIX en dehors.

BARCAROLLE.

Premier couplet.

Glisse, glisse, ô ma gondole,
Sur les flots riants d'azur,
De Venise, mon idole,
Ils reflètent le ciel pur!

RAFAELA.

C'est la voix d'Andréa !

ANDRÉA, paraissant au fond, sur la gondole, que conduit Domenico.

Amant toujours fidèle,
Auprès de toi j'accours,
O Venise la belle,
Venise, mes amours !

(Domenico et Andréa débarquent au pied des murs du palais. Andréa, pendant que Domenico amarre la gondole.)

Deuxième couplet.

Sur les rives étrangères
On rencontre, en voyageant,
Des cités, beautés altières,
Qui séduisent un instant ;
Mais, en amant fidèle,
On te revient toujours,
O Venise la belle,
Venise, mes amours !

HAYDÉE, qui a regardé avec inquiétude autour d'elle.

Où donc est Lorédan ?

ANDRÉA.

Dans la salle du sénat !

DOMENICO.

Où je l'ai conduit et où il était obligé de se rendre.

ANDRÉA.

Mais au moment où il m'a aperçu, son front sombre et soucieux s'est éclairci, et me prenant à part... (Ah! que je suis glorieux de tant de faveur et d'estime), il m'a chargé, moi, d'un important et secret message, à deux pas d'ici ! « Prends ma gondole, a-t-il dit, va vite, et qu'à mon retour, je te retrouve à mon palais. »

HAYDÉE.

Eh ! qu'est-ce donc ? de quoi s'agit-il ?

ANDRÉA, s'inclinant.

Pardon, signora, ce que m'a confié mon général, je ne puis le dire à personne...

HAYDÉE, souriant.

A moi, je comprends. (Montrant Rafaëla.) Mais à elle...

ANDRÉA.

Pas même à Rafaëla !

HAYDÉE, affectant de sourire.

Oh ! alors, c'est un grand secret !

RAFAELA, à Andréa.

Allez donc vite et revenez.

ANDRÉA, s'éloignant par la gauche.

Adieu ! adieu !...

SCÈNE IV.

RAFAELA, remontant le théâtre et suivant des yeux Andréa. HAYDÉE, DOMENICO.

HAYDÉE.

Mais toi, Domenico, toi qui nous restes, peux-tu parler ?

DOMENICO, la regardant sans lui répondre.

Ah ! comme vous êtes belle, Haydée ! vous me faites l'effet de Venise au soleil !... plus on la voit et plus...

HAYDÉE.

Il n'est pas question de cela ! sais-tu pourquoi Lorédan est, aussitôt mon arrivée, obligé d'aller au sénat ?

DOMENICO.

Pour rendre compte de sa conduite !

RAFAELA.

Au doge ?

DOMENICO.

Il n'y a plus de doge ! il est défunt, c'est le conseil des Dix et le grand conseil qui règnent en attendant que nous ayons choisi un autre souverain !... ce qui n'est pas facile !

HAYDÉE.

Il n'y en a pas ?

DOMENICO.

Il y en a trop ! chacun, au besoin, se donnerait sa voix ! moi... tout le premier !...

HAYDÉE.

Et quand reviendra Lorédan ?...

DOMENICO.

Ma foi... je n'en sais rien... tout ce que j'ai appris par la ville, c'est que Venise lui accorde, dit-on, une partie des drapeaux conquis sur l'ennemi. Voilà pour lui !... et pour moi... (Avec embarras.) je voulais vous parler aussitôt votre arrivée d'une chose... Vous savez... je vous l'ai dit, une chose... ou plutôt un projet... Quand je dis un projet... c'est une idée...

RAFAELA, qui a regardé du côté de la colonnade, à droite.

Cette fois, c'est Lorédan... c'est bien lui !...

DOMENICO, à part et soupirant.

Je l'aime autant ! je n'en serais jamais venu à bout.

RAFAELA.

Et les principaux membres du sénat et tout ce peuple qui le reconduisent comme en triomphe jusqu'à son palais !

DOMENICO, à part.

Sans compter la fête que les bateliers du Lido doivent tantôt lui donner !

SCÈNE V.

LES MÊMES ; LORÉDAN, MEMBRES DU SÉNAT, PEUPLE,
SOLDATS portant des drapeaux turcs.

LE CHOEUR.
Flottez, étendards du prophète !
Drapeaux ravis aux ennemis !
Faites rayonner sur sa tête
La gloire qu'il donne au pays !

PLUSIEURS SÉNATEURS, aux soldats, leur montrant les drapeaux.
Aux murs de ce palais, allez, qu'on les attache !

LORÉDAN, regardant autour de lui.
C'est à moi qu'on accorde une telle faveur !

PLUSIEURS SÉNATEURS.
A celui qui toujours, sans reproche et sans tache,
N'a jamais dévié du sentier de l'honneur !
(Lorédan tressaille.)

LE CHOEUR.
Flottez, étendards du prophète !
Drapeaux ravis aux ennemis !
Et faites briller sur sa tête
La gloire qu'il donne au pays !
(Lorédan, pâle et dans le plus grand trouble, remercie les sénateurs et le peuple qu'il congédie.)

SCÈNE VI.

RAFAELA, HAYDÉE, LORÉDAN.

LORÉDAN, reste un instant plongé dans de sombres réflexions, il regarde autour de lui, avec inquiétude et dit avec agitation et à voix haute.
Et Andréa !... Andréa ne revient pas !

RAFAELA, allant à lui.

Nous venons de le voir! mais chargé par vous d'une mission, il n'est pas de retour.

LORÉDAN, à part.

Attendons encore. (Il fait quelques pas et aperçoit Haydée qui se tient à l'écart, à gauche.) Ah !...

(Il s'approche d'elle et s'incline avec respect.)

HAYDÉE, étonnée.

Que faites-vous, monseigneur?

LORÉDAN.

Descendante des Botzaris, fille d'un sang royal, que j'ai traitée en esclave, pourquoi m'avez-vous trompé? Je viens d'apprendre que les envoyés de Chypre offraient des trésors au sénat de Venise pour le rachat de ma capture, il n'en est pas besoin ! Chypre fait désormais partie de la république. Vous êtes Vénitienne, vous êtes libre, et vos biens vous sont rendus !

HAYDÉE.

Grâce à vous, j'en suis sûre !

LORÉDAN, apercevant Andréa qui paraît au fond du théâtre, et poussant un cri de joie et d'impatience.

Ah! enfin !...

SCÈNE VII.

Les mêmes ; ANDRÉA.

LORÉDAN, courant vivement au devant de lui.

Eh bien?...

ANDRÉA, à voix basse.

Ainsi que vous me l'aviez ordonné, je lui ai porté votre défi... il refuse.

LORÉDAN, de même.

Lui, Malipieri !...

ANDRÉA.

Les lois punissent de mort, dit-il, celui qui tire l'épée dans l'enceinte de Venise.]

LORÉDAN.

Eh bien ! partout ailleurs... pourvu que sa vie... ou la mienne...

ANDRÉA.

Il refuse !... il a, dit-il, pour vous atteindre, des armes plus sûres.

LORÉDAN, tressaille et reprend avec inquiétude.

Et il n'a rien ajouté ?

ANDRÉA.

Quelques mots seulement où j'ai cru comprendre...

LORÉDAN, regardent vivement Andréa

Quoi ? qu'as-tu deviné ?

ANDRÉA.

Qu'il espérait empêcher un mariage... que vous projetiez !

LORÉDAN, à voix haute.

Ah ! tel est son espoir... Eh bien ! ce mariage se fera ce matin même, dans ce palais. (Prenant la main de Rafaëla.) Venez, Rafaëla !

ANDRÉA, HAYDÉE et RAFAELA, chacun à part avec un mouvement d'effroi.

O ciel !

LORÉDAN, les regardant avec surprise.

Qu'avez-vous donc tous trois ?

(A Haydée.)

Vous frémissez !...

(Tenant la main de Rafoëla.)

Et vous tremblez, je crois ?

(A Andréa.)

Et toi ?

HAYDÉE, bas à Rafaëla.

Parlez !

ANDRÉA et RAFAELA.

Ah ! le remords m'agite !

LORÉDAN, étonné et à part.

Eux aussi !

(Il se retourne et voit Rafaëla et Andréa qui viennent tous les deux de se jeter à ses pieds sans rien dire et qui courbent la tête. Haut.)
Qu'est-ce donc ?

HAYDÉE.

Ils s'aimaient !

LORÉDAN, poussant un cri.

Ils s'aimaient !

(A part, avec joie.)

Le destin,
O Donato ! permet qu'à la fin je m'acquitte !
(Haut, avec émotion et bonté.)
Levez-vous, mes amis !

(A Andréa, lui montrant Rafaëla.)

Je te donne sa main !
(Haydée et les deux jeunes gens poussent un cri de joie.)
Pourvu, telle est ma loi formelle... expresse,
Que, dès ce jour, tous mes biens soient à toi !
(Voyant Andréa et Rafaëla qui vont se récrier.)
Je le veux, ou sinon je reprends ma promesse !
(Voyant que tous trois l'entourent et veulent le remercier.)
Et tous trois maintenant, laissez-moi !...

(Avec force.)

Laissez-moi !
(Andréa et les deux jeunes femmes s'éloignent en le regardant d'un air étonné. Haydée surtout qui le contemple avec inquiétude et se retire la dernière sur un nouveau geste d'impatience de Lorédan.)

SCÈNE VIII.

LORÉDAN, seul, regardant autour de lui les drapeaux que l'on vient d'attacher aux murs de son palais, et qui se balancent au-dessus de sa tête.

ROMANCE.

Premier couplet.

Adieu donc, noble ville,
Qui paya ma valeur !...
Mourir est plus facile
Que vivre sans honneur !
Ma vie... ici flétrie,
Doit s'éteindre en ce lieu !
Adieu ! gloire et patrie !
O mon honneur... adieu !

(On entend en dehors, dans le lointain, une ritournelle joyeuse, et Lorédan écoute.)

Ce sont nos gondoliers ! au palais du vainqueur,
Ils viennent pour chanter ma gloire... et mon bonheur !

LE CHOEUR, en dehors.

Gloire ! gloire au fils de Venise
Par qui la mer est soumise !
Digne de vos nobles aïeux,
Vivez longtemps, vivez heureux !

LORÉDAN.

Deuxième couplet.

Vous à qui se rattache
Mon bonheur le plus doux,
J'aurais, pur et sans tache,
Voulu mourir pour vous !
Mais le ciel répudie
Jusqu'à mon dernier vœu.

(Tirant son épée.)

Adieu! gloire et patrie !
O mon honneur, adieu !

LE CHŒUR, en dehors.

Gloire aux fils de Venise,
Vainqueurs du musulman !
Par vous, ô Lorédan !
La mer nous est soumise ;
Digne de vos nobles aïeux,
Vivez longtemps ! vivez heureux !

LORÉDAN, répétant avec émotion.

Oui, disent-ils... dans leurs souhaits joyeux...
Vivez longtemps ! vivez heureux !
Adieu tout ce que j'aime !...
(Il place à terre la garde de son épée et va se précipiter sur la pointe ; apercevant Haydée, il s'arrête.)

O ciel !

SCÈNE IX.

LORÉDAN, HAYDÉE.

HAYDÉE.

DUO.

Pardonne-moi si j'ose te troubler,
Maître ! permets ce nom ! c'est toujours ton esclave,
Nou la fille des rois, qui voudrait te parler !

LORÉDAN.

Parle... j'écoute !... Eh mais ! toi que je sais si brave,
Tu parais bien émue !

HAYDÉE.

Et toi,
Bien tranquille !...

LORÉDAN, lui prenant la main.

Elle tremble !

HAYDÉE.

Ah ! ce n'est pas pour moi !

LORÉDAN.

Que veux-tu dire ?

HAYDÉE, lentement.

Il est un secret, ô mon maître !
Que tu prétends cacher aux yeux de tous !...

LORÉDAN, troublé.

Qui... moi ?

HAYDÉE.

Tu fais bien ! mais tu peux me le faire connaître
A moi seule !... je vais te dire ici pourquoi...

Je t'aime, ô mon maître, je t'aime !
Et c'est là mon secret à moi !
Oui, je t'aime, je t'aime !
Et je veux, jusqu'à la mort même,
Tout partager... tout, avec toi !

A la lueur de l'incendie,
Je t'aimais !
Esclave et loin de ma patrie,
Je t'aimais !
Oui, pour toi, tout bas je priais
Et je disais :

Je t'aime, ô mon maître, je t'aime !
Et c'est là mon secret à moi ;
Oui, je t'aime, je t'aime !
Et je veux, jusqu'à la mort même,
Tout partager... tout, avec toi !

LORÉDAN, la contemplant avec amour.

Quel jour nouveau, trop tard, hélas ! brille pour moi !

HAYDÉE.

Tu peux donc maintenant te fier à ma foi...

Ensemble.

HAYDÉE.

Dis-moi quelle est ta peine !
Devant moi ne crains rien !
Ta douleur est la mienne,

HAYDÉE

Ton honneur est le mien!

LORÉDAN.

Voix qui calmez ma peine!
Doux et souverain bien!
Ma douleur est la sienne,
Mon honneur est le ¡¡

LORÉDAN.

Non, non, pour mes tourments tu ne peux rien, hélas!

HAYDÉE.

Je ne peux rien, dis-tu? Ton cœur ne connaît pas
Ce que peut l'amour d'une femme!
Quels que soient tes périls, c'est moi qui les réclame!
Que crains-tu? la prison ou la mort? Tu te tais?...

LORÉDAN, tremblant et baissant la tête.

Si c'était plus encor!

HAYDÉE.

Parle?

LORÉDAN.

Non, non, jamais!

Ensemble.

HAYDÉE.

A mon cœur fidèle
Que ta voix révèle
La peine cruelle
Qui te fait souffrir!
Que l'orage gronde,
Mon espoir se fonde
Sur un autre monde,
Un autre avenir!
A lui je me livre,
Et prête à te suivre,
Pour toi je veux vivre,
Ou pour toi mourir!

LORÉDAN, à part.

Que rien ne révèle
A son cœur fidèle

La peine cruelle
Qui me fait souffrir !
O nuit ! nuit profonde !
Dérobez au monde
Le remords qui gronde
Et vient m'assaillir !
(A Haydée.)
O voix qui m'enivre !
Je ne puis te suivre !
Sans moi tu dois vivre,
Seul je dois mourir !

HAYDÉE.

Achève et ne crains rien !

LORÉDAN, à part.

O déshonneur extrême !

HAYDÉE.

Je t'en prie à genoux !

LORÉDAN, se cachant la tête dans ses mains.

Non, non, plutôt mourir !

HAYDÉE, se relevant.

Eh bien donc ! ce secret que tu n'oses trahir,
Je le déroberai seule et malgré toi-même...
Jusque-là seulement, comptant sur mon secours,
Promets-moi de ne pas attenter à tes jours !
Tu le jures... pour moi tu dois les conserver !

(Lorédan fait signe qu'il y consent.)

HAYDÉE, avec exaltation.

Et moi... je jure, ingrat, de te sauver !

Ensemble.

HAYDÉE.

Que l'orage gronde, etc.

LORÉDAN.

O nuit ! nuit profonde ! etc.

SCÈNE X.

LORÉDAN, HAYDÉE, MALIPIERI, entrant sur la ritournelle du morceau précédent ; Lorédan l'aperçoit et court saisir son épée qu'il a laissée près du fauteuil à droite. Haydée qui ne le perd pas de vue a suivi tous ses mouvements.)

LORÉDAN, à part.

Malipieri !

HAYDÉE, à part, regardant Malipieri.

Le danger qui le menace est là.

LORÉDAN, bas à Haydée.

Laisse-nous... je te prie.

HAYDÉE, de même.

Ne puis-je donc pas rester ?

LORÉDAN, de même.

Plus tard... je te verrai !

HAYDÉE, de même.

Jusque-là tu m'as promis de vivre.

LORÉDAN, de même.

Je tiendrai mon serment.

HAYDÉE, de même.

Et moi, le mien !... je te sauverai ! (A part, et sortant par la porte à droite.) Oui ! je le sauverai !

(Malipieri pendant ce dialogue s'est avancé lentement du fond du théâtre, et se trouve près de Lorédan.)

SCÈNE XI.

LORÉDAN, MALIPIERI.

MALIPIERI, regardant sortir Haydée.

C'est là l'esclave qui devait m'appartenir et qui me fut ravie !... esclave de sang royal !

LORÉDAN.

Ah! tu le sais déjà?

MALIPIERI.

Venise ne parle que de ses richesses.

LORÉDAN.

Eh bien! que ne fais-tu valoir tes prétentions sur elle?... c'est le moment.

MALIPIERI.

J'y ai renoncé, vous le savez. Un autre sujet m'amène... une bonne nouvelle pour vous.

LORÉDAN, vivement.

Le combat que je t'ai proposé...

MALIPIERI.

Mieux encore!... (D'un ton froid et lent.) Le sénat assemblé pour élire un doge semble réunir, dit-on, ses suffrages sur un illustre guerrier! sur le dernier rejeton d'une antique famille, dont l'honneur a toujours brillé intact, et dont aucune tache n'a jamais terni le blason!... l'amiral de Venise, Lorédano!

LORÉDAN.

Moi!...

MALIPIERI.

Ce choix, dont le bruit se répand déjà dans la ville, ne sera publié que dans une heure sur la place Saint-Marc et du haut du Bucentaure... je viens de l'apprendre, et je me hâte de me rendre à l'assemblée, pour remettre au conseil des Dix un papier cacheté que j'ai là... acte important...

LORÉDAN, avec fureur.

Malipieri!

MALIPIERI.

Et authentique, car il est écrit de votre main. Sa lecture au milieu du sénat peut enlever au futur doge sa couronne ducale, sa gloire et son honneur... tel n'est point mon désir...

ni le vôtre non plus!... j'en suis persuadé... et avant de me rendre au conseil, je vous redirai seulement : Si vous m'accordez la main de Rafaëla, votre pupille, votre honneur devient le mien. Et en sortant de la chapelle de votre palais... je vous rends ce papier fatal... Prononcez? (Lorédan le regarde quelque temps en silence, puis se dirige vers la table à droite et frappe sur un timbre. — Avec joie.) A la bonne heure!... à moi la fortune... à vous les honneurs... il n'y a pas à hésiter!

LORÉDAN.

Et je n'hésite pas! (A un valet qui paraît.) Disposez tout pour le mariage de Rafaëla, ma pupille, avec Andréa Donato, à qui je laisse tous mes biens! (A Malipieri, qui fait un geste de colère.) Vous pouvez vous rendre au sénat.

(Il sort par la porte à gauche.)

SCÈNE XII.

MALIPIERI, puis **HAYDÉE** qui sort de la porte à droite, et suit des yeux Lorédan qui s'éloigne.

FINALE.

MALIPIERI, avec fureur.

Eh bien! puisqu'il le veut, que sa gloire périsse!
Et ma fortune aussi!

(Il fait quelques pas pour sortir.)

HAYDÉE, redescendant le théâtre et se plaçant devant lui.
Où courez-vous?

MALIPIERI.

Faire justice!

HAYDÉE.

Non pas! mais perdre un ennemi!
(Montrant de la main la porte à droite.)
J'ai tout entendu!...

MALIPIERI.

Toi!

5.

HAYDÉE.
Parlons sans artifice!

MALIPIERI, tirant de sa poche la lettre cachetée.
Ah! tu sais le secret de ce fatal écrit?

HAYDÉE.
Je sais, s'il est connu, que Lorédan périt!

MALIPIERI.
Son honneur est à moi!

HAYDÉE.
Je veux te l'enlever!

MALIPIERI.
J'ai juré de le perdre!

HAYDÉE.
Et moi de le sauver!

Ensemble.

HAYDÉE, à part.
Noble amour dont l'ardeur m'enflamme,
Soutiens les forces de mon âme!
Tu sais les serments que j'ai faits :
Le sauver et mourir après!

MALIPIERI.
Ardente haine qui m'enflamme,
Viens guider, embraser mon âme!
Tu sais les serments que j'ai faits :
Oui, le perdre et mourir après!

HAYDÉE.
Je suis libre à présent! plus de maître, d'entrave!

MALIPIERI.
Je le sais!... le sénat vient de briser tes fers!

HAYDÉE.
Pour prix de cet écrit, je serai ton esclave!
Le veux-tu?

MALIPIERI, étonné.
Toi!

HAYDÉE.
Moi !

MALIPIERI.
Non !... je veux des biens plus chers !

HAYDÉE.
Mes richesses peut-être !... eh bien ! je te les donne !

MALIPIERI.
Je veux plus !... tes trésors et toi-même avec eux !

HAYDÉE, à part, tressaillant.
O ciel !

MALIPIERI.
Devant l'autel, ta main !...

HAYDÉE, de même.
Ah ! je frissonne !

MALIPIERI.
Ta main !... ta main... c'est le prix que je veux,
Aux autels de Saint-Marc, à l'instant, je le veux !

Ensemble.

HAYDÉE.
Noble amour, dont l'ardeur m'enflamme
Soutiens les forces de mon âme ;
Tu sais les serments que j'ai faits :
Le sauver et mourir après !

MALIPIERI.
Ardente haine qui m'enflammes,
Viens guider, embraser nos âmes !
Je dois en voyant tant d'attraits
Tenir aux serments que j'ai faits !

(Haydée, entraînée par Malipieri, sort par la gauche tandis qu'on entend dehors une musique vive et joyeuse.)

SCÈNE XIII.

Peuple, Gondoliers, Marchands, Ouvrières, Bouquetières, paraissant au fond du théâtre en gondoles, tandis que d'Autres entrent sur la scène, de différents côtés, par la colonnade du vestibule; Sénateurs, puis LORÉDAN et RAFAELA.

LE CHOEUR.
Venez, accourez du Lido,
Descendez tous du Rialto!...
Venise la belle
Gaîment nous appelle,
Aujourd'hui par elle
Nous sommes heureux !
Triomphe et conquête !
C'est un jour de fête.
Qu'ici rien n'arrête
Notre élan joyeux !
Liberté
Et gaité !
Place à nous !
Rangez-vous,
Sénateurs
Et seigneurs !
Au peuple les honneurs !
Plus d'impôts,
De travaux !
Pour un jour,
A mon tour
Je suis roi,
C'est la loi,
Et Venise est à moi !

(Pendant que le cortège entre en scène, Lorédan et Rafaëla sortent de la porte à gauche et le peuple reprend le chant général.)

Venise la belle
Gaîment nous appelle, etc.

TROIS SÉNATEURS, s'avançant au milieu du théâtre.

Nous choisissons pour doge, ainsi que nos aïeux,
Celui de qui le bras nous défendit le mieux !
(S'adressant à Lorédan.)
A ce rang, Lorédan, vous seul deviez prétendre !

LORÉDAN, troublé.

Je n'ai point mérité ce titre glorieux...
Je n'ose... je ne puis... l'accepter !

SCÈNE XIV.

LES MÊMES ; HAYDÉE, entrant par la gauche et apparaissant près de Lorédan.

HAYDÉE, bas, à Lorédan.

Tu le peux !
Ton honneur est sauvé... tiens, je viens te le rendre !
(Elle lui glisse dans la main un papier cacheté, et lui montre le manteau du doge et la couronne ducale que les avogadors apportent en ce moment en cérémonie.)

LORÉDAN, poussant un cri de joie et jetant un regard sur le papier.

Sauvé par elle !...

HAYDÉE, portant la main à son poignard.

Adieu ! pour moi tout est fini !

LORÉDAN, lui retenant le bras.

Ah ! que dis-tu ?

HAYDÉE, avec désespoir.

Je viens de me donner à lui !

LORÉDAN, stupéfait.

A lui !...

HAYDÉE.

Pour te sauver... je te l'avais promis !...

LORÉDAN.

Pour me sauver... ah ! je frémis !...
Toi, sa femme... à lui...

A ce Malipieri...
Non... non, plutôt mourir !

LE PEUPLE, regardant vers le fond du théâtre.
Quel bruit vient de retentir !

SCÈNE XV.

LES MÊMES ; DOMENICO, suivi de plusieurs GONDOLIERS et se débattant au milieu de la foule ; puis ANDRÉA.

DOMENICO, parlant à des sbires.
C'est une indignité ! et vous ne pouvez l'arrêter ainsi ni le condamner sans nous entendre !

LORÉDAN, s'avançant.
Qu'est-ce donc ?

DOMENICO, montrant Andréa qui s'avance du fond du théâtre, enchaîné et entouré de sbires.
C'est Andréa qu'on entraîne en prison et qui a, disent-ils, mérité la mort !

RAFAELA.
O ciel !

DOMENICO.
Mais nous étions là, moi et les gondoliers que voici... nous savons comment cela s'est passé.

LORÉDAN, avec impatience.
Eh ! parle donc !

DOMENICO.
Certainement... c'est-à-dire nous ne savons pas comment cela a commencé, mais au moment où nous arrivions sur la place Saint-Marc, ils sortaient tous deux de l'église en parlant avec chaleur, et Andréa s'écriait : « Le lâche n'est pas celui qui propose le combat, mais celui qui le refuse ! » — Et l'autre a répondu d'un air insolent : « Je ne me suis pas battu,

parce qu'on ne se bat pas avec un infâme... » Il n'avait pas achevé ce mot qu'Andréa l'a frappé à la joue!

ANDRÉA, qui pendant ce temps s'est avancé.

Il a tiré son épée... moi, la mienne!

DOMENICO.

Vaillamment, en gens de bien... nous étions là, et après une lutte acharnée...

ANDREA.

Il est tombé!

DOMENICO.

Raide mort, sans souffler, le coup était bon!

LORÉDAN.

Eh! qui donc?

DOMENICO.

Malipieri!...

HAYDÉE, LORÉDAN et RAFAELA.

O ciel!

DOMENICO, avec chaleur.

Et c'est pour un coup d'épée comme celui-là, qu'il doit être, dit-on, condamné au nom de la loi... si ce n'est pas une horreur!...

LORÉDAN, aux sbires qui veulent emmener Andréa.

Arrêtez!... le jour de son avénement, le doge a le droit de faire grâce... et ce titre de doge... je l'accepte!

(Cris de joie; Andréa, dont on détache les fers, court aux pieds de Lorédan, qui le relève et lui montre Rafaëla. Puis, sans rien dire, il tend la main à Haydée.)

LE CHOEUR.

Que retentissent dans Venise
Les clairons, le son de l'airain!
Que l'Adriatique soumise

Roule aux pieds de son souverain!
Lorédan! Lorédan est notre souverain!
(Les drapeaux s'inclinent devant lui et l'on voit au fond du théâtre s'avancer le Bucentaure, qui vient aborder près du vestibule du palais. Lorédan, entouré des sénateurs, se dispose à monter sur le vaisseau.)

LA NUIT DE NOËL

ou

L'ANNIVERSAIRE

OPÉRA-COMIQUE EN TROIS ACTES

MUSIQUE DE N. H. REBER.

Théatre de l'Opéra-Comique. — 9 Février 1848.

PERSONNAGES.	ACTEURS.
ALBERT, garde-chasse du château de Lowembourg.	MM. Mocker.
LE BARON DE LOWEMBOURG.	Ch.-Ponchard
LÉONARD, recteur de la Maison des Orphelins.	Bussine.
POTTINBERG, maître d'école du village.	Ricquier.
HENRIETTE, femme d'Albert.	Mmes Darcier.
GERTRUDE, cousine d'Henriette.	Lemercier.

Gardes-chasse. — Seigneurs. — Piqueurs. — Postillons. — Paysans et Paysannes.

Aux environs de la ville de Brême.

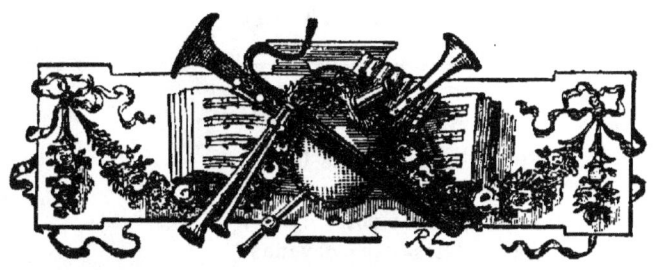

LA NUIT DE NOËL

ou

L'ANNIVERSAIRE.

ACTE PREMIER

Une salle basse dans le château de Lowembourg.

SCÈNE PREMIÈRE.

HENRIETTE, seule, assise et travaillant.

ROMANCE.

Premier couplet.

Il disait : « Jamais volage,
Ni colère, ni jaloux,
Je serai, dans mon ménage
Le modèle des époux!... »
Et voilà qu'un an s'achève!
Je n'ai rien vu de pareil...
Ah! l'amour est un beau rêve
Dont l'hymen est le réveil.

Deuxième couplet.

Fleur d'amour, rose fanée !
Tendre ivresse qui n'est plus !
Jours d'avant notre hyménée,
Ah ! qu'êtes-vous devenus ?
La guerre sans paix ni trêve,
Et la nuit, plus de sommeil !...
Ah ! l'amour est un beau rêve
Dont l'hymen est le réveil !

SCÈNE II.

HENRIETTE, GERTRUDE, entrant gaiement par le fond.

GERTRUDE.

Eh bien ! cousine, que faisons-nous donc, toute seule à rêver ?...

HENRIETTE.

Ah ! les hommes ! les hommes !

GERTRUDE.

Les maris surtout !... Et dire qu'on ne peut pas les supprimer ! Aussi, cousine, tu as voulu cette année, et malgré mes conseils, épouser Albert le garde-chasse... qui n'avait rien... ni toi non plus.

HENRIETTE.

Dame ! je l'aimais. Il était si gentil... et si amoureux !

GERTRUDE, avec dépit.

En vérité !

HENRIETTE.

Et mes parents qui s'opposaient à ce mariage !

GERTRUDE.

Raison de plus pour le désirer.

HENRIETTE.

Les parents sont si maladroits! Et puis, pendant les premiers temps j'ai été si heureuse! Les privations, la peine... tout nous semblait bien... tout était plaisir... Nous étions toujours du même avis.

GERTRUDE.

Et depuis quand cela a-t-il cessé?

HENRIETTE.

Depuis trois mois à peu près... Tiens, cousine, à l'époque où tu es venue demeurer avec nous! Albert, qui était si complaisant et si soumis... est devenu tout à coup contrariant... taquin... exigeant...

GERTRUDE.

C'est son caractère.

HENRIETTE.

Voulant toujours commander.

GERTRUDE.

Ce qu'il ne fallait pas souffrir.

HENRIETTE.

Ah! bien oui!... Aussi j'ai suivi tes conseils...

GERTRUDE.

Moi qui suis veuve, je m'y connais. Il ne faut jamais céder.

HENRIETTE.

Surtout dans les commencements.

GERTRUDE.

Et continuer de même.

HENRIETTE.

C'est ce que j'ai fait! Naturellement, et de naissance, ma mère m'a toujours dit que j'étais obstinée.

GERTRUDE.

Et, en exerçant, ça s'est développé.

HENRIETTE.

Aussi, depuis deux jours...

GERTRUDE.

Cela va mieux dans ton ménage...

HENRIETTE.

Un mieux... qui va plus mal... Nous ne nous parlons plus... Il sort dès le matin... il rentre tard... il est toute la journée dans la forêt... ou à boire avec les gardes-chasse ses amis.

GERTRUDE.

Ça te donne de la liberté.

HENRIETTE.

C'est vrai... mais cette liberté-là... je n'en sais que faire. Et puis, voilà une quinzaine que nous avons deux chambres séparées... l'une à droite, l'autre à gauche... toujours d'après tes avis!

GERTRUDE.

Une bonne idée, n'est-ce pas?

HENRIETTE, soupirant.

Oh! mon Dieu, oui.

GERTRUDE.

De cette manière-là, vous ne vous disputez que le jour!... témoin, avant-hier.

HENRIETTE.

Pour cette robe de soie...

GERTRUDE.

Quelle horreur!

HENRIETTE.

N'est-ce pas?... M'empêcher d'acheter une robe nouvelle pour la fête du pays...

GERTRUDE.

Il a même dit avec colère : « Je te le défends! »

HENRIETTE.

C'est la première fois!... Aussi je l'ai achetée ce matin.

GERTRUDE.

C'est bien!... Empêcher une femme de se parer!

HENRIETTE.

C'est de la tyrannie... de l'arbitraire.

GERTRUDE.

C'est attenter à nos droits; et dès qu'on les laisse usurper...

HENRIETTE, avec énergie.

Jamais! J'y suis décidée... Mais il va être furieux!

GERTRUDE.

Qu'est-ce que ça te fait, puisque tu ne l'aimes plus?

HENRIETTE.

Mais si! je l'aime toujours... c'est plus fort que moi.

GERTRUDE.

Alors si tu conviens de ça... tu es perdue... Il n'y a plus rien à faire.

HENRIETTE.

Mais sois donc tranquille... je n'en conviendrai jamais... Je suis trop fière!... Plutôt mourir!

GERTRUDE.

A la bonne heure!

HENRIETTE.

Ce n'est pas à moi, c'est à lui de revenir.

ALBERT, au dehors.

Henriette! Ma femme!

HENRIETTE, avec joie.

Écoute donc!... c'est lui!

GERTRUDE.

Eh bien?

HENRIETTE.

Eh bien! il m'appelle.

GERTRUDE, avec ironie.

Et avant qu'il n'ait parlé, tu cours lui demander pardon!... Le moyen que tu ne sois pas toujours tyrannisée!...

HENRIETTE.

C'est vrai! c'est vrai! c'est à celui qui a tort à faire les premiers pas... Je m'en vais.

GERTRUDE.

Et il ira te chercher, sois-en sûre.

HENRIETTE, vivement.

Tu crois?... Ah! que je suis heureuse de t'avoir!

GERTRUDE.

Dame! si on ne se soutenait pas entre femmes... entre cousines! Le voici.

HENRIETTE, s'élançant par la porte à gauche.

Adieu!

SCÈNE III.

GERTRUDE, ALBERT.

ALBERT, entrant en appelant.

Henriette!... Henriette!... (Apercevant Gertrude.) Ah! c'est la cousine Gertrude. (A part, avec douleur.) Ah! autrefois c'était ma femme qui venait au-devant de moi!... (Haut.) Comme c'est agréable!... Sortez donc de grand matin pour les affaires de la maison... et au retour, rien de prêt... pas même à déjeuner quand on meurt de faim... C'est vous, cousine?

GERTRUDE.

D'où venez-vous donc ainsi?

ALBERT.

De la ville, où j'ai fait des démarches. La place de forestier général est vacante, et je me mets sur les rangs.

GERTRUDE.

Une belle position!

ALBERT.

Je crois bien... huit cents écus! Je serai riche à jamais!

GERTRUDE.

Et de qui dépend cette place?

ALBERT.

De la ville de Brême... Et le père Léonard, le vieux recteur qui m'a élevé, connaît le bourgmestre... mais on ne nomme que sur la présentation du baron de Lowembourg... C'est un droit, un privilége seigneurial attenant à ce fief... (Secouant la tête.) et le baron de Lowembourg...

GERTRUDE.

Eh bien?

ALBERT.

D'abord... il n'est pas dans le pays... il voyage en France...

GERTRUDE.

On l'attend d'un jour à l'autre.

ALBERT.

Oui... mais il serait ici... que je n'aurais pas grand espoir.

GERTRUDE.

Et pourquoi?

ALBERT.

Je ne sais... mais, lors de mon mariage, je lui ai présenté ma femme... il ne m'a pas trop bien reçu. Et, si ce n'était la comtesse sa mère qui nous protége... je crois qu'il m'ôterait la petite place qui seule nous fait vivre... et le logement que nous occupons ici, dans le vieux château.

GERTRUDE.

Ça n'est pas possible!

ALBERT.

Ça ne m'étonnerait pas... rien ne me réussit... ni au dehors... ni chez moi.

GERTRUDE.

Allons! allons, vous voilà encore aigri... irrité contre votre femme.

ALBERT.

J'ai peut-être tort!... une indifférente... une ingrate!... et si je ne vous avais pas, cousine, pour m'aider et me consoler... si vos conseils et votre amitié... Mais aussi comment soupçonner que cette femme, si douce et si bonne, deviendrait tout à coup d'un entêtement et d'une obstination que rien ne peut vaincre? Si je veux blanc elle veut noir... c'est un esprit de contradiction de tous les instants.

GERTRUDE.

Défaut que vous partagez... car, vous aussi... vous êtes obstiné.

ALBERT.

Parbleu! on le deviendrait... La patience vous échappe... on se fâche... on s'emporte; puis on est furieux... de s'être mis en colère... Enfin c'est un enfer que notre ménage... Et si elle le voulait... je céderais tout de suite.

GERTRUDE.

Et vous auriez tort!... parce que enfin on est homme; on doit défendre sa dignité. (A voix basse.) Et j'ai essayé tout à l'heure de la faire revenir... sur votre discussion... vous savez?...

ALBERT.

Laquelle?... car nous en avons chaque jour une nouvelle!

GERTRUDE.

De la faire renoncer... à cette robe de soie qu'elle voulait se donner pour la fête du village.

ALBERT.

Oui... nous n'avions pas de quoi la payer, mais rassurez-vous... je viens de la ville... où j'ai vendu mon beau fusil... et ce qu'elle désirait tant...

GERTRUDE.

Cette robe... Eh bien?...

ALBERT.

Je la lui rapporte... je l'ai achetée.

GERTRUDE.

Dépense inutile... car, de son côté, elle avait eu la même idée.

ALBERT.

Quoi! malgré ma défense...

GERTRUDE.

L'acquisition est faite.

ALBERT.

Ah! c'est indigne... et je vais...

GERTRUDE.

Vous fâcher encore... faire du bruit devant vos amis... que j'entends!

ALBERT.

C'est vrai!...

GERTRUDE.

Vous voyez bien que si je n'étais pas là pour empêcher les scènes...

ALBERT, lui serrant la main.

Ah!... vous avez raison!...

SCÈNE IV.

GERTRUDE, ALBERT, POTTINBERG, Gardes-chasse.

LES GARDES-CHASSE.
Quand les frimas couvrent la terre,
Quand la neige blanchit nos champs,
Quel plaisir de boire à plein verre
A l'abri des sombres autans !

ALBERT.
Quoi ! vous venez, amis...

POTTINBERG.
     Te prendre pour la chasse,
Mais déjeuner auparavant chez toi !

ALBERT.
Rien n'est prêt !...
   (Voulant appeler.)
Henriette !

GERTRUDE.
     Oh ! je vais à sa place
Tout disposer !
   (Aux gardes-chasse.)
   Allons donc !... Aidez-moi !
(Gertrude et les gardes-chasse dressent la table et la couvrent de ce qui est dans le buffet.)

POTTINBERG, prenant Albert à part, à voix basse.
J'ai voulu, comme ami, te rendre un bon office :
Quand on a du chagrin en ménage, en amours,
Il faut boire et chasser !...

ALBERT, soupirant.
     Nous buvons tous les jours !

POTTINBERG.
Et tu me trouveras toujours à ton service,

(A part.)
uand tu paîras !

(Haut et se retournant vers la table qui est mise.)
Fêtons d'abord ce jambon d'ours !

LES GARDES-CHASSE, s'asseyant à la table.
Quand les frimas couvrent la terre,
Quand la neige blanchit nos champs,
Quel plaisir de boire à plein verre
A l'abri des sombres autans !

ALBERT, s'animant.
Oui, du vin la vapeur enivrante
Fait oublier la tristesse !

POTTINBERG.
Et le froid !

GERTRUDE, versant à boire à Albert.
Buvez alors !

ALBERT.
Ah ! vous êtes charmante !

GERTRUDE, à part.
Enfin donc il s'en aperçoit !

ALBERT, toujours s'adressant à Gertrude.
C'est le beau temps après l'orage.

GERTRUDE.
Vraiment !...

ALBERT.
C'est le bonheur qui semble revenir.

GERTRUDE, à part.
On ne peut empêcher, hélas ! leur mariage ;
Mais on peut les brouiller... ça fait toujours plaisir !

LES GARDES-CHASSE.
Quand les frimas couvrent la terre, etc.

POTTINBERG.
Certainement, ce vin-là n'est pas mal... il se laisse

6.

boire... mais je me rappelle en avoir dégusté chez toi de bien meilleur... une certaine bouteille de tokai... tu n'en as plus ?

ALBERT.

Si vraiment ! mais c'est que ce n'est pas moi... c'est ma femme qui a les clefs de la cave.

POTTINBERG.

Eh bien... demande-les.

ALBERT.

C'est facile... mais...

POTTINBERG.

Il n'ose pas !... il a peur de sa femme !

ALBERT.

Moi ?...

POTTINBERG.

Il en a peur !... les maris sont si faibles !...

ALBERT.

Ce n'est pas moi, du moins.

POTTINBERG.

Toi comme les autres ; et la preuve, c'est que tu n'oses pas nous donner de ce vin de tokai... sans la permission !

ALBERT.

C'est ce que nous allons voir !... (Appelant.) Henriette !... Henriette !...

SCÈNE V.

LES MÊMES ; HENRIETTE, sortant de la porte à gauche.

HENRIETTE, avec émotion.

Il m'appelle !... O ciel !... il est à table... et moi qui l'attendais là... et le cœur me battait d'impatience...

GERTRUDE, à voix basse.

Ne laisse voir aucun dépit.

HENRIETTE, de même.

Sois tranquille.

ALBERT.

Ces messieurs, pour boire à ta santé, voudraient une bouteille de bon vin... tu sais... ce vin dont le recteur nous a fait cadeau l'année dernière?

HENRIETTE.

Oui, lors de notre mariage.

ALBERT.

Il y en avait six bouteilles, je crois?

HENRIETTE.

Il n'en reste plus qu'une.

ALBERT.

Eh bien, veux-tu nous la monter, ma chère femme?

HENRIETTE.

Dès que cela vous est agréable... à l'instant même.

DUO.

ALBERT, à ses convives.

Nous n'en avons qu'une bouteille,
Mais c'est d'une fameuse treille!
C'est du tokai! ce mot suffit!

HENRIETTE, qui a allumé un bougeoir et qui est prête à partir.

Du sauterne... vous voulez dire?

ALBERT.

Non, je sais ce que je veux dire,
Dans ma mémoire c'est écrit :
Bouteille antique et surannée!

HENRIETTE.

Le recteur, qui vous l'a donnée,
M'a dit sauterne!

ALBERT.

  Oui, par erreur.
Je m'y connais!

HENRIETTE.
Mais le recteur
Encor plus que vous est habile,
C'est du sauterne !

ALBERT.
On verra bien,
Et j'en sais un très-bon moyen.
Va le chercher...

HENRIETTE, posant le bougeoir sur la table.
C'est inutile.
C'est du sauterne !

ALBERT.
Du tokai !

HENRIETTE.
Vin de France !

ALBERT.
Vin de Hongrie !

HENRIETTE.
J'en suis sûre !

ALBERT.
Je le parie !

HENRIETTE.
Du sauterne !

ALBERT.
Du tokai !

HENRIETTE.
Sauterne !

ALBERT.
Tokai !
(S'échauffant.)
Tokai ! tokai ! tokai !

HENRIETTE.
Ce n'est pas vrai ! ce n'est pas vrai !

LES GARDES-CHASSE.
Voyons ! voyons ! nous en ferons l'essai !

Ensemble.

ALBERT.
Voyez ! voyez ! quel caractère !
On ne saurait la faire taire...
Ah ! quel tourment pour un époux !
Tais-toi ! redoute mon courroux !

HENRIETTE.
Voyez ! voyez ! quel caractère !
Il veut en vain me faire taire...
Faut-il que ce soit mon époux !
Ah ! rien n'égale mon courroux !

GERTRUDE, prenant le bougeoir.
Eh bien ! j'y vais...

POTTINBERG.
C'est juste... allons chercher ce vin.

ALBERT.
De tokai !

HENRIETTE, vivement.
De sauterne !

ALBERT, avec impatience.
Enfin,
Celui que le recteur m'a donné pour ma fête !
Rien que pour lui prouver...

(Gertrude sort avec Pottinberg.)

HENRIETTE.
Tout comme vous voudrez...
Qu'on l'apporte... mais vous verrez
Que c'est bien du sauterne...

ALBERT.
Ah ! grand Dieu ! quelle tête !
(Avec colère.)
Je te ferai baisser le ton... tu le verras.

HENRIETTE.

Je le veux bien, mais je dirai tout bas :
C'est du sauterne! du sauterne!

ALBERT.

Silence! c'est moi seul qui commande et gouverne!

HENRIETTE.

Je me tairai! mais ça n'empêche pas
Ce vin-là d'être du sauterne.

Ensemble.

ALBERT.

D'honneur, c'est à n'y pas tenir!
De la confondre ici je me fais un plaisir.

HENRIETTE.

D'honneur, c'est à n'y pas tenir!
De le confondre ici je me fais un plaisir.

(Apercevant Pottinberg qui arrive.)

LES GARDES-CHASSE.

Enfin... enfin... voilà cette bouteille!

SCÈNE VI.

ALBERT, HENRIETTE, Gardes-chasse; **GERTRUDE, POTTINBERG,** tenant une bouteille qu'il apporte en courant.

POTTINBERG.

Voilà! voilà! nous verrons à merveille...
(Il fait un faux pas, et, voulant se retenir à la table, il heurte la bouteille, qui tombe en éclats.)

TOUS.

Grand Dieu! quel accident fatal!
La bouteille est brisée.....

ALBERT et HENRIETTE, à Pottinberg.

Ah! quelle maladresse!

POTTINBERG.
Écoutez donc! quand on vous presse...
HENRIETTE.
C'est un malheur! mais c'est égal,
C'était bien du sauterne!
ALBERT.
Et moi je te répète
Que c'était du tokai!
HENRIETTE.
Du sauterne!
ALBERT.
Du tokai!
ALBERT.
J'en jure sur ma tête!
HENRIETTE.
Du sauterne!
ALBERT.
Du tokai!
HENRIETTE.
Sauterne!
ALBERT.
Tokai!
Tokai! tokai! tokai!
HENRIETTE.
Ce n'est pas vrai! ce n'est pas vrai!
POTTINBERG et LES GARDES-CHASSE, avec douleur.
Nous ne pouvons plus en faire l'essai.

Ensemble.

ALBERT.
Voyez! voyez! quel caractère!
On ne pourra la faire taire!
Ah! quel tourment pour un époux!
Tais-toi! redoute mon courroux.

HENRIETTE.

Voyez! voyez! quel caractère!
Il veut en vain me faire taire!
Faut-il que ce soit mon époux!
Ah! rien n'égale mon courroux.

POTTINBERG et LE CHOEUR.

Voyez! voyez! quel caractère!
Il ne pourra la faire taire!
Quel naturel aimable et doux!
Quel bonheur d'être son époux!

(On entend en dehors le fouet des postillons, et Gertrude, qui est sortie un instant, rentre en ce moment.)

GERTRUDE.

Eh bien! n'entendez-vous pas?

POTTINBERG.

Parbleu! avec un bruit pareil!...

GERTRUDE.

Le fouet des postillons... le galop des chevaux... c'est notre maître qui arrive...

POTTINBERG.

Le baron de Lowembourg?

GERTRUDE.

En personne... Ah! quel beau gentilhomme! il a un air de joie et de contentement...

ALBERT.

De lui-même...

GERTRUDE.

Depuis un an, il parcourait l'Europe pour achever son éducation...

ALBERT.

Qui n'est pas commencée...

GERTRUDE.

Et il revient, c'est un de ses piqueurs qui me l'a dit, avec de jeunes seigneurs de ses amis… pour revoir sa mère, madame la comtesse… et puis passer ici les fêtes de Noël… à danser et boire au château, ou à chasser dans nos campagnes.

TOUS.

Vive monseigneur !

SCÈNE VII.

Les mêmes ; LE BARON et plusieurs jeunes Seigneurs en habit de voyage, Piqueurs, Postillons, Paysans et Paysannes.

LE BARON.

AIR.

Je me revois sur le sol germanique,
Voilà mes paysans, mes gardes, mes vassaux !
(D'un air protecteur.)
Bonjour, mes chers !… De ce manoir antique
Qu'avec plaisir j'ai revu les créneaux !

Que les voyages sont utiles !
En poste on s'élance gaîment ;
On roule de villes en villes,
Et l'on s'instruit en s'amusant !

Oui, c'est ainsi, sans aucuns doutes,
Qu'on acquiert des trésors nouveaux !
Je connais de toutes les routes
Les postillons et les chevaux.
Mon esprit, qui se développe,
Des vins peut citer les premiers.
Je dirais même de l'Europe
Quels sont les plus grands cuisiniers !

Que les voyages sont utiles ! etc.

A voyager comme l'on gagne !
Avant de quitter l'Allemagne,

J'étais épais, j'étais pesant,
J'étais un baron allemand !
Mais des beautés parisiennes
Depuis que j'ai porté les chaînes,
Je reviens vif et sémillant,
Et je me retrouve à présent
Léger d'esprit... léger d'argent !...

Que les voyages sont utiles ! etc.

(Aux seigneurs qui l'accompagnent.)
Mais aujourd'hui dans ce domaine
C'est le plaisir qui nous ramène ;
Pour nous l'hiver et les frimas
Nous rendent nos joyeux ébats.

(Aux piqueurs.)
Hallali ! hallali ! saint Hubert nous protége !
Chassons dans les bois, sur la neige,
Et poursuivons de toutes parts
Les sangliers et les renards !
En amour, à la chasse, à la guerre,
Je dois revenir triomphant !
Maintenant je sais vaincre et plaire
En français comme en allemand.

(Avec le chœur.)
Hallali ! hallali ! saint Hubert nous protége !
Chassons, dans les bois, sur la neige,
Et forçons jusqu'en leurs remparts
Les sangliers et les renards !

(Aux paysans et aux gardes.)
Qu'au retour le foyer pétille ;
Que dans les flacons le vin brille,
Et près de nous que jeune fille
Préside à nos joyeux festins
Et répète nos gais refrains.

(Avec le chœur.)
Hallali ! hallali ! saint Hubert nous protége !
Chassons, poursuivons sur la neige,
Et forçons jusqu'en leurs remparts
Les sangliers et les renards !

(Regardant autour de lui.)
Eh! c'est la gentille veuve, madame Gertrude!...

GERTRUDE, faisant la révérence.

Oui, monseigneur.

LE BARON.

Et sa cousine Henriette... (Elle salue aussi.) Plus jolie que jamais... mariée avant mon départ... à je ne sais quel... (Voyant Albert qui salue.) Ah... oui... Albert, un de mes gardes-chasse... que protégeait, je crois...

ALBERT.

Le père Léonard.

LE BARON.

Vieillard respectable... fondateur de l'hospice des orphelins... le Vincent de Paul du pays!... (Aux seigneurs.) Il parcourt depuis trois mois l'électorat de Brunswick et de Hanovre... demandant à tous les ducs et princes pour ses pauvres qui bientôt seront plus riches que nous... (A Albert.) Et il n'est pas encore de retour?...

ALBERT.

Non, monseigneur.

LE BARON, bas aux seigneurs.

Tant mieux!... il ne nous demandera rien... et puis une pareille vertu dans mes domaines... c'est gênant... ça tient trop de place... il n'y en a plus pour les plaisirs... (Haut.) et je veux, dès ce soir, pour mon arrivée... donner un bal au nouveau château.

GERTRUDE, aux paysans.

Qu'est-ce que je disais!... (Au baron.) Un bal de grandes dames?

LE BARON.

Du tout... ces messieurs ne sont pas fiers... nous invitons toutes les personnes de mes domaines... pourvu qu'elles soient jolies... ce sont les seuls titres de noblesse qu'on exige.

POTTINBERG, *présentant une chaise.*

Monseigneur veut-il s'asseoir?

LE BARON.

Ah! Pottinberg... le maître d'école... je l'invite aussi ainsi que les frères... et les maris... accompagnement indispensable qui contribuera, par le contraste, à l'ornement de notre bal... bal champêtre... dans la grande salle du nouveau château...

POTTINBERG, *effrayé.*

La grande salle du nouveau château!

LE BARON.

Sans doute!... on ne peut pas, la veille de Noël, donner à danser en plein air.

POTTINBERG, *de même.*

C'est à cause de cela... la veille de Noël!... et puis les fenêtres... de la grande salle... qui donnent justement sur le cimetière du village...

LE BARON.

Eh bien?...

HENRIETTE.

Eh bien... monseigneur a donc oublié ce qu'on dit dans le pays... sur la veille de Noël?

LE BARON, *souriant.*

Oui... oui... il y a en effet quelque chose que je ne me rappelle pas bien exactement... et que tu peux nous redire. (Montrant les seigneurs qui l'entourent.) Ne fût-ce que pour ces messieurs, qui sont étrangers!

LÉGENDE.

Premier couplet.

HENRIETTE.

Quand Noël ramène l'orage
Et blanchit le toit du clocher,
Du cimetière du village,

Amis, gardez-vous d'approcher !
De minuit quand l'heure est sonnée,
On voit apparaître soudain
L'ombre de ceux qui dans l'année
Doivent mourir !... ah ! c'est certain,
C'est dans un gros livre latin !
(Avec force.)
C'est Noël !
(A demi-voix.)
Et si vous êtes sage,
Au cimetière du village
La nuit ne portez pas
Vos pas !

LE CHŒUR.

C'est Noël ! Et si vous êtes sage,
Au cimetière du village
La nuit ne portez pas
Vos pas !

Deuxième couplet.

ALBERT.

Berthe, si dévote et si sage,
La nuit, dans un fantôme blanc,
Avait cru voir sa propre image...
Ah ! grand Dieu ! mourir dans un an !
Dès ce jour, et pour faire usage
D'un temps si court, si précieux,
Berthe, jusque-là si sauvage,
Prit sur-le-champ un amoureux,
Et même on dit qu'elle en prit deux :
C'est Noël ! et si vous êtes sage,
Au cimetière du village
La nuit ne portez pas
Vos pas !

LE CHŒUR.

Tremblez ! et si vous êtes sage,
Au cimetière du village
La nuit ne portez pas
Vos pas !

Troisième couplet.

(Albert et Henriette, disant alternativement un vers, c'est Albert qui commence.)

ALBERT.
Notre hôtesse avait pris pour maître...
HENRIETTE.
Un vieux jaloux qui la battait !
ALBERT.
Elle voulut du moins connaître...
HENRIETTE.
Quand son veuvage arriverait !
ALBERT.
La nuit de Noël... en cachette,
HENRIETTE.
Ell' vit l'ombre de son mari !...
ALBERT.
Soudain et d'espoir stupéfaite,
HENRIETTE.
Elle en eut le cœur si ravi...
ALBERT.
Qu'ell' mourut de joie avant lui !

HENRIETTE et ALBERT.
C'est Noël ! et si vous êtes sage,
Au cimetière du village
La nuit ne portez pas
Vos pas !

LE BARON, gaîment.

C'est effrayant ! c'est juste comme en France... la tradition si authentique de treize à table ! signe de mort dans l'année !

POTTINBERG.

Bien plus...

LE BARON, riant.

Comment!... ce n'est pas tout!

POTTINBERG, d'un ton solennel.

Si l'ombre apparaît dans la première heure de la nuit... c'est signe qu'on n'a plus que vingt-quatre heures à vivre et qu'on mourra dès le lendemain.

LE BARON.

En vérité!...

POTTINBERG, avec persuasion.

C'est connu!... témoin Barnek, le forestier général, qui l'année dernière est mort le jour de Noël... preuve que son ombre avait apparu la veille.

LE BARON.

C'est évident!...

POTTINBERG.

Pauvre Barnek!... vous le connaissiez?...

LE BARON.

Cela t'a affligé!...

POTTINBERG.

Jusqu'à un certain point... car j'avais depuis longtemps envie de sa place... qui dépend de vous et que je demande aujourd'hui.

ALBERT, à Pottinberg à demi-voix.

Et moi qui suis sur les rangs...

POTTINBERG, lui serrant la main avec affection.

Entre amis... chacun pour soi et Dieu pour tous, comme on dit, et puis monseigneur m'avait donné en partant...

LE BARON, regardant Henriette.

Des instructions.

POTTINBERG, de même.

Que j'ai remplies.

LE BARON, avec joie.

En vérité!...

POTTINBERG.

Ça mérite récompense.

LE BARON.

Je ne dis pas le contraire... nous verrons, nous examinerons... dans notre justice... et dans notre sagesse... Je vais voir la comtesse ma mère, (Bas à Pottinberg.) puis je l'attends au nouveau château. (Aux paysans et aux paysannes.) Vous, mes amis, à ce soir!

LE CHOEUR.

Hallali, hallali! saint Hubert nous protége, etc.

(Le baron sort avec ses amis; les paysans le reconduisent, ainsi qu'Albert et Henriette, jusqu'au dehors de la chambre.)

SCÈNE VIII.

GERTRUDE, POTTINBERG.

GERTRUDE, à Pottinberg, qui veut les suivre.

Un instant, monsieur Pottinberg... ne peut-on savoir pourquoi monseigneur vous a donné tout à l'heure rendez-vous au château que la comtesse, sa mère, vient de faire bâtir?

POTTINBERG.

Monseigneur aime à s'instruire... et moi, maître d'école, qui suis au fait de tout ce qui se passe dans les familles... il m'avait chargé de le tenir au courant à propos d'Albert et de sa femme.

GERTRUDE.

J'y suis! c'est vous qui êtes cause de leur mauvais ménage... c'est indigne!

POTTINBERG, riant.

Elle devine tout! eh bien! oui... c'est l'intention qui fait mon excuse. Vous ne le croirez pas, madame Gertrude, je vous aime!...

GERTRUDE.

Vous !... Pottinberg !

POTTINBERG.

A en perdre la tête !... Il y en a qui disent : cette petite veuve, elle est mauvaise langue, elle est pie-grièche, elle est bigote... je réponds : C'est vrai !

GERTRUDE, avec colère.

Par exemple !...

POTTINBERG.

Voilà où est l'amour ! Je vous aime tant que j'aime vos défauts ; ils font une partie de vous-même, la meilleure partie... et j'y tiens !

GERTRUDE.

Comme aux quatre cents écus de rente que je possède...

POTTINBERG.

Eux aussi ! tout ça est à vous ! et si vous vouliez de moi pour mari...

GERTRUDE.

Il y a deux ans, je ne dis pas... vous aviez un patrimoine honnête... une fortune présentable.

POTTINBERG.

Je crois bien !... j'étais le plus riche du village.

GERTRUDE.

Mais quand on est dissipateur...

POTTINBERG.

Au contraire... je serais volontiers économe !... et même quelque chose de plus, mais voici l'affaire... je ne la confie qu'à vous. Il y a deux ans, à pareil jour, la veille de Noël, en sortant de souper chez mon compère Barnek, j'avais tellement fait honneur à son vin que j'y voyais trouble, et comme je traversais le cimetière pour rentrer chez moi, voilà que tout à coup j'aperçois dans le bas... à droite... mon ombre... à moi !

GERTRUDE.

A vous !

POTTINBERG.

A moi-même !... une figure toute renversée..... la tête en bas... les pieds en l'air... mais c'était bien moi !... et je me dis en tremblant : « C'est fini ! je dois mourir dans l'année... je ne peux pas en réchapper... » et alors dans ma fureur, dans mon désespoir... pour ne rien laisser à mes héritiers... je me suis hâté...

GERTRUDE.

De manger tout votre bien.

POTTINBERG.

J'en ai bu une partie... mais tout y a passé, et voilà le plus étonnant, c'est qu'à Noël dernier... je vivais encore !

GERTRUDE.

Pas possible !...

POTTINBERG.

Vous voyez... et cela me paraissait, comme à vous, si invraisemblable, que je retournai au même endroit du cimetière... Même effet !... je me revois la tête en bas, les pieds en l'air... mais cette fois je n'avais pas bu, et je reconnus distinctement que j'étais au bord de la petite pièce d'eau...

GERTRUDE.

Qui réfléchissait votre image.

POTTINBERG.

Justement ! Je n'avais pas pensé à cela ! et menacé ainsi de durer encore longtemps, je n'ai plus qu'une idée, celle de refaire ma fortune. Je suis en train, et si ça vous va, madame Gertrude, monseigneur m'a promis une dot de deux cents florins et la place de forestier général...

GERTRUDE.

A vous ! (Le regardant.) Il n'est pas si mal !...

POTTINBERG.

Il me l'a dit l'année dernière... si je parviens à troubler le ménage d'Henriette et d'Albert.

GERTRUDE, l'interrompant.

C'est indigne! Apprenez, monsieur, qu'Henriette est ma cousine et mon amie... que je ne veux, ni ne dois entrer dans de pareils complots.

POTTINBERG.

O ciel!

GERTRUDE.

Et tout ce que je peux faire pour vous... c'est de garder le silence et de rester neutre.

POTTINBERG.

C'est tout ce que je demande... je n'ai pas grand mal; car je ne sais pas comment ça se fait, mais ça va tout seul et sans que je m'en mêle. (Bruit au dehors.) Ah! tenez, il y a du plaisir à les entendre... (A Gertrude.) Eh bien! voyons, convenons-en... (Elle fait un signe d'assentiment.) Oui... oui... est-elle gentille!... nous sommes parfaitement assortis... Adieu, madame Gertrude, je cours rejoindre monseigneur.

(Il sort par le fond.)

SCÈNE IX.

GERTRUDE, ALBERT et HENRIETTE, sortant de la porte à gauche.

ALBERT.

Tu n'iras pas!

HENRIETTE.

J'irai!...

ALBERT.

C'est ce que nous verrons!

HENRIETTE.

Ah! tu le verras!

GERTRUDE, passant entre eux deux.

Eh bien! eh bien! qu'est-ce donc, mes amis? qu'y a-t-il?

HENRIETTE.

Il y a... qu'il veut m'empêcher d'aller ce soir au bal que donne monseigneur.

ALBERT.

Oui; la coquette n'y va que pour danser avec M. le baron, pour se laisser faire la cour; aussi elle n'ira pas, je le défends.

HENRIETTE.

Défense absurde à laquelle je ne suis pas obligée d'obéir...

GERTRUDE, entre eux deux.

Allons, allons, mes amis! il est vraiment heureux pour vous que je sois là...

ALBERT.

C'est qu'il n'y a pas moyen de vivre ainsi!

HENRIETTE.

C'est insupportable!...

ALBERT, montrant Gertrude.

Je m'en rapporte à elle.

HENRIETTE.

Moi de même.

ALBERT.

Lequel de nous deux a tort?

HENRIETTE.

Qu'elle réponde!

ALBERT.

Qu'elle prononce!

HENRIETTE.

J'y consens.

ALBERT.

C'est tout ce que je demande.

ALBERT et HENRIETTE, à Gertrude.

Voyons! parle... parle donc!

GERTRUDE, à part.

Quel embarras!... (Haut.) A quoi bon m'interroger?... vous savez bien, l'un et l'autre, ce que je pense de vos débats.

HENRIETTE.

C'est pour cela...

ALBERT.

Parlez tout haut!

HENRIETTE.

Franchement!

ALBERT.

Il faut que cela finisse!

GERTRUDE.

Eh bien! c'est justement là mon idée : quand on ne peut pas vivre ensemble, quand la vie est intolérable, il faut se séparer...

ALBERT et HENRIETTE, à part, avec émotion.

Comment!...

GERTRUDE.

Sur-le-champ.

ALBERT, avec dépit.

A coup sûr, je ne demanderais pas mieux...

HENRIETTE, de même.

Et moi, ce serait mon plus grand désir...

ALBERT.

Mais, par malheur, il n'y a pas moyen.

HENRIETTE, avec un soupir.

Hélas! oui... c'est impossible!

GERTRUDE.

Mais du tout... mariés, l'année dernière, sans le consentement de vos parents, le mariage est nul.

HENRIETTE et ALBERT.

En vérité!...

GERTRUDE.

Et vous pourrez, quand vous voudrez, le rompre à l'amiable, et comme les meilleurs amis du monde.

ALBERT.

Quant à moi, je ne demande pas mieux que de lui donner cette preuve d'amitié.

HENRIETTE.

Et moi je ne vous contrarierai pas!

ALBERT.

Ce sera donc la première fois.

HENRIETTE.

Je serai donc enfin heureuse!

ALBERT.

Je serai donc enfin libre!...

GERTRUDE.

Vous voyez donc bien que, grâce à moi, vous voilà enfin d'accord... et non sans peine...

HENRIETTE et ALBERT.

Cette bonne cousine!

GERTRUDE, à part.

Enfin, je l'emporte!

SCÈNE X.

LES MÊMES; LÉONARD, *paraissant au fond du théâtre. Il a des cheveux blancs, s'appuie sur un bâton, et s'avance lentement.*

HENRIETTE et ALBERT.
O ciel ! que vois-je ?

GERTRUDE, à part.
Ah ! quel fâcheux hasard !

LÉONARD.
Oui, mes enfants, c'est moi... votre ami Léonard !

CAVATINE.

Village, objet de ma tendresse,
Village où j'ai reçu le jour,
Que dans ton sein règnent sans cesse
La paix, le bonheur et l'amour !
Puissé-je y voir régner sans cesse
La paix, le bonheur et l'amour !

Oui, me voici, mes enfants, me voici !
Près de vous revient un ami !
Si le chagrin, si la misère
Franchit le seuil de la chaumière,
    Me voici ! me voici !
Si la haine, si la colère
Arme un frère contre son frère :
    Me voici ! me voici !
Et si parfois quelque nuage
Entre époux survient en ménage,
Ah ! me voici ! mes enfants, me voici !
Écoutez la voix d'un ami,
Venez tous, venez tous ! hâtez-vous d'accourir !
Je veux, je dois vous secourir,
Et je veux surtout vous chérir.

(Henriette et Albert s'avancent timidement près de Léonard, pendant que Gertrude se tient à l'écart.)

HENRIETTE et ALBERT, à Léonard.
Vous voilà donc auprès de nous !

LÉONARD, entre les deux jeunes gens, et les regardant en souriant.
Toujours heureux ?

HENRIETTE et ALBERT, baissant les yeux.
Oui ! oui, mon père !

LÉONARD, de même.
D'une bonne nouvelle on m'a chargé pour vous ;
Je l'apporte aujourd'hui... car c'est l'anniversaire
De votre mariage !

HENRIETTE et ALBERT, à part.
O ciel !

LÉONARD.
Ce jour si doux,
Comme vous, mes enfants, je crois le voir encore !
(A Albert.)
« Je jure, disais-tu, devant Dieu que j'implore,
De protéger et de chérir toujours
Henriette, mes seuls amours ! »

Ensemble.

ALBERT, à part.
C'est vrai ! c'est vrai ! je me rappelle
Le bonheur qui me souriait,
Les vœux que mon cœur proférait.

GERTRUDE, à part.
Maudit vieillard, qui dans son zèle,
Arrive ici détruire exprès
Le bonheur que j'espérais !

LÉONARD, à Henriette.
Et toi, mon cœur me le rappelle,
Tu me disais : « Je lui serai fidèle ;
J'obéirai, devant Dieu qui m'entend,
A mon époux, à mon amant. »

Ensemble.

HENRIETTE, à part.

C'est vrai! c'est vrai je me rappelle
Les vœux que mon cœur proférait,
Le bonheur qui me souriait.

GERTRUDE.

Maudit vieillard! qui, par son zèle,
Arrive ici détruire exprès
Le bonheur que j'espérais.

(Léonard, qui était entre les deux jeunes gens, les quitte en ce moment et va s'asseoir sur un fauteuil que Gertrude vient de lui offrir. Pendant ce temps, Henriette et Albert se rapprochent peu à peu l'un de l'autre.)

ALBERT, à demi-voix, et baissant les yeux.

Eh! mais...

HENRIETTE, de même.

Albert!

ALBERT, de même.

C'est vrai!

HENRIETTE.

C'est vrai!

ALBERT et HENRIETTE.

Te souviens-tu?

GERTRUDE, à part, les regardant.

C'est fait de nous! tout est perdu!

(Albert et Henriette, qui se sont rapprochés, vont presque se donner la main, lorsque la porte s'ouvre, et paraît Pottinberg. Tous deux s'éloignent aux premiers mots de la scène suivante.)

SCÈNE XI.

ALBERT, HENRIETTE, POTTINBERG, LÉONARD, assis dans le fauteuil à gauche, **GERTRUDE**, debout devant lui, lui parlant bas et l'empêchant de voir ce qui se passe sur le devant du théâtre.

FINALE.

POTTINBERG, portant un gros bouquet.
On nous attend. Au bal il faut partir!

HENRIETTE, avec joie et vivement.
Au bal!

ALBERT, avec colère.
Au bal!

POTTINBERG.
Voici l'heure qui sonne,
Et monseigneur le baron, en personne,
A la belle Henriette ici m'envoie offrir
Ce superbe bouquet, le plus beau de sa serre...

GERTRUDE, bas, à Albert.
Prenez bien garde! il a des desseins!

ALBERT, de même.
Je comprends.

POTTINBERG, à Henriette, qui admire le bouquet.
Fleurs rares! quand la neige au loin couvre la terre!

ALBERT, bas à Henriette.
De l'accepter je te défends!

HENRIETTE, prenant le bouquet des mains de Pottinberg.
S'il en est ainsi, je le prends!

ALBERT, de même.
En vain tu me braves tout bas,
Car à ce bal tu n'iras pas.

HENRIETTE, à voix basse, mais s'animant peu à peu.

J'irai! j'irai!

ALBERT, de même.

Tu n'iras pas!

HENRIETTE, de même.

Moi, je le veux!

ALBERT, de même.

Je ne veux pas!

HENRIETTE, parlant plus haut.

J'irai! j'irai!

ALBERT, effrayé, et voulant la faire taire.

Tais-toi!

HENRIETTE, de même.

Je ne veux pas plier!

ALBERT.

Mais devant Léonard!...

HENRIETTE, éclatant.

Devant le monde entier!

(Léonard a écarté Gertrude qui l'empêchait de voir et d'entendre, il s'est levé du fauteuil où il était assis et vient se placer entre Albert et Henriette.)

Ensemble.

HENRIETTE, avec force.

Ah! j'ai du caractère!
Et bien loin de me taire,
Devant la terre entière
Je dirai : Je le veux!
Oui, c'est insupportable!
Je suis trop misérable;
Et du joug qui m'accable
Je briserai les nœuds.

ALBERT, hors de lui.

Voyez quel caractère
Comment la faire taire?

Redoute ma colère,
Car je suis furieux !
Oui, c'est insupportable !
Je suis trop misérable ;
Et du joug qui m'accable
Je briserai les nœuds.

LÉONARD, stupéfait.

D'où vient cette colère,
Que prétendez-vous faire ?
Écoutez ma prière,
Écoutez mes seuls vœux !
Changement incroyable,
Qui de douleur m'accable !
D'un joug insupportable
Vouloir briser les nœuds !

GERTRUDE et POTTINBERG, à part.

Quelle union prospère !
Quel joli caractère !
Tous deux laissons-les faire ;
On ne ferait pas mieux !
  (Haut.)
Ah ! c'est insupportable !
Dans un malheur semblable,
Du joug qui vous accable
Il faut briser les nœuds !

LÉONARD.

Qu'est-ce donc, mes enfants ?

GERTRUDE, à Léonard.

Ils n'osaient l'avouer... pour finir leurs tourments
Ils voulaient divorcer !

LÉONARD, levant les mains au ciel.

Grand Dieu !

GERTRUDE.

                    Leur mariage
    Fut contracté sans l'aveu des parents ;
Et grâce au Ciel, il est nul !

POTTINBERG.

Nul!

LÉONARD.

Non, mes enfants!
Cette bonne nouvelle, et cet heureux message,
Que j'apportais fier et content...
C'est que j'avais fléchi leur cœur inexorable.

HENRIETTE et ALBERT.

Qu'entends-je?

LÉONARD.

Oui, mes enfants, votre hymen est valable.
(Montrant Henriette.)
Ses parents ont signé, j'ai leur consentement.

GERTRUDE.

Qu'avez-vous fait?

ALBERT.

Quel enfer!

HENRIETTE.

Quel tourment!

TOUS.

Enchaînés pour jamais!

HENRIETTE et ALBERT, avec désespoir.

Pour jamais! pour jamais!
Ah! c'en est fait, je sens qu'à présent je te hais!
Je te hais! je te hais!

Ensemble.

HENRIETTE et ALBERT.

O comble de misère!
Hélas! que vais-je faire?
Quoi! pour la vie entière
Enchaînés tous les deux!
Supplice insupportable!
Le sort inexorable,
Du joug qui nous accable
Ne peut briser les nœuds.

LÉONARD.

Du Dieu qui nous éclaire,
De ce juge sévère
Désarmez la colère,
Ou tremblez tous les deux!
Craignez qu'inexorable,
Son pouvoir redoutable
Ne frappe le coupable
Et n'exauce ses vœux!

GERTRUDE et POTTINBERG, à part.

Quelle union prospère!
Quel joli caractère!
Tous deux laissons-les faire;
On ne ferait pas mieux!
Ménage insupportable!
Dont l'aspect favorable
D'un séducteur aimable
Doit combler tous les vœux!

GERTRUDE et POTTINBERG.

Partons! partons!

HENRIETTE, hors d'elle-même.

Ah! je suivrai vos pas.

ALBERT, la retenant fortement par le bras.

Non! non! je suis le maître!... ici tu resteras.

Ensemble.

HENRIETTE et ALBERT.

O comble de misère! etc.

LÉONARD.

Du Dieu qui nous éclaire, etc.

GERTRUDE et POTTINBERG, à part.
Quelle union prospère! etc.

(Albert entraîne presque de force Henriette dans l'appartement à gauche. Gertrude et Pottinberg sortent par la porte du fond, et regardent un instant les deux jeunes gens avec un air de joie et de triomphe. Léonard, debout au milieu du théâtre, aperçoit le mouvement de Gertrude et de son compagnon, lève les yeux au ciel, et fait un geste d'espoir.)

ACTE DEUXIÈME

A gauche du spectateur on aperçoit une aile du château dont les croisées sont illuminées. Au-dessous des croisées, une porte. A la suite de la porte plusieurs piliers ou contre-forts qui soutiennent les murs du château. A droite du spectateur, sur le premier plan, la tourelle d'un clocher dont la porte est ouverte. Du même côté, sur le second plan, un bosquet de cyprès. Au fond du théâtre, et se perdant dans le lointain, un cimetière de village couvert de neige et semé de distance en distance de bouquets d'arbres verts. La lune éclaire une moitié de la décoration et laisse l'autre dans l'obscurité.

SCÈNE PREMIÈRE.

(Au lever du rideau on entend dans le château, à gauche, un air de valse.)

GERTRUDE, POTTINBERG.

LE CHŒUR, en dehors.
La valse légère
Aux amours doit plaire,
Et l'hiver préfère
Ce doux passe-temps !
Bonheur de la danse,
Que chacun s'élance
Et brave en cadence
Les sombres autans !

(Gertrude et Pottinberg paraissent au fond du théâtre ; venant de la droite, ils sont censés avoir traversé le cimetière et se dirigent vers le château.)

GERTRUDE.

Pour traverser dans les ténèbres
Ces lieux sinistres et funèbres,
Il faut vraiment du cœur!

POTTINBERG.

En sortant du hameau,
C'est le plus court chemin pour aller au château!
(Lui montrant les croisées illuminées.)
Quelle lumière étincelante
Brille dans la salle du bal!

GERTRUDE, s'approchant.

Et puis cette valse enivrante
Ne nous dit rien de bien fatal...
Écoutons!

LE CHOEUR, en dehors, GERTRUDE et POTTINBERG.

La valse légère
Doit plaire aux amants,
Et l'hiver préfère
Ce doux passe-temps!
Bonheur de la danse,
A tes doux accents
On brave en cadence
Les sombres autans!

Entrons!
(Ils vont pour entrer dans le château au moment où sort le baron.)

SCÈNE II.

LE BARON, GERTRUDE, POTTINBERG.

LE BARON.

Ah! c'est vous, mes amis?... Eh bien? Henriette...

POTTINBERG.

Elle ne viendra pas.

LE BARON.

Est-il possible! Tu ne lui as donc pas porté mon bouquet?

POTTINBERG.

Si vraiment... C'est lui qui a fait tout le mal... Gertrude vous le dira.

LE BARON.

Son mari a donc lu la lettre que j'y avais glissée ?

POTTINBERG.

Il y en avait une ?

LE BARON.

Oui, sans doute... dans le bouquet.

POTTINBERG.

Ah bien! il l'aura sentie... ou devinée, car il était furieux... Une scène de ménage... il a dit à la pauvre Henriette : « Tu n'iras pas à ce bal. »

GERTRUDE.

Elle a répondu comme de raison : « J'irai. »

LE BARON.

Je crois bien... je l'attendais... Je le lui avais dit.

POTTINBERG.

Et alors, sans égard pour le père Léonard, et nous, qui étions là, il l'a emmenée de force dans sa chambre...

GERTRUDE.

Où il l'a enfermée... seule!

LE BARON.

Enfermée!

POTTINBERG.

A double tour.

LE BARON.

Tout est perdu... c'est désolant!

GERTRUDE, froidement.

Au contraire, c'est ce qui peut vous arriver de plus heureux.

LE BARON.

Comment cela ?

GERTRUDE.

Dieu! si l'on m'enfermait!

POTTINBERG, à part, regardant Gertrude.

Diable... je ne l'enfermerai pas!

LE BARON.

Tu crois!... Au fait, cela double mes chances! (Ayant l'air de chercher dans sa mémoire.) Attendez donc... La chambre d'Henriette n'est-elle pas une chambre basse?

POTTINBERG.

Oui, monseigneur.

LE BARON.

Avec une grande fenêtre?...

GERTRUDE, vivement.

Grillée!

LE BARON.

Dont la grille s'ouvre sur les jardins?

POTTINBERG.

Et dont Albert, le concierge du château, doit avoir seul la clef.

LE BARON, à demi-voix, gaîment.

Non pas! dans un cabinet attenant à ma chambre seigneuriale, il y a le double de toutes les clefs du nouveau et de l'ancien château, bien en ordre, bien étiquetées! Celle-là doit s'y trouver.

POTTINBERG.

De sorte qu'Albert aura enfermé sa femme à votre bénéfice!

LE BARON.

C'est admirable! je cours auprès d'elle!

GERTRUDE, lui montrant la porte à gauche.

Et ce bal?

LE BARON.

Je n'y rentrerai pas!

GERTRUDE.

Et que dira-t-on?

LE BARON.

Peu m'importe!... une affaire imprévue... des lettres à écrire...

POTTINBERG, vivement.

A la ville de Brême!

LE BARON.

C'est juste!

POTTINBERG, de même.

Pour ma présentation comme forestier général... vous me l'avez promis, si vous étiez vainqueur... et c'est tout comme!

LE BARON.

C'est vrai!

POTTINBERG, à demi-voix.

Or, de cette place dépend mon mariage avec Gertrude... ici présente... elle ne veut pas à moins!

LE BARON, regardant Gertrude.

En vérité!...

POTTINBERG, de même.

Parce que Gertrude, que j'aime... l'amour avant tout... a quatre cents écus de rentes... ça vaut mieux que moi... qui n'ai rien; mais forestier général, j'en aurais huit cents et je vaudrais mieux! (Geste d'impatience de Gertrude.) Mais l'amour ne calcule pas!... et puis ça fera douze cents...

LE BARON.

Sans compter que Gertrude est charmante! mais charmante... autant pour le moins qu'Henriette...

POTTINBERG.

N'est-ce pas?

GERTRUDE, baissant les yeux en minaudant.

C'est ce que je me suis dit quelquefois!

LE BARON, avec chaleur.

Et moi de même! (A Pottinberg et regardant toujours Gertrude.) Tu auras la place de forestier général... et je veux que votre mariage soit célébré dès demain...

GERTRUDE, jouant la pudeur.

Dès demain... si promptement!

POTTINBERG.

Le plus tôt vaux le mieux!... quand on s'aime! (Au baron.) A demain donc... de bon matin.

LE BARON.

Je veux de plus y assister... moi-même!

POTTINBERG.

Dieu! quel honneur!

LE BARON, avec fatuité.

Mais cependant ne m'attendez pas... il est possible que je sois retenu...

POTTINBERG.

Je comprends!

LE BARON, leur montrant la porte à gauche.

Allez toujours à ce bal.

POTTINBERG.

Qui sera comme qui dirait celui de nos noces... et demain... la noce... la vraie noce... cela me convient, ma petite femme...

GERTRUDE, avec fierté et retirant sa main que Pottinberg veut prendre.

Monsieur Pottinberg!

POTTINBERG, s'excusant.

Je dis seulement... ça me convient.

(Pottinberg entre avec Gertrude dans le château à gauche.)

8.

SCÈNE III.

LE BARON, seul.

Et à moi aussi!... parce qu'après tout Henriette ne m'enchaînera pas éternellement, et alors cette petite Gertrude pourrait bien plus tard... et même dès à présent!... pourquoi pas?

COUPLETS.

Premier couplet.

Nargue de ces amants fidèles
Dont le cœur n'a qu'un sentiment !
Adorer à la fois deux belles
Est bien plus doux et plus prudent !
Des caprices de la fortune
On défie ainsi les rigueurs,
Et si l'on est quitté par l'une,
L'autre est là pour sécher vos pleurs.

Allons, tout me l'ordonne,
Que l'amour et l'honneur
D'une double couronne
Ceignent mon front vainqueur !

Deuxième couplet.

Le timide soldat qui tremble
Se demande : Combien sont-ils ?
Moi, sans compter, j'affronte ensemble
Tous les amours, tous les périls !
Tel jadis dans notre Allemagne
A brillé Frédéric le Grand !
Comme lui, dans cette campagne,
Je dirai, nouveau conquérant :

Allons, tout me l'ordonne,
Que l'amour et l'honneur

D'une double couronne
Ceignent mon front vainqueur!

Et pour commencer, courons consoler ma belle captive!

SCÈNE IV.

LE BARON, HENRIETTE.

LE BARON, qui a fait quelques pas pour sortir, s'arrête.

Que vois-je?... eh non... je ne me trompe pas... celle que j'allais chercher... Henriette s'offre elle-même à mes yeux!... (Allant à elle.) Mon enfant...

HENRIETTE.

Ah! c'est vous, monseigneur...

LE BARON.

On me disait que vous étiez enfermée.

HENRIETTE.

Oui... dans ma chambre...

LE BARON.

Dont la fenêtre avait une grille...

HENRIETTE.

Quelle indignité!

LE BARON.

Et cette grille, votre mari en avait la clef.

HENRIETTE.

Mais je savais où il la cachait... Je l'ai prise... j'ai ouvert.... et je suis partie!

LE BARON.

Pour venir à ce bal?

HENRIETTE.

Du tout... mais pour aller demander conseil...

LE BARON.

A qui donc?

HENRIETTE, montrant le côté droit.

Là... à la chapelle!...

LE BARON.

Et que voulez-vous faire?

HENRIETTE.

Je n'en sais rien encore... mais ça ne peut pas se passer comme ça...

DUO.

HENRIETTE.

Il m'a battue!... il m'a battue!
A ce point oser m'outrager!
J'en suis encore toute émue,
Et je jure de me venger!

LE BARON, à demi-voix.

C'est très-bien... mais modérez-vous!

HENRIETTE, sans l'écouter.

Il m'a battue! il m'a battue!

LE BARON, de même.

Dissimulez votre courroux!

HENRIETTE, de même, avec une colère concentrée.

Il m'a battue! il m'a battue!
Je ne puis plus souffrir sa vue!
Et ne pouvoir nous séparer!

LE BARON, à demi-voix.

Près de lui pourquoi demeurer?

HENRIETTE.

Oui, oui, pour punir le perfide,
Vous dites vrai, je veux le fuir!

LE BARON.

Dès ce soir même il faut partir,
C'est moi qui serai votre guide!

HENRIETTE.
Vous, monseigneur, être mon guide!
LE BARON.
Sans intérêt, je le promets!
HENRIETTE.
Tous mes devoirs, je les connais,
Et j'y serai fidèle... mais...

Il m'a battue! il m'a battue!
A ce point oser m'outrager!
J'en suis encore toute émue!
Et je jure de me venger!
LE BARON, avec joie et à part.
De quel courroux elle est émue!
C'est à moi de l'encourager!
(Haut.)
Quand un mari vous a battue,
Tout est permis pour se venger!
HENRIETTE.
Oui, je veux quitter le village!
LE BARON.
Vous dites vrai, l'honneur vous ordonne de fuir!
Eh bien... je vous emmène et dans mon équipage...
HENRIETTE.
Où donc?
LE BARON.
Dans un séjour qu'on ne peut découvrir!
Et chez une parente âgée et respectable!
HENRIETTE, hésitant.
Oui... mais...
LE BARON.
De vous venger vous vous croyez capable!
Et vous hésitez encor...
HENRIETTE.
Moi!

LE BARON.
Et déjà vous tremblez d'effroi !...

Ensemble.

HENRIETTE.
Il m'a battue ! il m'a battue !
C'en est fait, c'est trop m'outrager,
J'en suis encore toute émue !
Et je jure de me venger !

LE BARON, à part.
De quel courroux elle est émue !
C'est à moi de l'encourager !
(Haut.)
Quand un mari vous a battue
Tout est permis pour se venger !

SCÈNE V.

LES MÊMES ; LÉONARD, sortant du château à gauche, aperçoit Henriette et le baron, s'arrête près d'un des piliers ou contre-forts qui le cachent et écoute.

Ensemble.

LE BARON.
Eh bien ! dans son dépit
C'est convenu, c'est dit ;
Dans l'ombre de la nuit
Tous deux, partons sans bruit !

HENRIETTE.
Eh bien ! dans mon dépit
C'est convenu, c'est dit ;
Dans l'ombre de la nuit
Tous deux, partons sans bruit !

LE BARON.
Oui, nous partons dans un instant !

HENRIETTE.
Dans un instant !

LE BARON.
                    Eh! oui, vraiment!
Il faut d'abord et prudemment
S'occuper du départ, commander ma voiture.

HENRIETTE.
Est-ce bien long?

LE BARON.
                    Non, je vous jure!
Dans une demi-heure ici... je reviendrai!

HENRIETTE.
Que faire jusque-là?...

LE BARON, avec embarras.
        C'est juste!

HENRIETTE, montrant la droite.
                        Je prirai
Dans la chapelle...

LE BARON.
            Bien!

Ensemble.

LE BARON.
Oui l'amour nous conduit!
C'est convenu, c'est dit!
Dans l'ombre de la nuit
Nous partirons sans bruit.

HENRIETTE.
Oui, le ciel me conduit!
C'est convenu, c'est dit!
Dans l'ombre de la nuit
Nous partirons sans bruit.

(A la fin de ce duo, et pendant que le baron et Henriette disparaissent dans le bosquet de cyprès à droite, Léonard s'avance au milieu du théâtre.)

LÉONARD.
Qu'ai-je entendu?...

HENRIETTE, poussant un cri.

Ah ! l'on a marché !... (Au baron.) Restez.... qu'on ne nous voie pas ensemble...

(Elle s'élance dans la chapelle au fond à droite et disparaît.)

LE BARON, dans le bosquet de cyprès, redescendant le théâtre et regardant à travers les arbres.

Le père Léonard qui sort du château... évitons sa rencontre...

LÉONARD, qui a remonté le théâtre, et qui semble suivre Henriette des yeux.

Elle entre dans la chapelle !

LE BARON, indiquant Léonard.

Attendons qu'il soit parti... (Montrant la tourelle à droite qui est sur le premier plan.) Ah ! là.... dans la tourelle du clocher !

(Il sort vivement.)

SCÈNE VI.

LE BARON, dans la tourelle à droite, LÉONARD, puis ALBERT.

LÉONARD, redescendant le théâtre et montrant la tourelle vers laquelle il se dirige.

C'est là que s'est réfugié l'ennemi... et Henriette !... (Entendant marcher et se retournant.) Son mari !... (Allant à lui.) Albert en ces lieux !...

ALBERT.

Ah ! c'est vous, monsieur Léonard ?...

LÉONARD.

Où vas-tu ?...

ALBERT.

Vous le voyez bien... à ce bal où je suis invité.

LÉONARD.

Il me semble cependant que tu avais défendu à ta femme d'y aller.

ALBERT.

Et j'avais bien raison.

LÉONARD.

Pourquoi alors... y vas-tu seul... sans elle?... il me semble que ce n'était pas ainsi... autrefois!

ALBERT.

Ah! c'est qu'autrefois... ma femme m'aimait... et qu'à présent... elle en aime un autre... elle est infidèle.

LÉONARD.

Non! non!...

ALBERT.

J'en ai l'aveu... d'elle-même.

LE BARON, entr'ouvrant la porte et apercevant Léonard qui cause avec Albert.

Encore là!...

ALBERT.

Sans cela! est-ce que j'aurais pu le croire?... Mais ce cadeau si élégant... ce bouquet si rare... envoyé par le baron...

LÉONARD.

Ne renfermait qu'une idée de galanterie.

ALBERT.

Il renfermait autre chose... un billet dont je ne me serais jamais douté... C'est elle qui l'a vu, qui l'a pris avec joie, qui me l'a fait lire... « Il m'aime, vois-tu bien... il me
« l'écrit... Et moi aussi, a-t-elle continué, je l'aime... je
« l'adore... et depuis longtemps! »

LE BARON, à part, entr'ouvrant toujours la porte.

Quel bonheur... d'apprendre cela du mari lui-même!

ALBERT.

Dans ce moment-là, ça a été plus fort que moi... je n'ai pu maintenir ma colère... j'ai levé la main sur elle.

LÉONARD.

Toi !

ALBERT.

Oui... oui... c'est mal... Je le sais... c'est indigne... Jamais je ne me le pardonnerai !... Mais ce n'est pas sur elle que devait tomber ma colère... Je l'ai laissée enfermée à la maison.

LÉONARD.

Ah ! elle y est encore ?

ALBERT.

Oui... Enfermée dans sa chambre, pendant qu'elle me croit endormi dans la mienne... C'était nécessaire... parce que moi... comme je vous l'ai dit, j'avais pris le parti de venir à ce bal... et j'y vais, où est monsieur le baron...

LÉONARD.

Et que veux-tu lui dire ?

ALBERT.

Rien !... je veux le tuer !

LE BARON, refermant brusquement la porte de la tourelle.

Ah ! mon Dieu !

ALBERT.

Et puis... on n'entendra plus parler de moi... je ne reverrai plus jamais ni Henriette, ni le village.

LÉONARD.

Et moi... moi donc...

ALBERT.

Ah ! vous avez raison !... je suis un ingrat !

LÉONARD.

Non... mais un insensé !... Rien ne me prouve encore qu'Henriette soit coupable ! (Geste d'impatience d'Albert.) Si elle l'était, elle ne s'accuserait pas ainsi elle-même !

ALBERT, vivement.

Vous croyez ?

LÉONARD.

Il n'y a là que du dépit... de la colère !

ALBERT, de même.

Ah ! s'il était vrai !...

LÉONARD.

Et avant de t'en assurer, tu aurais commencé par déshonorer et perdre aux yeux de tous celle que tu devrais protéger et défendre !

ALBERT.

Que faire alors ?

LÉONARD.

M'obéir... comme autrefois ! Écoute-moi... Pour faire taire la médisance, tu vas paraître à ce bal... quelques instants seulement... et demain, je te parlerai à toi et à ta femme... Va ! va !

ALBERT.

J'obéis, mon père, j'obéis... vous le voyez.

(Il entre dans la salle du château à gauche.)

SCÈNE VII.

LÉONARD, seul.

AIR.

Couple aveugle, imprudent, qui dans sa frénésie,
Va courir à sa perte et qu'il faut arrêter,
Surtout lorsque je vois qu'une main ennemie
Sème entre eux la discorde afin d'en profiter !

(Il va à la tourelle, en ferme la porte, et retire la clef qu'il garde.)

    Du danger qui les environne
    Sauvons-les, mon cœur me l'ordonne...
    Et Dieu me dit du haut des cieux :
    Protége-les... veille sur eux...

(En ce moment le baron frappe en dedans à la porte de la tourelle.)

    Bon, bon, bon, bon,

Peu m'importe ce carillon...
Vous aurez beau frapper, je vous tiens en prison,
Vous passerez cette nuit en prison,
Monsieur le baron...

Conquérant invincible,
Dormez, dormez paisible,
Rêvez, s'il est possible,
Un triomphe éclatant!
Vous qui tournez les têtes,
Séducteur que vous êtes,
Vous n'aurez de conquêtes,
Cette nuit, qu'en dormant...
Monsieur le conquérant,
Reposez-vous, grand conquérant...

(Écoutant.)
Le voilà plus calme, et j'espère
Qu'il se résigne à sa prison!
C'est bon... c'est bon... demain avec sa mère
Nous traiterons du prix de sa rançon...

Conquérant invincible, etc.

(Il regarde en souriant la clef de la tourelle qu'il tire de sa poche, et disparaît par le fond du théâtre à gauche, pendant qu'Henriette, sortant de la chapelle qui est au fond à droite, s'avance sur la pointe du pied et avec précaution jusqu'au milieu du théâtre.)

SCÈNE VIII.

HENRIETTE, seule, regardant autour d'elle.

AIR.

Ah! qu'il fait froid... ah! qu'il fait froid...
Mon trouble à chaque instant s'accroît...
Je meurs de peur... je meurs de froid...
(Grelottant et soufflant dans ses doigts.)
Ah! ah! ah! ah! ah! qu'il fait froid...
(Regardant du côté de la chapelle.)

J'ai dû quitter cette sainte demeure...
(Regardant de l'autre côté.)
Il avait dit : Dans une demi-heure...
Elle est passée... et depuis bien longtemps!
Et je suis seule... et j'attends... oui, j'attends!

D'un grand seigneur est-ce l'usage?
Ah! c'est bien mal... lui qui devrait
Le bon exemple... Ah! si c'était
Un simple amoureux du village,
Depuis longtemps il m'attendrait...

Ah! qu'il fait froid... ah! qu'il fait froid...
Mon trouble à chaque instant s'accroît...
Je meurs de peur... je meurs de froid...
(Regardant autour d'elle avec terreur.)
Et seule dans ce lieu sauvage...
Lorsque vient de sonner minuit...
Si j'allais voir, comme on le dit,
L'ombre de quelqu'un du village!
(S'éloignant avec crainte et s'avançant au bord du théâtre.)
Ah! mon trouble s'accroît,
Ça commence... il me semble.
Car d'avance je tremble...
Oui, je tremble... je tremble...
Et ce n'est plus de froid...
(Elle remonte de quelques pas et s'aperçoit que la neige tombe de nouveau.)
Sur moi je sens tomber la neige...
(Regardant vers le fond si le baron arrive.)
S'il ne vient pas, comment donc partirai-je?
Pour l'attendre promenons-nous,
Allons, promenons-nous.
Ah! qu'il est doux... ah! qu'il est doux
De donner des rendez-vous...
(Elle a disparu dans le fond vers la gauche, en allant au-devant du baron.)

SCÈNE IX.

ALBERT, sortant de la porte du château à gauche.

Sortons de ce château, j'y suis assez resté !
De ma promesse je suis quitte !
(Regardant autour de lui.)
Retournons au logis... traversons au plus vite
Ce lieu sinistre et redouté !

Sous ce feuillage funéraire,
Malgré moi j'avance en tremblant,
Je crains que du sein de la terre
N'apparaisse un fantôme blanc !
A chaque tombe, à chaque pierre,
Je crois voir un fantôme blanc !

(Il passe à droite sous le bosquet de cyprès qu'il traverse et se dirige vers le fond du théâtre, pendant qu'Henriette, sortant de la gauche, se dirige aussi en ce moment vers le fond ; tous deux se rencontrent au milieu de la scène. Ils sont vêtus de blanc, couverts de neige, la lune éclaire leurs visages pâles. Tous deux poussent un cri et ferment les yeux.)

DUO.

ALBERT.

Ah ! l'ombre de ma femme...

HENRIETTE.

L'ombre de mon mari...

(Tous deux redescendent rapidement le théâtre ; Albert rentre dans le bosquet de cyprès, à droite, et Henriette s'est rapprochée de la porte du château à gauche.)

HENRIETTE, tombant sur le banc de pierre près le pilier ou contre-fort qui la cache.

L'effroi glace mon âme...

ALBERT.

Je reste anéanti...

ALBERT, tombant à genoux, et **HENRIETTE.**

De terreur je frissonne,
La force m'abandonne,
Que le Ciel me pardonne !
Je l'implore à genoux...

(En ce moment le vent souffle avec violence.)

Ah ! j'entends la tourmente
Qui souffle menaçante...
Ombre qui m'épouvante,
Désarme ton courroux...

ALBERT, se hasarde à retourner la tête et à s'avancer vers le fond du théâtre.

Comme un souffle léger son ombre est disparue !

(Il traverse le théâtre et disparaît un instant par la gauche.)

HENRIETTE, toujours assise près du pilier à gauche qui la cache.

Son ombre menaçante a fui loin de ma vue !
Courons à la chapelle !...

(Elle quitte le pilier à gauche, traverse le théâtre et va se réfugier sous le bosquet à droite, où elle s'arrête un instant en s'appuyant contre la porte du clocher.)

ALBERT, qui est redescendu du fond vers le pilier sur le devant du théâtre à gauche.

Mais c'était son image... ah ! je l'ai reconnue...

HENRIETTE.

C'était bien son fantôme, et j'en frémis, grands dieux !
Tant il avait, hélas ! l'air pâle et malheureux...

ALBERT et **HENRIETTE,** toujours immobiles à la même place.

De terreur je frissonne, etc.

(On entend en ce moment le baron qui sonne dans l'intérieur du clocher.)

HENRIETTE et **ALBERT,** écoutant.

Dieu ! qu'entends-je ? ô terreur extrême !...
La cloche sonne d'elle-même...

HENRIETTE, à part.

Miracle effrayant et nouveau!

ALBERT, à part.

Je n'oserai plus, je l'atteste,
Retraverser ce lieu funeste...
Sortons, sortons par le château!

(L'orage et le son des cloches redoublent.)

ALBERT et HENRIETTE, dans le plus grand effroi.

Oui, oui, la cloche sonne,
L'éclair au loin sillonne
Le ciel qui gronde et tonne...
Mon Dieu, pardonnez-nous!
Ah! ma frayeur augmente;
Vision menaçante,
Ombre qui m'épouvante,
Désarme ton courroux!

(Albert épouvanté se précipite à gauche dans le château. Henriette, dans le bosquet de cyprès, chancelle et tombe évanouie sur les marches du clocher.)

ACTE TROISIÈME

Une salle basse, porte au fond. Une horloge en bois attachée à un des panneaux du fond. Portes à gauche et à droite. Au fond, au-dessous de l'horloge, un buffet; à gauche, une table et des fauteuils.

SCÈNE PREMIÈRE.

POTTINBERG, GERTRUDE, en habits de mariés.

POTTINBERG, en entrant.

Personne chez Albert... (A Gertrude.) Nous voilà donc mariés! vous voilà donc madame Pottinberg!

GERTRUDE.

Oui, monsieur Pottinberg!... depuis ce matin!... (Avec un soupir.) Il n'y a pas à s'en dédire...

POTTINBERG.

Vous me dites cela d'un air...

GERTRUDE.

Grave!... Le mariage donne des idées graves, et je ne conçois pas que monseigneur, qui nous avait promis de nous honorer de sa présence... (Vivement et d'un air dédaigneux.) Non pas que j'y tienne!... mais cela aurait fait enrager tant de gens dans le village!...

POTTINBERG.

Permets donc!... il t'avait dit...

GERTRUDE, avec aigreur.

Je vous prie de ne pas me tutoyer...

POTTINBERG.

Le matin de notre mariage !...

GERTRUDE.

C'est justement pour cela !... C'est d'une inconvenance !...

POTTINBERG.

Je comprends !... c'est trop tôt !...

COUPLETS.

Premier couplet.

GERTRUDE.

Dans mon mari, quoi qu'il arrive,
Je veux des égards, du respect ;
Que jamais sa gaîté trop vive
Ne se permette un mot suspect.
Ce mot *toi* me semble une injure,
Même de la part d'un époux ;
Et je ne connais, je vous jure,
Que *toi* d'aussi hardi que vous.
  Entendez-vous ?
 Monsieur, m'entendez-vous ?

Deuxième couplet.

POTTINBERG.

Je sais, dans le fond de mon âme,
Tout le respect que je vous dois ;
Mais pourtant vos attraits, madame,
Sur mon cœur ont aussi des droits !
Ce mot *toi*, loin d'être une injure,
En ce jour me semble bien doux,
Et je ne connais, je le jure,
Que *toi* d'aussi joli que vous !
  Entendez-vous ?
 Madame, entendez-vous ?...

(Gravement.) Enfin, je vous disais donc, madame Pottinberg, que monseigneur avait ajouté : « Si je ne suis pas retenu !... »

GERTRUDE, sèchement.

Il suffit !

POTTINBERG, d'un air malin.

Il paraîtrait alors qu'il l'a été...

GERTRUDE, de même.

Cela suffit, vous dis-je ; je n'ai pas besoin de vos observations !

POTTINBERG.

Je les garde alors, et c'est dommage! car j'en avais une extrêmement piquante.

GERTRUDE.

Laquelle ?

POTTINBERG.

C'est qu'Albert et Henriette, que j'avais fait prévenir de notre mariage, n'y ont pas assisté non plus.

GERTRUDE.

* Croyez-vous que je ne l'aie pas vu! Vous avez voulu leur faire notre visite de noce... sans doute pour les remercier de cette impolitesse !

POTTINBERG, à voix basse et avec curiosité.

Non !... mais pour savoir...

GERTRUDE.

Quoi ?

POTTINBERG.

Ce qui est arrivé !... car il a dû arriver quelque chose... par suite de l'entrevue de monseigneur... et d'Henriette... (Prêtant l'oreille.) Écoutez-donc ! est-ce qu'on ne se dispute pas ?

GERTRUDE.

Non!

POTTINBERG.

Quel calme !

GERTRUDE.

Quel silence !

POTTINBERG.

Ça n'est pas naturel... Qu'est-ce que je vous disais? le ménage se dérange... cela va mal... Il s'est passé cette nuit dans le village quelque chose d'extraordinaire, de fantastique et d'inconcevable! D'abord la cloche du presbytère a sonné toute la nuit...

GERTRUDE.

Je l'ai entendue.

POTTINBERG.

Je le tiens de Péters, qui est à la fois le bedeau et le sonneur, et qui n'a pas bougé de son lit, la cloche a sonné d'elle-même, ce qui est, dit-on dans le pays, un signe de malheur.

GERTRUDE.

Vous croyez?

POTTINBERG.

La preuve, c'est que M. le baron n'était pas encore ce matin rentré au château... où tout le monde est dans l'inquiétude...

GERTRUDE.

Oh! je saurai ce que cela signifie! (Montrant la porte à droite du spectateur.) De ce côté est la chambre d'Albert. (Montrant la porte à gauche.) Par ici celle de sa femme... (Regardant par la porte qu'elle vient d'ouvrir.) Eh mais, personne!

POTTINBERG.

C'est bien la chambre à coucher d'Henriette?

GERTRUDE.

Sans doute!

POTTINBERG.

Donnant sur le jardin?

GERTRUDE, avec impatience.

Eh oui!

POTTINBERG.

Par cette fenêtre grillée...

GERTRUDE, regardant toujours.

Je la vois d'ici...

POTTINBERG, souriant avec malice.

Dont monseigneur a la clef ; c'est par là qu'il s'est introduit... et qu'il l'aura enlevée... c'est évident !

GERTRUDE, avec dépit.

Ah ! c'est scandaleux !... Une femme mariée se laisser enlever !

POTTINBERG.

Cela s'est vu !... Après cela... on peut toujours en répandre le bruit... dans le village. Si ça ne fait pas de bien...

GERTRUDE.

Ça ne peut pas faire de mal !

POTTINBERG.

Au contraire !... cela peut leur en donner l'idée... à tous deux !... j'ai vu des choses qui n'étaient pas et qui sont arrivées... parce que je les avais dites... témoin la femme du percepteur... qui l'année dernière, n'avait pas un amant... pas un seul !... Et maintenant... vous voyez !

GERTRUDE.

C'est vrai !

POTTINBERG.

Mais ici, tout porte à croire que monseigneur court réellement sur la grande route, en chaise de poste.

GERTRUDE, poussant un cri.

Ah ! mon Dieu !...

POTTINBERG, étonné.

C'est lui !

SCÈNE II.

GERTRUDE, LE BARON, POTTINBERG.

TRIO.

GERTRUDE et POTTINBERG.

Quoi! c'est vous!

LE BARON.

Oui, c'est moi, silence, je vous prie!

GERTRUDE.

D'où vient donc Votre Seigneurie?

LE BARON.

Je viens de ce clocher maudit
Où j'ai passé toute la nuit!
Et c'est devant tout le village,
Qu'à l'instant même Léonard
M'est venu tirer d'esclavage!
Maudit vieillard! maudit hasard!

Ensemble.

LE BARON.

Nuit terrible! nuit fatale!
De cette cloche infernale
Je crois entendre le son,
Qui me donne le frisson!
  Dig don! dig don! dig don!
Oui, de fatigue et de rage,
J'en suis encor tout en nage;
Quel métier pour un seigneur
Que le métier de sonneur!
  Dig don, dig don, dig don
C'est à perdre la raison!

GERTRUDE et POTTINBERG.

Nuit terrible! nuit fatale!
De cette cloche infernale
Il croit entendre le son,

Qui lui donne le frisson !
Dig don, dig don, dig don !
Oui, de fatigue et de rage
Il est encor tout en nage !
Quel métier pour un seigneur
Que le métier de sonneur !
Dig don, dig don, dig don !
Il en perdra la raison !

GERTRUDE et POTTINBERG.

Comment ça s'est-il fait ?

LE BARON, avec embarras.

Par une circonstance
Inutile à vous dire !... Enfin et malgré moi,
J'ai dû de Léonard acheter le silence !
Et payer ma rançon en subissant sa loi ;
Je prendrai ma revanche !... et d'abord dites-moi,
Henriette ?

GERTRUDE.

On ne sait ce qu'elle est devenue !

POTTINBERG.

Je croyais qu'avec vous elle était disparue !

LE BARON, à demi-voix en confidence.

Oui vraiment ! son mari d'abord l'avait battue !

GERTRUDE et POTTINBERG, avec joie.

Quoi ! battue !

LE BARON.

Oui, battue !

GERTRUDE, levant le poing au ciel.

Ah ! si l'on me battait !

LE BARON.

Et, chose convenue,
Je devais l'enlever !

POTTINBERG, à Gertrude.

Je vous l'avais bien dit !

LE BARON.
Mais lasse de m'attendre au rendez-vous... la nuit...
Elle sera partie !

POTTINBERG.
Où donc ?

LE BARON.
Dans le village
Elle a trouvé moyen de se cacher...
(A Pottinberg.)
Et toi,
Il faut me la trouver... lui donner un message...
(Il se met à la table et écrit.)
Au plus tôt... car hier... la nuit... dans son effroi,
La pauvre enfant attendait !... comme moi !...
(Cachetant la lettre qu'il vient d'écrire.)
Pour ce soir... à minuit, un nouveau rendez-vous !
(Tirant une autre lettre de sa poche.)
Et j'ai là le moyen d'éloigner son époux !
(A Pottinberg, lui remettant le billet.)
Cette lettre à la femme !...
(Remettant un papier sous enveloppe à Gertrude.)
Et quant à celle-ci...
(A part avec colère.)
Bien malgré moi...

GERTRUDE.
Pour qui ?

LE BARON.
Pour son mari !

Ensemble.

LE BARON, avec colère.

Vengeance ! vengeance !
Ta douce espérance
Fait déjà d'avance
Tressaillir mon cœur !
J'attends sans alarmes

L'instant plein de charmes
Qui doit à mes armes
Rendre enfin l'honneur !

GERTRUDE et POTTINBERG.

Vengeance ! vengeance !
Ta douce espérance
Fait déjà d'avance
Tressaillir son cœur !
Il voit sans alarmes
L'instant plein de charmes
Qui doit à ses armes
Rendre enfin l'honneur !

POTTINBERG.

Mais à moi, monseigneur...

LE BARON.

    Quant à toi, je t'accorde
(Regardant Gertrude.)
Ma plus haute faveur ! mais continue ainsi...

POTTINBERG.

Je le jure !...

LE BARON.

  A semer entre eux deux la discorde...
(A part.)
Et ce qu'il fait pour eux... je le ferai pour lui !

Ensemble.

LE BARON.

Vengeance ! vengeance ! etc.

GERTRUDE et POTTINBERG.

Vengeance ! vengeance ! etc.

(Le baron sort par la porte du fond.)

SCÈNE III.

GERTRUDE, POTTINBERG.

POTTINBERG.
Vous avez entendu!... il m'accorde sa plus haute faveur...
GERTRUDE, rêveuse.
Oui!... j'ai cru comprendre!...
POTTINBERG.
A condition de continuer à attiser le feu... moi qui le ferais pour rien... et en amateur! Il s'agit pour cela...
GERTRUDE, retournant la lettre qu'elle tient.
De remettre ceci... à Albert... un grand cachet rouge... Cette grande lettre, (Montrant le papier que tient Pottinberg.) ce petit billet... qu'est-ce que cela signifie?
POTTINBERG, de même, retournant sa lettre.
Ça... monseigneur nous l'a dit... (A demi-voix à sa femme.) Un rendez-vous qu'il lui demande! pour ce soir... à minuit.
GERTRUDE, vivement.
Très-bien... c'est-à-dire, très-bien?... Et vous lui remettrez cette lettre?... à elle!
POTTINBERG.
Si je le peux!... car le difficile maintenant, c'est de retrouver Henriette! Chez qui se sera-t-elle réfugiée dans le village? qui aura osé lui donner asile? Parce qu'enfin, qu'elle ne soit pas enlevée... je le veux bien... mais quitter le toit conjugal... c'est grave... (Voyant la porte à droite qui s'ouvre et Henriette qui paraît.) O ciel!

SCÈNE IV.

GERTRUDE, POTTINBERG, se tenant à l'écart; HENRIETTE.

HENRIETTE, s'avançant en rêvant au bord du théâtre.

Je ne puis revenir encore de cette terrible apparition!... Je n'en ai parlé à personne qu'au père Léonard!... Et quand je pense que mon mari... que ce pauvre Albert n'a plus que cette journée à passer auprès de moi... cette seule journée qui est déjà bien avancée!... Ah! je n'ai plus la force de me rappeler qu'il m'a battue! je ne me rappelle plus rien que mes torts à moi... (Hésitant.) Car je crois que j'en avais... (Vivement.) Moins que lui! bien moins!... Mais j'en avais!... et depuis ce matin, comme par un fait exprès... il est si prévenant... si aimable... si tendre... Ah! s'il avait toujours été comme ça! (Essuyant une larme et se retournant.) O ciel!... vous étiez là, mes bons amis... Pardon de n'avoir pu assister ce matin à votre bonheur.

GERTRUDE.

Cela m'a fait de la peine... parce que, de tout le village, toi seule y manquais...

POTTINBERG.

Et qu'on l'a remarqué!...

HENRIETTE.

Albert était souffrant, et je suis restée dans sa chambre... près de lui, à travailler...

POTTINBERG.

Toute la matinée!

HENRIETTE.

Il m'en avait priée!

POTTINBERG.

Quelle tyrannie!... et vous avez eu la faiblesse de le regarder... de lui parler!...

HENRIETTE, comme pour se justifier.

C'est vrai!... Mais... je ne l'ai pas tutoyé...

POTTINBERG.

Comme dans notre ménage... Allez, vous êtes trop bonne... lui qui s'est conduit d'une manière si indigne!... Lui qui vous a battue, nous le savons... tout le monde le sait.

HENRIETTE, vivement.

Non, non, ça n'est pas vrai.

POTTINBERG.

Eh bien! soit, je le veux bien, mais ça peut venir, il est même probable que... enfin... Heureusement, il vous reste encore des amis! (A demi-voix.) Tenez... prenez cette lettre... c'est de monseigneur!

GERTRUDE, vivement et comme malgré elle.

Prenez garde!...

POTTINBERG, étonné.

Qu'est-ce donc?...

GERTRUDE, cherchant à se remettre.

Eh mais! (Apercevant Albert qui sort de sa chambre.) Albert! qui sort de sa chambre...

POTTINBERG, bas à Gertrude.

Dieu!... c'est vrai! Heureusement il ne m'a pas vu!... (Souriant.) Les maris ne voient rien!

(Henriette a pris la lettre d'un air indifférent et l'a mise dans sa poche.)

SCÈNE V.

ALBERT, GERTRUDE, POTTINBERG, HENRIETTE.

ALBERT, entre en rêvant et redescend au bord du théâtre, à gauche.

Je n'ai confié l'aventure de cette nuit à personne qu'à Léonard!... Et Henriette!... ah! malgré sa trahison... que je veux... que je m'efforce d'oublier... tâchons qu'elle ne se doute de rien... Car à son trouble... à sa pâleur... je craignais ce matin qu'elle ne soupçonnât... (Levant les yeux.) Ah! c'est vous... Henriette... je vous cherchais... Il me semble qu'il y a longtemps que je ne vous ai vue...

POTTINBERG, à part.

O ciel!

HENRIETTE, qui est à l'extrémité droite.

Me voici... monsieur... Et nos amis les nouveaux mariés qui viennent nous faire leur visite de noce...

ALBERT.

Je les en remercie... je suis pour eux... (A Gertrude.) pour vous, cousine... bien content... bien heureux. (Regardant Henriette, à part.) Ah! mon Dieu! comme elle est pâle!...

HENRIETTE, le regardant avec douleur.

Comme le mal fait des progrès...

POTTINBERG, à Albert.

Ça me fait plaisir... de te voir gai et dispos... parce que nous soupons ce soir, chez moi... en famille; et n'ayant pu venir ce matin à l'église...

GERTRUDE.

J'espère qu'Henriette nous fera l'honneur d'assister à notre souper de noces.

POTTINBERG.

Ah! dame! nous ne vous donnerons pas de si bon vin que le tien... ce vin de Tokai que tu nous as offert hier... car il paraît décidé (Regardant Henriette.) que c'était du tokai...

GERTRUDE, regardant Albert.

Ou du sauterne...

POTTINBERG, appuyant.

Tokai!

GERTRUDE, de même.

Sauterne!

ALBERT.

Qu'est-ce que cela fait !

HENRIETTE.

C'est vrai, c'était de si peu d'importance !

POTTINBERG, bas à Gertrude.

Diable !... cela ne leur fait rien ! il faut alors frapper les grands coups ! (Haut à Albert.) Gertrude... (Se reprenant respectueusement.) je veux dire madame Pottinberg avait à te remettre, de la part de monseigneur, une lettre...

GERTRUDE.

C'est vrai... la voici !

POTTINBERG, d'un air curieux.

Avec un grand cachet... sais-tu ce que ce peut être ?...

ALBERT, d'un air indifférent.

Des ordres, sans doute, pour le concierge du château.

POTTINBERG.

Et tu ne regardes pas ?

ALBERT, jetant la lettre sur la table à gauche.

Rien ne presse !... je verrai plus tard !... Et quant au joyeux repas où vous veniez nous inviter... je t'avoue que je suis souffrant.

HENRIETTE, courant à lui avec effroi.

En vérité ! (A part et toute tremblante.) Ah ! mon Dieu !...

ALBERT, regardant Henriette avec inquiétude.

Henriette aussi !... à ce qu'il me semble du moins ! et si elle y consentait...

HENRIETTE, avec tendresse.

Qu'est-ce, monsieur ?

ALBERT.

J'aimerais mieux... rester ici... à souper avec elle... en tête-à-tête !

HENRIETTE, vivement.

Et moi aussi... bien volontiers...

POTTINBERG.

Et quand vous êtes souffrants... vous croyez que nous vous laisserons seuls!... (Prenant une chaise et s'asseyant.) Ah! bien oui!...

GERTRUDE, prenant aussi une chaise.

Vous laisser seuls!... ah! par exemple, non!...

ALBERT, à part, avec impatience.

Est-ce qu'ils vont s'établir ici?

HENRIETTE, de même.

Est-ce qu'ils ne s'en iront pas?

ALBERT, à Pottinberg et à Gertrude.

Vous êtes attendus chez vous, par vos parents, par vos amis...

HENRIETTE, de même, avec impatience.

Et il se fait tard!...

POTTINBERG.

Il n'est encore que onze heures.

HENRIETTE et ALBERT, à part.

O ciel!...

GERTRUDE.

Elles viennent de sonner!

HENRIETTE et ALBERT, vivement, et regardant l'horloge qui est au fond du théâtre.

Déjà!

GERTRUDE, à part.

Qu'ont-ils donc tous les deux à regarder cette horloge!...

POTTINBERG, continuant.

Et selon l'usage, les invités ne viendront pas chez les mariés avant le coup de minuit.

ALBERT, avec effroi.

Minuit!...

HENRIETTE, de même.

Minuit ! grand Dieu !...

POTTINBERG, à part, les regardant.

Décidément, il y a quelque chose...

GERTRUDE, à part.

C'est à cette heure-là que le baron doit venir. (Haut et vivement.) D'ici là nous ne vous quitterons pas !

POTTINBERG.

Nous vous tiendrons compagnie pendant que vous souperez...

GERTRUDE.

Pour commencer, je vais aider Henriette à mettre son couvert.

POTTINBERG.

S'il ne tient qu'à cela, je lui en éviterai la peine... et à nous deux...

(Voulant aider Gertrude qui déjà a placé la table, et met le couvert.)

ALBERT, retenant Pottinberg.

Mais non, mes amis, c'est inutile...

HENRIETTE.

Ne vous donnez pas cette peine.

GERTRUDE, mettant le couvert.

Laisse donc, c'est l'affaire d'un instant...

HENRIETTE.

Je n'ai pas besoin de toi pour mettre mon couvert !...

POTTINBERG.

Ça sera plus tôt fait... (A Albert.) Et comme ça, vois-tu bien, nous resterons plus longtemps ensemble...

ALBERT.

Je désire rester seul avec ma femme !

POTTINBERG.

Parbleu ! tu as le temps !...

ALBERT, avec colère.

Non, je ne l'ai pas! et je te prie de nous laisser... je le veux...

POTTINBERG, feignant de s'attendrir.

C'est à moi que tu dis cela... à un ami!...

GERTRUDE, mettant toujours le couvert.

Eh oui, sans doute!... vous voyez bien que cela les gêne, les contrarie!... Il y a en ménage des choses qu'on ne peut pas dire devant vous autres... hommes; (Remontant avec lui le théâtre.) ainsi, rentrez, rentrez, pour recevoir vos convives... (A voix basse au fond du théâtre.) et ne craignez rien... je resterai... (Redescendant vivement près de la table à gauche.) Cette pauvre Henriette... ma place est là... entre eux deux...

ALBERT.

Non, cousine... non... c'est inutile!

GERTRUDE.

Comment non? Encore quelque dispute, quelque scène qui se prépare... je le devine, rien qu'à votre air... et bien certainement je ne m'en irai pas.

ALBERT, cédant à son impatience.

Et moi!... moi... je le veux...

GERTRUDE.

Voilà déjà que ça commence!... mais vous n'êtes pas seul maître à la maison... votre femme a aussi sa volonté... et à son tour elle dira...

HENRIETTE, de même.

Je le veux...

GERTRUDE, stupéfaite, et à part.

O ciel!... (Haut.) A merveille! sacrifiez-vous pour vos amis!

POTTINBERG.

Dévouez-vous pour eux!

GERTRUDE.

Voilà comme on vous récompense! (Pleurant.) C'est bien cruel!...

POTTINBERG.

C'est bien dur!...

ALBERT, cherchant à calmer Gertrude.

Il ne s'agit pas de pleurer, cousine... mais de nous laisser... je le veux... (Avec plus de force à Pottinberg.) Je le veux!...

HENRIETTE, de même.

Puisqu'il vous le dit!...

POTTINBERG, à part.

Dès qu'il n'y a plus qu'une volonté... c'est fini! (Haut.) On s'en va... on s'en va!

GERTRUDE.

Adieu, ingrats!

(Albert s'est jeté dans un fauteuil à droite. Henriette est à gauche près de la table. Pottinberg et Gertrude se retirent lentement vers le fond.)

POTTINBERG.

Adieu, mauvais cœurs!... (Bas à Gertrude.) Qu'est-ce que ça peut être? je reviendrai le savoir à minuit...

GERTRUDE, regardant la porte à gauche qui est restée ouverte.

Je le saurai avant... (Indiquant la chambre.) Je ne bouge pas de là...

POTTINBERG, à demi-voix.

Bravo!... je peux m'en aller... elle est là.

(Gertrude entre dans la chambre à gauche. Pottinberg sort par le fond en fermant la porte avec force.)

SCÈNE VI.

ALBERT, HENRIETTE, retournant la tête au bruit de la porte qui se referme.

ALBERT, assis à gauche.

Enfin, nous voilà seuls.

HENRIETTE, à droite.

Ce n'est pas sans peine !

ALBERT.

On ne peut pas être un instant à son ménage ou à ses affaires !

HENRIETTE.

C'est vrai !... (Après un instant de silence et d'embarras, regardant la lettre cachetée qui est près d'elle sur la table à gauche.) Et cette lettre que Gertrude vous a apportée...

ALBERT.

Elle est de monseigneur !... lisez-la, Henriette, mes secrets sont les vôtres !...

HENRIETTE.

Ah ! mon Dieu !... j'oubliais celle que Pottinberg m'a remise !... elle est aussi de monseigneur !... (La lui présentant.) Lisez-la, monsieur !

ALBERT, la regardant.

Elle est encore cachetée !

HENRIETTE.

Qu'importe ?... comme vous le disiez, mes secrets sont les vôtres !

ALBERT.

Que dites-vous ?

HENRIETTE.

Ne vous gênez pas... je vous donne l'exemple ! (Ouvrant la lettre au grand cachet et lisant.) « Monsieur Albert, je vous pré-
« viens qu'à la recommandation du respectable Léonard, à
« qui je ne peux rien refuser... je vous ai proposé comme
« forestier général à MM. les bourgmestre et conseillers
« de la ville de Brême !... »

ALBERT.

Moi !... qu'entends-je ?

HENRIETTE, continuant.

« Auxquels il faut qu'à l'instant même vous portiez cette
« lettre !... » (A part avec douleur.) Pauvre Albert ! cette place qui lui donnait la richesse et la considération... il n'en jouira pas !

ALBERT, à part, avec douleur.

Pauvre Henriette !... elle ne sera pas témoin...

(Tous deux restent un instant plongés dans leurs réflexions.)

HENRIETTE, rompant le silence avec émotion.

Mais d'après cette lettre... il vous faudrait partir ce soir pour Brême, sous peine de ne pas obtenir cette place...

ALBERT.

Eh ! qu'importe ? moi vous quitter ! quand j'ai tant besoin de vous voir !

HENRIETTE.

Et moi donc !...

ALBERT.

Quand j'ai tant de choses à vous dire !

HENRIETTE.

Lesquelles ?

ALBERT.

Henriette !... je vous demande pardon

HENRIETTE.

Et de quoi, mon Dieu !

ALBERT.

De ma conduite d'hier... d'avoir osé dans ma colère... dans ma jalousie...

HENRIETTE.

Ah! je l'avais oublié!... c'était ma faute d'ailleurs!... (S'avançant vers lui en baissant les yeux.) Et moi aussi... je viens vous demander pardon... de vous avoir trompé!...

ALBERT, avec douleur.

O ciel!...

HENRIETTE.

Je vous ai dit que j'aimais le baron... que je l'adorais!... ce n'était pas vrai!... je crois même que c'était le contraire!

ALBERT, avec joie.

Qu'entends-je!

HENRIETTE.

La preuve, c'est que je vous ai remis sans les lire ses deux lettres dont vous ne vous doutiez même pas... celle d'hier et celle d'aujourd'hui!... Voyez plutôt!

ALBERT, ouvrant la lettre qu'Henriette lui a remise.

C'est vrai!... c'est vrai! (La parcourant.) Le fat! (Lisant à demi-voix.) « Je veux vous délivrer d'esclavage... et ce soir « à minuit, pendant que votre mari sera à Brême... j'en- « trerai chez vous par la fenêtre grillée dont j'ai la clef... » (D'un air de mépris et déchirant la lettre.) Qu'il vienne!... je serai là!

HENRIETTE, se rapprochant.

Qu'est-ce donc?

ALBERT.

Rien... et puisque vous ne l'aimiez pas... expliquez-moi comment...

HENRIETTE, avec embarras.

Cela avait l'air de vous faire de la peine... je l'espérais

du moins... et voilà pourquoi... C'est bien mal, n'est-ce pas ?... mais Gertrude me disait qu'il ne fallait jamais céder.

ALBERT, avec indignation.

Gertrude !... et c'est elle qui m'exhortait sans cesse à résister à vos caprices...

HENRIETTE.

Quelle trahison ! Et vous l'écoutiez ?

ALBERT.

Et vous pouviez la croire ?

HENRIETTE.

Dame !... depuis trois mois... elle venait toujours, comme tout à l'heure, se placer entre nous deux !

ALBERT.

Car avant cela personne ne nous séparait.

HENRIETTE.

Et c'est aujourd'hui... c'est dans ce moment...

ALBERT.

Que nous voyons la vérité... (A part et regardant Henriette.) Quand son arrêt est prononcé...

HENRIETTE, à part et regardant Albert.

Quand il n'a plus que quelques instants à vivre...

DUO.

HENRIETTE, s'approchant de lui.

O mon ami !

ALBERT, de même.

Mon Henriette !

ALBERT et HENRIETTE, se tendant la main.

Que tous nos maux soient oubliés !

HENRIETTE.

C'est dit !

ALBERT.

C'est dit !

ALBERT et HENRIETTE.
La paix est faite.
Nous voilà réconciliés !
HENRIETTE.
Et pour toujours !...
ALBERT, troublé.
Toujours !
ALBERT et HENRIETTE, se détournant pour essuyer une larme.
O désespoir extrême !
ALBERT, la regardant.
Eh quoi ! tu pleures ?
HENRIETTE.
Toi de même !
ALBERT.
Moi c'est de joie !
HENRIETTE.
Et moi de même !
ALBERT et HENRIETTE, cherchant à cacher leur douleur.
Allons, allons... soyons gais et rions !
ALBERT, essuyant une larme.
Oui, soyons heureux... et rions !
HENRIETTE, se retournant.
Et le souper, qu'ici nous oublions !
ALBERT, s'efforçant de rire.
C'est ma foi vrai... nous l'oublions !
Allons ! allons !
(Ils se mettent à table.)

ALBERT et HENRIETTE.
Quel bonheur de passer sa vie
Avec sa femme et son amie !
Ah ! quel repas délicieux,
Et combien nous sommes heureux !
(Chacun d'eux à part, et se détournant pour ne pas regarder l'autre.)
Cachons mes larmes à ses yeux.

ALBERT, regardant Henriette, qui est immobile.
Tu ne manges pas?

HENRIETTE, vivement.
Mon Dieu ! si !
C'est toi, bien plutôt, mon ami !

ALBERT, saisissant vivement la bouteille.
Moi ! du tout !... je remplis ton verre !

HENRIETTE.
Oui, buvons à l'anniversaire
De notre hymen... de nos beaux jours !

ALBERT.
Je bois à toi, mes seuls amours !

ALBERT et HENRIETTE.
Oui, pour toi, mes premiers et mes derniers amours !
Quel bonheur de passer sa vie
Avec sa femme et son amie !
Ah ! quel repas délicieux !
Et combien nous sommes heureux !
(A part.)
Cachons mes larmes à ses yeux.
(Haut.)
Ah ! quel repas délicieux !
Et combien nous sommes heureux !
(En ce moment on entend sonner la demie de onze heures.)

ALBERT, se levant de table.
Qu'as-tu donc ?

HENRIETTE, se levant aussi.
Et toi-même ?

ALBERT.
Hélas ! ma force expire !
S'il faut te l'avouer !...

HENRIETTE.
Oui, tu dois tout me dire !

ALBERT.
Je ne sais quel pressentiment

Vient corrompre ma joie en un pareil moment!
J'ai rêvé cette nuit... sombre et vaine chimère!
Que je ne devais plus te revoir...

HENRIETTE, à part.

Ah! grands dieux!
(Haut.)
Moi de même!

ALBERT, à part.

Est-ce, hélas! le destin qui l'éclaire?

HENRIETTE, à part.

Sur mon malheur... est-ce un avis des cieux?

Ensemble.

(Chacun à part, et priant.)

HENRIETTE.

Encore une heure!... une heure!
Encore un seul instant!
Hélas! s'il faut qu'il meure,
Entends-moi, Dieu puissant!
Qu'un même arrêt rassemble
Et nos cœurs et nos jours!
Que nous mourrions ensemble,
En nous aimant toujours!

ALBERT.

Encore une heure! une heure!
Encore un seul instant!
Et s'il faut qu'elle meure,
Entends-moi, Dieu puissant!
Qu'un même arrêt rassemble
Et nos cœurs et nos jours!
Que nous mourrions ensemble
En nous aimant toujours!

ALBERT, avec douleur.

De mille fleurs parée, à nous s'ouvrait la vie!

HENRIETTE, de même.

Jeunesse, amour, bonheur! tout nous était offert!

ALBERT, avec amour.

Oui, jamais à mes yeux tu ne fus plus jolie !

HENRIETTE, de même.

Oui, jamais à mon cœur tu ne fus aussi cher !

(Chacun à part, et priant.)

Ensemble.

HENRIETTE.

Encore une heure ! une heure ! etc.

ALBERT.

Encore une heure ! une heure ! etc.

SCÈNE VII.

LES MÊMES ; LÉONARD, paraissant à la porte du fond.

TRIO.

HENRIETTE et ALBERT, courant à lui.

Ah ! venez, mon père, mon père !
Venez en aide à ma misère !
Dans un instant, et pour jamais,
Je vais perdre ce que j'aimais !

LÉONARD.

Insensés que vous êtes !
Du Ciel, si bon pour vous,
Vous avez sur vos têtes
Attiré le courroux !
Et votre cœur coupable
Ne saurait plus fléchir
Ce juge redoutable
Qui vient pour vous punir !

Les anges et l'amour vous couvraient de leurs ailes !

HENRIETTE et ALBERT, baissant la tête.

C'est vrai ! c'est vrai !

LÉONARD.
Dieu même avait comblé vos vœux!

HENRIETTE et ALBERT, de même.

C'est vrai!

LÉONARD.
Vous dépensiez dans vos vaines querelles...

HENRIETTE et ALBERT, de même.

C'est vrai!

LÉONARD.
Des jours si courts qu'il fallait rendre heureux!

Ensemble.

LÉONARD.
Insensés que vous êtes!
Du Ciel, si bon pour vous,
Vous avez sur vos têtes
Attiré le courroux!
Et votre cœur coupable
Ne saurait plus fléchir
Ce juge redoutable
Qui vient pour vous punir!

HENRIETTE et ALBERT.
Qu'à votre voix s'arrête
Le céleste courroux...
(Se montrant l'un et l'autre mutuellement.)
Du Ciel loin de sa tête
Ah! détournez les coups!
Oui, notre cœur coupable
Ne saurait-il fléchir
Ce juge redoutable
Qui vient pour nous punir!

(Regardant l'horloge avec effroi.)
Ah! voici l'heure!

LÉONARD, avec force.
A genoux! à genoux!
Et du Ciel irrité désarmez le courroux!

(Les deux jeunes gens tombent à genoux; et Léonard, debout entre les deux, élève la main et les yeux vers le ciel.)

Ensemble.

ALBERT.

O mon Dieu! vois mon repentir!
Pour elle laisse-moi mourir!

HENRIETTE.

O mon Dieu! vois mon repentir!
Et pour lui laisse-moi mourir!

LÉONARD.

O Dieu que j'implore!
Entends leurs serments!
Viens bénir encore
Ces cœurs imprudents!

(Minuit commence à sonner; les deux jeunes gens poussent un cri, et comptent les heures en tremblant.)

Oui, que ta clémence
Prenne pitié d'eux!
Rends-leur l'existence
Et leurs jours heureux!

HENRIETTE et ALBERT.

Ah! mon cœur en frémit!
C'est minuit!!

(Se relevant vivement et avec joie.)

Quoi! nous vivons encor!... nous vivons tous les deux!

LÉONARD.

Oui, vivez, mes enfants!... Vivez pour être heureux!
(Henriette et Albert viennent de se jeter dans les bras l'un de l'autre, et se tiennent étroitement embrassés.)

Ensemble.

LÉONARD.

Le Ciel, dans sa clémence,
Pardonne à votre erreur;
Il vous rend l'existence,
Il vous rend le bonheur.

HENRIETTE et ALBERT.

Le Ciel, dans sa clémence,
Pardonne à notre erreur,
Il nous rend l'existence,
Il nous rend le bonheur !

SCÈNE VIII.

LES MÊMES; POTTINBERG, PAYSANS et PAYSANNES ;
puis LE BARON et GERTRUDE.

FINALE.

POTTINBERG, au fond du théâtre, aux paysans et paysannes qu'il amène.

Venez... je vous promets du piquant... du scandale !

(Se retournant.)

Le père Léonard !...

(Faisant un pas en avant et apercevant Albert et Henriette qui se donnent la main.)

Surprise sans égale !

Que vois-je ?

LÉONARD, montrant les deux jeunes gens.

Un bon ménage ! Et vous veniez, je crois,
Pour le féliciter !

POTTINBERG, troublé.

Oui, vraiment... mais sur quoi ?

LÉONARD.

Sur la nouvelle place à son mérite acquise :
Forestier général...

POTTINBERG, avec dépit.

On me l'avait promise !

LÉONARD.

Et c'est lui qui l'obtient...

LE CHŒUR, entourant Albert et Henriette.

Ah ! pour eux quel bonheur !

POTTINBERG.

Quoi! c'est lui qui l'emporte... et que dira ma femme?
(Montrant la porte à gauche.)
Car elle est là...
(Appelant.)
Gertrude!
(La porte s'ouvre, le baron paraît.)
Ah! grand Dieu... monseigneur!

LE BARON, lui faisant signe de se taire.

Silence... Elle est charmante!

POTTINBERG, interdit.

Eh! qui donc, sur mon âme?

LE BARON, de même et gaîment.

Henriette!
(Apercevant Henriette en face de lui à droite et poussant un cri.)
C'est elle... elle encore!

POTTINBERG.

O fureur!
Quelle est donc l'autre, alors?
(Gertrude paraît à la porte à gauche.)

TOUS, avec stupeur.

La nouvelle épousée...
(Gaîment et avec bavardage.)
Cachée, en tête-à-tête, avec un beau seigneur!

POTTINBERG, courant à eux.

Messieurs, c'est un hasard...

GERTRUDE, de même.

Messieurs, c'est une erreur...
(A Pottinberg et au baron.)
Vous le savez vous-même...

LE BARON.

Oui, vraiment, sur l'honneur
Je l'atteste...

POTTINBERG.

C'est bien... mais la foule abusée...
Et puis la médisance...

LÉONARD, sévèrement.

Il n'en est plus chez nous,
Je n'y vois que d'heureux époux...

POTTINBERG, au baron, à voix basse et lui montrant Albert.

Il a la place... et moi, pour consolation,
Qu'aurai-je alors?

LE BARON.

Ta femme... et ma protection...

LÉONARD.

Le Ciel dans sa clémence, etc.

HENRIETTE et ALBERT.

Le Ciel, dans sa clémence, etc.

(Albert, qui a pris le bras de sa femme, se dirige vers la porte à droite pendant que Pottinberg emmène Gertrude par le fond. Léonard, au milieu du théâtre, adresse sa bénédiction au premier couple, pendant que les gens du village entraînent le second.)

LA FÉE AUX ROSES

OPÉRA-COMIQUE FÉERIE EN TROIS ACTES

En société avec M. de Saint-Georges

MUSIQUE DE F. HALÉVY.

THÉATRE DE L'OPÉRA-COMIQUE. — 1ᵉʳ Octobre 1849.

PERSONNAGES.	ACTEURS.
ATALMUC, magicien............	MM. BATAILLE.
XAILOUN, maraîcher............	JOURDAN.
LE PRINCE BADEL-BOUDOUR, sultan des Indes............	AUDRAN.
ABOULFARIS, son grand visir........	SAINTE-FOY.
NÉRILHA, esclave d'Atalmuc.........	Mmes UGALDE.
CADIGE, voisine et amie de Nérilha......	MEYER.
GULNARE, idem...............	LEMERCIER.

DAMES et SEIGNEURS DE LA COUR. — PEUPLE. — SOLDATS. — BAYADÈRES. — ESCLAVES NOIRS.

Dans la province et près de la ville de Kandahar, dans le royaume de Kaboul au premier acte; dans la vallée de Cachemire, au deuxième acte; et dans le royaume de Delhi, au troisième acte.

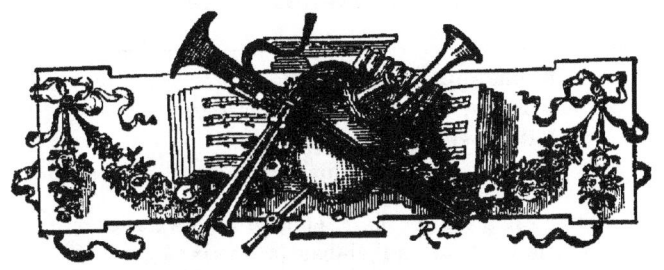

LA FÉE AUX ROSES

ACTE PREMIER

Le laboratoire d'Atalmuc le magicien; à gauche du spectateur, des fourneaux, un alambic, des fioles de toutes sortes; à droite, une table sur laquelle est un grimoire; au fond, un grand buffet, des chaises, plusieurs ustensiles de ménage, balais, vases, etc.

SCÈNE PREMIÈRE.

ATALMUC, seul, à droite du théâtre, lisant tour à tour son grimoire, et surveillant une préparation magique qu'il compose.

AIR.

Art divin qui faisait ma gloire,
En vain j'implore ton secours!
O ma baguette, ô mon grimoire,
Soyez maudits, et pour toujours!

Oui, je saurai trouver ces philtres,
Et ces breuvages tout-puissants
Par lesquels, amour, tu t'infiltres
Et te glisses dans tous nos sens!

Art divin qui faisait ma gloire, etc.

Allons, allons, obéissez !
Démons, vous qui me connaissez !
Métaux subtils, accourez tous !
Venins, serpents, unissez-vous !

Mon cœur est plein d'espoir, et mon âme s'élance
Vers le bonheur, qu'ici-bas je rêvais !
(Regardant du côté de son fourneau.)
Philtre amoureux, ta magique puissance
Va d'être aimé me livrer les secrets !
(Le vase contenant la préparation magique éclate et se brise.)
Tout est perdu !
Brahma, tu l'as voulu !
Eh bien ! eh bien ! inutiles secrets,
A vous ici je renonce à jamais !
Esprits trompeurs, ô puissance fatale,
Allez, allez dans la nuit infernale !...
O funestes secrets !
A vous tous, sans regrets,
Je renonce à jamais !
(Dans sa colère il brise les vases qui étaient placés sur le fourneau. Au bruit arrive Nérilha effrayée.)

SCÈNE II.

NÉRILHA, ATALMUC.

NÉRILHA.

Eh bien ! eh bien ! mon doux maître, qu'est-ce que je viens d'entendre ?

ATALMUC, brusquement.

De quoi te mêles-tu ? Que viens-tu faire ici ?

NÉRILHA.

Savoir qui s'amuse à briser votre vaisselle ; dès que c'est vous, rien de mieux ! Vous êtes le maître, et si vous voulez que je vous aide...

ATALMUC, avec impatience.

Tais-toi!

NÉRILHA.

Mais si c'eût été moi, Nérilha, la pauvre esclave...

ATALMUC.

Laisse-moi! Va-t'en!

NÉRILHA.

C'est dit! On s'en va!

ATALMUC.

Où vas-tu?

NÉRILHA.

Faire votre souper... ces tartelettes à la moelle de paon... que vous m'avez commandées... et que vous aimez tant... (A part.) Ah!... Cela a l'air de le radoucir... c'est étonnant comme il est gourmand pour un sorcier!

ATALMUC.

Écoute ici!

NÉRILHA.

Me voici, maître!... Mais votre souper...

ATALMUC.

N'importe!

NÉRILHA.

Il est sur le feu... et va brûler...

ATALMUC, étendant la main.

J'ordonne qu'il se conserve... juste à point... jusqu'à ce soir...

NÉRILHA.

C'est admirable!... Dieu! que c'est beau d'être savant à ce point-là!... Et on dit que vous n'avez étudié pour cela que deux ou trois cents ans... ce n'est vraiment pas trop!

ATALMUC, avec impatience.

Je t'ordonne de m'écouter... (Nérilha baisse la tête et se tait.)

Tu n'étais qu'une pauvre enfant... une esclave mise en vente sur la grande place de Kandahar, et comme j'allais au marché ce jour-là... je t'ai achetée pour trois sequins!...

NÉRILHA.

Ça n'est pas cher!

ATALMUC.

Trop, mille fois!... Si j'avais pu prévoir ce que tu me coûterais, un jour, de chagrins, d'inquiétudes... de tourments... je n'y ai pas pensé...

NÉRILHA.

Vous... Un sorcier!

ATALMUC.

On ne pense pas à tout... il y a six ans de cela... tu es devenue gracieuse, charmante, enfin... et pour mon malheur, je me suis mis à t'aimer!...

NÉRILHA.

Oui, vous m'avez souvent dit ce mot-là, que je n'ai jamais pu comprendre! Vous êtes toujours, avec moi, bourru, fâché et de mauvaise humeur!

ATALMUC.

C'est de l'amour!

NÉRILHA.

Vous me tenez toujours renfermée et ne me laissez voir... que vous...

ATALMUC.

C'est de l'amour... cet amour qui fait mon tourment!

NÉRILHA.

Cela vous tourmente...

ATALMUC.

Oui, sans doute.

NÉRILHA.

Et moi, donc!

ATALMUC, avec colère et la menaçant.

Ah! traîtresse!

NÉRILHA.

N'allez-vous pas me battre, maintenant?

ATALMUC.

C'est plus fort que moi, te dis-je... et quand on a de l'amour...

NÉRILHA.

Ah! si vous pouviez ne plus en avoir! Tâchez donc!... Ce serait si agréable pour nous deux!

ATALMUC.

Impossible!

NÉRILHA.

Vous... Un magicien!

ATALMUC.

Mais tu ne sais donc pas... tu ne comprends donc pas ce que c'est?...

NÉRILHA.

Pas le moins du monde...

ATALMUC.

Ah! c'est que tu n'aimes rien...

NÉRILHA.

Si, vraiment!... J'aime les belles roses qui sont là, dans ce vase, et auxquelles il m'est défendu de toucher!... Quant à les admirer dans les jardins, où l'on dit qu'elles habitent... il n'y a pas même à y songer... et c'est bien singulier, j'y pense sans cesse... sans pouvoir m'en empêcher! C'est mon amour à moi!...

ATALMUC.

Comme tu es le mien!

NÉRILHA.

Parce que je n'en vois jamais!

ATALMUC.

Parce que je te vois tous les jours!

NÉRILHA.

Alors, c'est tout le contraire!

ATALMUC.

Et cependant, c'est la même chose!... Et tu n'aimes rien... rien autre?...

NÉRILHA.

Mon Dieu! si... Vous savez bien mes deux jeunes voisines, Cadige, la petite marchande d'ananas, et Gulnare, la belle lavandière?...

ATALMUC.

Eh bien?...

NÉRILHA.

Eh bien... j'aime quand elles sont là, et que vous n'y êtes pas...

ATALMUC.

Oui dà!...

NÉRILHA.

Gulnare me donne des conseils, et Cadige me donne des fleurs, qu'elles a cueillies en cachette, et qui me rendent toute joyeuse... et puis, à mesure qu'elles se fanent, ma joie et mon bonheur s'en vont!... Pauvres fleurs!... Afin que vous ne les voyiez pas... je les cache là...

(Montrant son corset.)

ATALMUC.

En vérité!

NÉRILHA.

Et comme moi, en prison, elles ne durent pas longtemps!

ATALMUC.

Ah! si tu voulais!... tu serais riche et heureuse... tu aurais de l'air... de la liberté, de beaux jardins émaillés de roses.

NÉRILHA, avec admiration.

Ah! mon Dieu!... Et pour cela que faudrait-il faire?

ATALMUC.

M'aimer!

NÉRILHA.

Ah! si je pouvais en venir à bout!... Mon Dieu, mon Dieu, que je le voudrais!

ATALMUC.

A la bonne heure, au moins, voilà une bonne parole, et en feuilletant de nouveau ce grimoire... (Se retournant avec humeur.) Qui vient là?

NÉRILHA.

Xaïloun, le pourvoyeur... qui vient apporter les fruits et les légumes...

ATALMUC.

A quoi bon?

NÉRILHA.

Dame!... vous ne voulez pas que j'aille moi-même au marché.

ATALMUC.

C'est trop dangereux pour les jeunes filles... mais ce Xaïloun me déplait!

NÉRILHA.

Lui? Le plus beau garçon du pays!

ATALMUC.

C'est pour cela... Allons, hâtez-vous de faire votre provision, et surtout ne me dérangez pas!

SCÈNE III.

XAILOUN, entrant et déposant les deux corbeilles de fruits qu'il porte avec un bambou sur son épaule, NÉRILHA, ATALMUC.

TRIO.

(Xaïloun, près de Nérilha, à gauche ; Atalmuc, assis à droite et feuilletant son grimoire.)

XAÏLOUN, à voix haute.

Voici, voici, la belle fille,
Des dattes et de la vanille,
Des pêches, des cédrats exquis !
Voyez parmi mes plus beaux fruits !

ATALMUC, parlé, avec impatience.

Tais-toi ! silence !

NÉRILHA.

Eh ! ne savez-vous pas qu'il faut
Chez un sorcier parler moins haut !

XAÏLOUN, plus bas.

Écoutez-moi, ma belle fille,
Vous si naïve et si gentille !
Cadige et Gulnare, en ces lieux,
En secret viendront toutes deux
Vous prendre, ce soir, pour la fête !

NÉRILHA, bas.

Ah ! quel plaisir !

XAÏLOUN, de même.
   Tenez-vous prête !

NÉRILHA, de même.

Mais pour sortir...

XAÏLOUN, de même.
   Un seul moyen !

NÉRILHA.

Lequel?

ATALMUC, qui est resté assis devant son grimoire, se lève en ce moment.
Que dites-vous?

XAÏLOUN.

Moi, rien!

Ensemble.

XAÏLOUN.

Je lui disais : La jeune fille,
Voici, voici de la vanille,
Des pêches, des cédrats exquis!
Voyez, parmi mes plus beaux fruits,
Voyez, prenez... les plus exquis!

NÉRILHA.

Il me disait : La jeune fille,
Voici, voici de la vanille!
Des pêches, des cédrats exquis,
Voyez, parmi mes plus beaux fruits,
Voyez, prenez... les plus exquis!

ATALMUC, avec colère.

Croyez-vous donc qu'on m'en impose?...
Non... non... vous disiez autre chose...

XAÏLOUN.

Qui? moi? seigneur!... Moi des secret !

ATALMUC.

A voix basse tu lui disais :
« Écoutez-moi, la belle fille,
Vous si naïve et si gentille,
Cadige et Gulnare, en ces lieux,
Viendront vous prendre toutes deux. »

Ensemble.

NÉRILHA.

J'en suis stupéfaite!
Quoi! de sa baguette,

La vertu secrète
Peut tout défier!
Ah! quel maléfice!
C'est un vrai supplice
Que d'être au service
D'un si grand sorcier!

ATALMUC.

Oui, je le répète,
Oui, de ma baguette,
La vertu secrète
Peut tout défier!
Que l'on m'obéisse,
Et plus d'artifice,
Sinon ma justice
Va vous foudroyer!

XAÏLOUN.

Son regard me guette
Et de sa baguette
La vertu secrète
Peut m'expédier!
Ah! quel maléfice!
C'est un vrai supplice
(Montrant Nérilha.)
Que d'être au service
D'un si grand sorcier!

(Bas à Nérilha, pendant qu'Atalmuc retourne à son grimoire.)
Pour vous soustraire à ce tyran,
Avec nous partez, croyez-m'en!

NÉRILHA, étonnée.

Eh! quoi! partir!

XAÏLOUN.

Eh! oui vraiment!

NÉRILHA.

Quitter ces lieux?...

XAÏLOUN.

Et ce tyran!

NÉRILHA.
Parlons plus bas!
XAÏLOUN.
Parlons plus bas!
Cette fois il n'entendra pas!
ATALMUC, s'approchant d'eux avec colère.
Ah! vous croyez!...
XAÏLOUN, effrayé.
Je suis perdu!
NÉRILHA, de même.
Il a tout entendu!
ATALMUC.
Oui, j'ai tout entendu.

Ensemble.

NÉRILHA.
J'en suis stupéfaite! etc.
ATALMUC.
Oui, je le répète, etc.
XAÏLOUN.
Son regard me guette! etc.

NÉRILHA, à part.
Ah! qu'il a l'air méchant!
Par son art tout-puissant,
Il nous voit, nous entend,
De lui mon sort dépend!
(A Xaïloun.)
N'ajoutez pas un mot,
Et partez au plus tôt,
Ou vous allez, dans peu,
Rôtir à petit feu!

ATALMUC.
Sors de ces lieux, va-t'en!
D'ici pars à l'instant!

De moi ton sort dépend,
Je te change en serpent !
(Lui montrant la cheminée.)
Ou, si tu dis un mot,
Remplaçant ce fagot,
Tu vas, j'en fais le vœu,
Rôtir à petit feu !

XAÏLOUN.

Ah ! qu'il a l'air méchant !
D'effroi j'en suis tremblant !
De lui mon sort dépend...
Me changer en serpent !...
(Gagnant la porte.)
Je ne dis plus un mot,
Et je pars au plus tôt...
Je ne veux pas, mon Dieu !
Rôtir à petit feu !

(Xaïloun s'enfuit effrayé.)

SCÈNE IV.

NÉRILHA, ATALMUC.

NÉRILHA, regardant Xaïloun qui s'enfuit.

Comme il s'enfuit à toutes jambes !... Et vous, seigneur Atalmuc, comme vous voilà rouge de colère !... et pourquoi, je vous le demande ?...

ATALMUC.

Pourquoi ?... quand ce Xaïloun, ce traître de pourvoyeur, vient ici pour te faire la cour !

NÉRILHA, avec étonnement.

Ah ! ça s'appelle... faire la cour ?

ATALMUC, avec colère.

Certainement !...

NÉRILHA.

Eh bien !... c'était gentil, et ça m'amusait.

ATALMUC.

Ah! cela t'amusait?... un séducteur, déjà aimé par une de tes amies, la petite Cadige, la marchande d'ananas!

NÉRILHA.

En vérité!

ATALMUC.

Elle en est folle... elle en est jalouse...

NÉRILHA.

Elle ne m'en a jamais rien dit.

ATALMUC.

Et moi je le sais... je viens de le lire... là... dans ce livre magique, qui m'apprend tout... et s'il t'arrivait seulement de penser à Xaïloun...

NÉRILHA.

Comme si on pouvait empêcher ça...

ATALMUC, avec jalousie.

Tu l'aimes donc?... tu l'aimes?...

NÉRILHA, haussant les épaules.

Est-ce que cela me regarde?... Voyez plutôt, voyez vous-même, puisque vous pouvez tout voir, (Montrant son cœur.) tout lire, là...

ATALMUC, la regardant attentivement.

C'est vrai... c'est vrai... (Avec douleur.) Elle n'aime personne... personne!... Pas même moi!...

NÉRILHA, vivement.

Ça, je vous en réponds! (Montrant son cœur.) Et c'est plus certain, là, que dans votre grimoire.

ATALMUC, de même.

Tais-toi! tais-toi!... Ne me le dis pas... essaie au moins de m'abuser...

NÉRILHA.

A quoi bon puisqu'il n'y a pas moyen?

ATALMUC.

Elle a raison! (Avec douleur.) Ne pouvoir même pas être trompé!

NÉRILHA, le regardant avec compassion.

Pauvre homme! (Allant à lui d'un air de bonté.) Consolez-vous, maître, peut-être que cela viendra.

ATALMUC.

Pour cela, il faudrait ne pas savoir... tout ce que j'ai appris... tant de secrets... tant de sciences...

NÉRILHA.

Oubliez-les!... et vous vous trouverez aussi avancé que moi... qui ne sais rien.

ATALMUC.

Ah! si je t'en croyais!... (Une divinité indienne frappe sur son ventre, et un bruit de tam-tam retentit.) C'est aujourd'hui le premier jour de la lune... ce signal m'avertit qu'on m'attend à une assemblée de sorciers, où je ne peux pas manquer... Ne sors pas d'ici avant mon retour... et comme ce n'est qu'à douze cents lieues... je serai revenu dans une heure... pour souper... Que tout soit prêt... tu m'entends... Adieu!

(Il disparaît vivement par le fond, à droite.)

SCÈNE V.

NÉRILHA, seule.

Bon voyage!... Mais s'il croit qu'en son absence je vais rester ici... ah bien, oui!... Il ne se rappelle plus qu'il a ordonné lui-même au souper de se maintenir cuit à point... Xaïloun m'a dit que mes deux voisines, Cadige et Gulnare, allaient ce soir à une fête... et qu'elles comptaient sur moi... Allons les retrouver... quand je ne resterais avec elles qu'une heure... une heure de plaisir et de liberté... c'est si doux!... Mais ma toilette... rien que ma robe de tous les jours... tandis que ces demoiselles vont avoir des étoffes élégantes... des parures pour les aider à être belles... Bah! je le serai par moi seule! N'y pensons plus! (Apercevant une rose dans un vase.) Ah! cette fleur... le maître n'est pas là... il ne me voit pas... (Elle prend la rose.) Là, dans mes cheveux... non, ici plutôt!... Je la verrai... (Elle la place en bouquet à son corsage.) Cela vous donne tout de suite un air de fête, et il me semble que je suis superbe!... Courons, maintenant!... (Elle s'élance vers le fond du théâtre et s'arrête.) O ciel!... il y a comme un réseau invisible qui retient mes pas et m'empêche d'aller plus loin... Ah! le malin magicien... ah! le mauvais maître, me retenir à la maison, même en son absence! (Avec un soupir.) Allons, me voilà revenue de la danse! J'en serai pour mes frais de toilette... (Regardant la rose, qu'elle détache de sa ceinture.) et pour me tenir compagnie, il ne me reste plus que toi... ma gentille rose!...

ROMANCE.

Premier couplet.

Près de toi je crois revivre!
Sur tes feuilles tombent mes pleurs!
Oui, ta douce odeur m'enivre,
Et je souris à tes couleurs!
Dans la prison où je m'ennuie,
Où rien ne vient charmer ma vie,
Mes seules compagnes, mes sœurs,
Ce sont les fleurs,
Doux parfums de la vie!
Les fleurs!... les fleurs!
Rien que les fleurs!

Deuxième couplet.

La beauté que l'on adore,
Comme la rose, brille un jour!
Un seul jour, dit-on, voit éclore,
Et bien souvent, mourir l'amour!
Puisque tout s'effeuille en la vie,

Puisque tout se fane et s'oublie,
Autant vaut n'aimer que les fleurs
Et leurs fraîches couleurs !
Les fleurs ! les fleurs,
Doux parfums de la vie!
Rien que les fleurs !

SCÈNE VI.

NÉRILHA; CADIGE et GULNARE, entrant par le fond.

NÉRILHA, étonnée, et à part.

Cadige !... Gulnare !... Elles sont entrées... et moi, je ne peux pas sortir !...

GULNARE, à Nérilha.

Eh bien ! nous voilà.

CADIGE, de même.

Nous venons te chercher... Est-ce que Xaïloun ne t'a pas prévenue de notre départ?

NÉRILHA, avec embarras.

Si, vraiment... (A part.) Mais leur avouer que je suis retenue ici prisonnière... quelle humiliation !

CADIGE.

Ce sera si amusant !

GULNARE, avec protection.

C'est pour cela que nous avons pensé à toi... parce que, ma pauvre Nérilha, quoique tu ne sois qu'une esclave, nous ne sommes pas fières, nous autres !...

NÉRILHA.

Je vous remercie bien... mais je ne peux pas... ne connaissant pas les personnes...

GULNARE.

Dès que tu es avec nous, cela suffit !

CADIGE.

C'est un grand seigneur qui nous donne chez lui, ce soir, une collation... des sorbets et de la musique, dans un pavillon environné de roses...

NÉRILHA, avec joie.

Des roses !...

CADIGE.

Toute une prairie !

NÉRILHA.

Ah ! que vous êtes heureuses !... Et comment connaissez-vous ce seigneur-là ?...

CADIGE.

Ce n'est pas moi, c'est Gulnare.

GULNARE, d'un air de suffisance.

Oui, ma chère... un seigneur étranger, qui voyageait incognito... et qui ne voyage plus depuis qu'il m'a vue... Il vient pour moi depuis huit jours, tous les matins, à la fontaine des Palmiers !

CADIGE.

Où elle travaille comme lavandière.

GULNARE, vivement.

Ce à quoi il ne voulait pas croire... il me prenait pour une houri déguisée... il me l'a dit... et avant son départ... il veut m'épouser... il me l'a promis... Tu vois donc que tu peux venir avec nous à ce pavillon... j'y suis comme chez moi !

NÉRILHA.

Impossible ! je suis retenue ici prisonnière !

CADIGE.

Toutes les portes sont ouvertes.

NÉRILHA.

C'est égal ! le seigneur Atalmuc, mon maître, qui est sorcier de son état, a trouvé un moyen de me retenir en plein air... un filet invisible, qui arrête mes pas et m'empêche d'aller plus loin!

GULNARE.

Voilà une indignité !

CADIGE.

Voilà un abus !

GULNARE, avec exaltation.

Dieu ! si l'on m'enfermait !

NÉRILHA.

Et tout cela, sous prétexte qu'il m'aime !

GULNARE.

Il t'aime !... Ah bien ! alors, à ta place, moi, je lui apprendrais...

NÉRILHA.

Lui en apprendre, à lui !... Et comment cela ?

CADIGE.

En prenant un amoureux.

NÉRILHA, naïvement.

Un amoureux !

GULNARE.

Pour le moins !

CADIGE.

Tout le monde en a, excepté toi.

GULNARE, à Nérilha.

Et s'il ne faut que t'en prêter...

NÉRILHA.

Je ne demande pas mieux... car, sans cela, où voulez-vous que j'en trouve ?... Je ne vois jamais personne... Ah ! si, Xaïloun !

CADIGE, vivement.

Un instant... il m'appartient... je l'ai retenu... et quoiqu'il soit bien un peu volage, mon rêve, moi, c'est que je l'aimerai tant qu'il finira par m'aimer... et puis, quand on y est, il n'en coûte rien de former des souhaits... et j'imagine quelquefois qu'un prince, ou une princesse, me prendra en affection, me donnera pour Xaïloun la place d'intendant général des jardins, et que je la lui offrirai en dot!...

GULNARE, d'un air dédaigneux.

Que cela !

CADIGE.

Avec ma main.

GULNARE, de même.

Ah! c'est trop peu de chose !... Mes souhaits, à moi, sont plus élevés... je me persuade parfois que je suis une princesse inconnue, dont la naissance cachée finit par se découvrir...

CADIGE.

Très-bien !

GULNARE.

J'épouse le sultan des Indes, qui me fait partager son empire. J'entre avec lui dans ma capitale, au son des trompettes, des cris de joie et d'amour, dans un palanquin cramoisi, brodé en perles... une couronne d'or sur la tête... des babouches en diamants, et deux petits nègres ornés d'éventails, pour me chasser les mouches... Voilà, mes amies, comme je compte entrer dans mon palais !...

CADIGE.

Cela se trouve à merveille !... Tu m'y donneras une place, à moi et à Xaïloun...

GULNARE.

Voilà déjà les solliciteurs et les courtisans !

CADIGE.

Oh! tu me la donneras, n'est-ce pas ?...

GULNARE.

Sois donc tranquille... je ne suis pas fière... je ne t'oublierai pas !

NÉRILHA.

Eh bien ! moi, mes amies... je forme des souhaits plus doux encore... je rêve souvent que je suis transportée dans un séjour ravissant... où de toutes parts, les yeux charmés n'aperçoivent que des roses... des roses toujours fraîches... qui ne se fanent jamais !

GULNARE et CADIGE.

Et puis ?

NÉRILHA.

Un royaume de roses, dont je suis la reine !

GULNARE et CADIGE.

Et puis ?...

NÉRILHA.

Et puis... voilà tout !

GULNARE.

Obligée d'admirer tes fleurs...

CADIGE.

Toute seule ?...

NÉRILHA.

Pourquoi pas ?...

CADIGE.

De les cueillir...

GULNARE.

Toute seule ?...

CADIGE.

J'aime mieux mon rêve !

GULNARE.

Moi, le mien... il ne lui manque rien !

NÉRILHA.

Que la réalité !

CADIGE, soupirant.

C'est vrai ! et dire que nous sommes, ici, dans la maison

d'un magicien... qu'il ne faudrait peut-être pour accomplir nos souhaits, qu'un mot, un coup de baguette !

GULNARE.

Et ce magicien est absent !...

NÉRILHA.

Et voici son grimoire !

CADIGE, s'approchant de la table.

Et voici sa baguette !

GULNARE et NÉRILHA.

O ciel !

TRIO.

Ensemble.

Désir de fille,
Feu qui pétille,
Esprit malin et curieux,
Désir ardent, impérieux,
Hasard, magie,
Sorcellerie,
Venez et secondez nos vœux !

GULNARE, à Nérilha, lui donnant le livre.

C'est devant toi qu'il exerce et pratique,
Regarde !

NÉRILHA.

A peine, hélas ! je m'y connais !

GULNARE.

Et pourtant ce livre magique
Doit renfermer tous ses secrets !

NÉRILHA, parcourant plusieurs feuillets.

Ah ! j'ai cru lire...

GULNARE et CADIGE.

Eh bien ? eh bien ?

NÉRILHA, donnant le livre à Gulnare.

Non, vraiment, je n'y comprends rien !

Ensemble.

Désir de fille,
Feu qui pétille,
Instinct malin et curieux,
Hasard, magie,
Sorcellerie,
Venez et secondez nos vœux !

NÉRILHA, qui a repris le livre.

Attendez donc !

(Lisant.)

« D'après Ménassès l'hébraïque,
« Magicien très-estimé,
« Formule cabalistique
« Qui fait mouvoir tout être inanimé,
« Et lui donne la vie !... »

CADIGE.

O ciel ! c'est diabolique !...
Il faut en faire ici l'essai.

NÉRILHA.

Eh ! qui donc animer ?

GULNARE, gaîment.

Qui ?
(Montrant un balai qui est dans un coin.)
Ce manche à balai !

CADIGE, riant.

Oui, faisons-le danser.

(A Gulnare.)
Voyons, lis ta recette !

NÉRILHA, lisant dans le livre.

« Prendre en ses deux doigts la baguette !... »

CADIGE.

La voici, je la tiens !

NÉRILHA, lisant.

« Et puis vers l'Orient,
« L'élever !... »

CADIGE, agitant la baguette.
Bien ! c'est fait !

NÉRILHA, lisant toujours.
« En répétant
« Deux fois ces mots : *Omidara,*
« *Myriack, Karaïba !* »

GULNARE, répétant le mot.
Omidara !

CADIGE, de même.
Myriack !

NÉRILHA, GULNARE et CADIGE.
Karaïba !

(Le balai se met à se mouvoir, et à s'avancer au milieu du théâtre. — Les jeunes filles poussent un cri de surprise.)

Ah !

O pouvoir magique !
Effet diabolique !
Balai fantastique,
Léger dans ses goûts
Qui, de la cadence
Sentant la puissance,
Hardiment s'élance,
Et danse avec nous !
Tra la, la, la, la, la, la, la !

(Elles se prennent toutes trois par la main, et dansent autour du balai en chantant.)

Tra la, la, la, la,
La, la, la, la, la !

CADIGE.
C'est charmant !... c'est original !

NÉRILHA, montrant le balai.
Mais à danser seul il s'ennuie !

GULNARE.
Et pour lui tenir compagnie...

12.

(A Nérilha.)
De ton maître moi je convie
Tout le mobilier à ce bal.

(Elle agite la baguette, et tous les meubles de l'appartement, chaises, tables, et jusqu'à un grand buffet chargé d'assiettes, qui est au fond du théâtre, se mettent successivement à se mouvoir.)

Ah! ah! déjà les voyez-vous?
A ma voix ils répondent tous!

NÉRILHA, GULNARE et CADIGE.

O pouvoir magique!
Effet diabolique!
Ce bal fantastique
Les réunit tous!...
Oui, de la cadence
Suprême puissance,
La nature danse,
Danse comme nous!

(Les jeunes filles et tout le mobilier d'Atalmuc dansent ensemble.)

Tra la, la, la, la,
La, la, la, la, la!

(Au moment où le bal, qui va en crescendo, devient le plus animé, on entend, à droite, la voix d'Atalmuc dans la coulisse.)

ATALMUC, en dehors.

Nérilha! Nérilha! Mon souper!

NÉRILHA, effrayée.

C'est mon maître!
Le voilà de retour!

(Se tournant vers les meubles, qui dansent toujours.)

Cessez vite, cessez,
Le bal est terminé.

(Regardant vers la droite.)

Dieu! s'il allait paraître!

(Se retournant, et voyant la danse mobilière qui continue.)

Eh bien! m'entendez-vous?

(Criant.)

On vous dit : Finissez!...

J'ai beau leur commander...

(Se frappant le front.)
J'oubliais dans mon trouble
La formule...
(Courant au livre.)
Omidara !
Myriack, Karaïba !

NÉRILHA, GULNARE et CADIGE.

Karaïba! Karaïba !

NÉRILHA, stupéfaite.

Ils n'en dansent que mieux !... et leur ardeur redouble !

CADIGE.

C'est juste !... nous savons l'art de les animer,
Mais nous ne savons pas celui de les calmer !

NÉRILHA, GULNARE et CADIGE.

De ce bal
Infernal
O signal
Trop fatal !
Triste sort,
Notre effort
Double encor
Leur essor !
Fol espoir
De vouloir
Défier
Un sorcier !...
Oui, c'est clair,
C'est l'enfer
Qui bondit
Et mugit !

SCÈNE VII.

LES MÊMES ; ATALMUC, paraissant à la porte, à droite.

ATALMUC.

O ciel ! en croirai-je mes yeux !
Que l'ordre renaisse en ces lieux !...

Je le veux! je le veux!

NÉRILHA, GULNARE et CADIGE.

C'est lui! Quels regards furieux!
Fuyons, fuyons loin de ces lieux!...
Fuyons loin de ces lieux!

(Les trois jeunes filles s'élancent vers la porte du fond; Gulnare et Cadige disparaissent. Quant à Nérilha, arrêtée par le réseau invisible, elle est obligée de rester. Atalmuc étend la main, et tous les meubles redeviennent immobiles.)

SCÈNE VIII.

ATALMUC, NÉRILHA, qui vient de s'asseoir, se cachant la tête dans ses mains.

ATALMUC.

Qu'est-ce que cela signifie? Je m'absente à peine une heure, et je trouve ici un désordre pareil!

NÉRILHA, tremblante.

Je ne dis pas qu'il n'y ait pas un peu de désordre... mais quand, dans une maison, il y a eu un bal... (Vivement.) Eh bien! oui, un bal... ce n'est pas ma faute à moi!

ATALMUC.

A qui donc?

NÉRILHA.

A ce grimoire que vous aviez laissé ouvert... et où j'ai lu, par hasard, deux lignes que je ne comprenais pas... aussitôt tout s'est mis à danser autour de moi... sans qu'il y eût moyen de l'empêcher...

ATALMUC.

Parce que tu ne savais que la moitié de mon secret!

NÉRILHA.

Eh! mon Dieu... on ne veut pas vous l'enlever... gardez-le... et puisque vous pouvez tout, changez-moi, pour vous venger, en ce que vous voudrez... tuez-moi même, si ça vous fait plaisir... je l'aime mieux... tuez-moi !

ATALMUC.

Tu sais bien, perfide, que je ne le veux pas ! Que je t'aime trop pour cela !

NÉRILHA.

Bel amoureux, vraiment ! Bourru et colère... heureusement, il y en a d'autres... d'autres plus aimables !...

ATALMUC.

Qui te l'a dit ?

NÉRILHA.

Cadige et Gulnare, mes jeunes amies... qui en ont chacune un, qu'elles adorent !

ATALMUC.

Je ne les laisserai plus venir ici !

NÉRILHA.

Comme vous voudrez... je vous en aimerai un peu moins, voilà tout !

ATALMUC.

Est-il possible !

NÉRILHA.

Ah ! cela commence déjà ! Et puisque votre art (vous me le disiez ce matin) ne peut pas commander à l'amour... si j'étais de vous, j'en demanderais le moyen à d'autres...

ATALMUC.

Et quel est ce moyen... quel est-il ?

NÉRILHA.

Dame ! s'il faut que ce soit moi qui vous l'apprenne...

ATALMUC.

Achève !...

NÉRILHA.

Je ne sais pas au juste !... Mais si j'avais un amoureux,

qu'il fût riche ou pauvre, je voudrais partager sa fortune, ou sa misère... par ainsi...

ATALMUC.

Eh bien ?...

NÉRILHA.

Si un magicien voulait être aimé de moi, il faudrait qu'il me donnât la moitié de sa magie...

ATALMUC.

En vérité !

NÉRILHA.

Qu'il m'expliquât les secrets de son grimoire ou de sa baguette... voilà !...

ATALMUC.

Et tu l'aimerais ?...

NÉRILHA.

Je ne dis pas cela ! mais ce serait peut-être un moyen de me gagner le cœur !... Qui sait ?... essayez !

ATALMUC, avec amour.

Ah ! perfide !... Tout me dit que tu veux me tromper... et cependant je ne puis m'empêcher de saisir cette lueur d'espoir...

NÉRILHA.

Voilà déjà un bon sentiment dont je vous sais gré !

ATALMUC.

Est-il possible ?...

NÉRILHA.

C'est la première fois que je me sens pour vous comme quelque chose... qui n'est pas de l'antipathie !... (Geste d'Atalmuc.) Lisez plutôt... vous qui savez lire... (Montrant son cœur.) là !...

ATALMUC, la regardant avec attention et émotion.

C'est vrai ! c'est vrai !

DUO.

Si tu pouvais devenir plus traitable,
  Ah! combien je te chérirais!

NÉRILHA.

Si vous pouviez devenir plus aimable,
  Ah! combien je vous aimerais!

ATALMUC.

Vraiment?...

NÉRILHA.

Vraiment!

ATALMUC, la regardant avec amour.

O prestige! ô délire!
Je le sens, je le vois,
Tu veux, par ton empire,
Usurper tous mes droits!...
Et l'amour te protége!
Et prête à succomber,
Ma raison voit le piége
Où mon cœur va tomber!

(Il lui présente une rose métallique, qu'il tire de son sein.)

Tiens, tu vois ici cette rose,
Qui te soustrait, hélas! à mon pouvoir!
Si tu désires quelque chose,
Pour l'obtenir tu n'auras qu'à vouloir!

(Il fait le geste d'agiter la rose.)

NÉRILHA, avec impatience, et voulant prendre la rose des mains d'Atalmuc.

Donne!

ATALMUC, avec défiance.

Et si pour livrer à quelque autre ta foi,
(Lui montrant la rose.)
Tu voulais t'en servir...

NÉRILHA, étendant la main.

Jamais!

ATALMUC.

Écoute-moi!

Si ton âme, sortant de son indifférence,
Aimait jamais quelqu'un, si tu le lui disais...
Soudain ce talisman tomberait sans puissance!

NÉRILHA.

Je comprends!

ATALMUC.

Sous ma loi soudain tu reviendrais!

NÉRILHA.

J'y consens.

ATALMUC.

Tu perdrais ta beauté, ta jeunesse!...

NÉRILHA.

D'accord!

ATALMUC.

Et sous tes cheveux blancs,
Tu n'inspirerais plus de tendresse
A personne... qu'à moi!

NÉRILHA, lui arrachant la rose des mains.

Donnez donc! J'y consens!...

Ensemble.

NÉRILHA.

O sort prospère,
Dont je suis fière!
La terre entière
Doit m'obéir!
Par cette rose,
Dont je dispose,
Rien ne s'oppose
A mon désir!

ATALMUC.

Oui, pour te plaire,
O reine altière,
Il faut me taire

Et t'obéir !
De cette rose,
Quand je dispose,
Hélas ! je n'ose
M'en repentir !

NÉRILHA.

O Cadige, ô Gulnare, ô mes jeunes amies,
(Agitant sa rose.)
Que vos vœux soient par moi remplis en même temps !
(On entend un coup de tam-tam, et l'on aperçoit au fond, dans un tableau magique, Gulnare en princesse, et Cadige et Xaïloun à ses pieds.)
Et vous, mes seuls amours, venez, mes fleurs chéries,
M'entourer de bouquets aux parfums enivrants !
(Un second coup de tam-tam se fait entendre ; Nérilha se trouve au milieu d'une corbeille de fleurs, qui sort de terre.)

Ensemble.

NÉRILHA.

O sort prospère,
Dont je suis fière !
La terre entière
Doit m'obéir !...
Par cette rose
Dont je dispose,
Rien ne s'oppose
A mon désir !

ATALMUC.

Oui, pour te plaire,
O reine altière,
Je veux me taire
Et te servir !
De cette rose,
Quand je dispose,
Hélas ! je n'ose
M'en repentir !

(Nérilha agite sa rose; la corbeille de fleurs dans laquelle elle s'est couchée commence à s'élever de terre. Atalmuc, effrayé, veut s'élancer pour la retenir. Sur un second geste d'elle, Atalmuc ne peut faire un pas de plus, tandis que Nérilha disparaît dans les airs.)

ACTE DEUXIÈME

Dans la vallée de Cachemire, au milieu de jardins enchantés, où de tous côtés s'offrent des massifs de fleurs.

SCÈNE PREMIÈRE.

ABOULFARIS, QUELQUES SEIGNEURS DE SA SUITE, et DEUX PETITS NÈGRES.

ABOULFARIS.

Que la caravane s'arrête!... J'accorde à mes gens une heure de repos... moi, pendant ce temps, je visiterai seul ces jardins merveilleux que je ne connais pas... Nous repartirons après pour Delhy, où le sultan des Indes, notre gracieux souverain, nous attend avec impatience... Allez!... (Les seigneurs se retirent, ainsi que les deux petits nègres.) Quant à moi, rien ne me presse... la mission difficile dont le sultan m'avait chargé ayant complétement échoué, il sera toujours temps de lui en raconter les glorieux détails... Mon seul regret est d'avoir quitté cette délicieuse ville de Kandahar, où j'avais fait une passion... et presque deux... ces jeunes filles du peuple... Eh bien! oui, du peuple... cela me changeait... ces jeunes filles que j'invitais à prendre des sorbets dans mon pavillon... et l'une d'elles, la belle Gulnare, avait pour les grands seigneurs en général... et pour moi en particulier, une préférence, une estime, auxquelles, du reste, je suis habitué...

SCÈNE II.

ABOULFARIS, LE PRINCE BADEL-BOUDOUR, sortant d'une allée, à gauche.

ABOULFARIS, étonné.

Que vois-je ? le prince !...

LE PRINCE, de même.

Que vois-je ? Aboulfaris, mon grand visir !

ABOULFARIS.

Oui, mon prince... c'est moi, qui retournais en grande hâte vers la capitale !

LE PRINCE.

Et moi, je l'avais quittée, pour venir au devant de ma jeune cousine, la céleste Bedy-el-Jamal !

ABOULFARIS, à part.

J'en étais sûr... l'impatience !... (Haut.) Aussi, pour rendre compte à Votre Hautesse de mon ambassade... des soins et de l'habileté que j'y ai déployés... je ne sais par où commencer...

LE PRINCE.

Commence... par le commencement !

ABOULFARIS.

C'est une idée !... une grande idée !...

LE PRINCE, regardant autour de lui avec inquiétude.

Et dépêche-toi !

ABOULFARIS.

M'y voici, mon prince... m'y voici !... Votre auguste père vous avait ordonné, en mourant, d'épouser, dans la première année de votre règne, votre jeune cousine Bedy-el-Jamal, fille de son frère...

LE PRINCE.

Je sais cela !

ABOULFARIS.

Certainement !... Le difficile était d'abord de la retrouver, attendu que lors de l'incendie du palais par les Tartares, elle avait été enlevée au berceau, et qu'on ne savait plus ce qu'elle était devenue...

LE PRINCE, avec impatience.

Je sais tout cela !

ABOULFARIS.

Certainement !... certainement ! Mais Votre Hautesse m'ayant dit de prendre par le commencement...

LE PRINCE, avec impatience.

J'ai eu tort... prends par la fin !

ABOULFARIS.

M'y voici !... Vous m'avez chargé alors, moi, Aboulfaris, votre grand visir et la lumière de votre conseil, de faire des recherches... J'ai fait des recherches ! et dans l'Hindoustan, dans le royaume de Kaboul, rien !... Dans la Perse, rien !

LE PRINCE, de même.

En vérité !

ABOULFARIS.

Et pourtant, je me suis arrêté tout un mois à Ispahan... plusieurs jours à Kandahar...

LE PRINCE, vivement.

A Kandahar !... Et vous n'avez rien découvert de plus... ni à Kandahar... ni dans ses environs ?

ABOULFARIS.

Non, mon prince !

LE PRINCE.

Eh bien ! j'en suis fâché pour la lumière de mon conseil... mais un savant nécromancien, que j'ai fait venir à ma cour...

m'a donné la preuve certaine, que la nièce de mon père... celle que j'ai juré d'épouser... la princesse Bedy-el-Jamal, était, depuis son enfance, cachée près de la ville de Kandahar...

ABOULFARIS.

Est-il possible!

LE PRINCE.

Où, s'ignorant elle-même, elle exerçait sous le nom de Gulnare...

ABOULFARIS, à part.

Ciel!...

LE PRINCE.

La profession obscure de lavandière!

ABOULFARIS, à part.

Gulnare!...

LE PRINCE, le regardant.

Qu'as-tu donc?... D'où vient ce trouble?

ABOULFARIS.

L'étonnement... la stupéfaction... d'une rencontre... je veux dire... d'un coup du sort... aussi... foudroyant.

LE PRINCE.

Tu as bien raison, car ce n'est rien encore!... Je lui avais à l'instant envoyé une escorte magnifique et nombreuse, et résolu d'aller moi-même à sa rencontre, j'étais déjà à deux marches de Delhi, ma capitale, lorsqu'en traversant la vallée de Cachemire, que j'ai parcourue vingt fois, j'aperçois une pagode et des jardins délicieux, qui jamais n'avaient frappé mes regards!

ABOULFARIS.

Ceux-ci!... Des massifs... des forêts de fleurs... c'est merveilleux!

LE PRINCE.

Moins encore que la reine de ces fleurs!... la fée qui habite ces jardins magnifiques!... Et si tu savais dans quelle situation je me trouve!

ABOULFARIS.

Parlez!... Votre Hautesse n'a-t-elle pas en moi, auprès d'elle, son conseil tout entier?

LE PRINCE.

J'avais fait remettre à la princesse, ma cousine, mon portrait... dont la vue seule, le croirais-tu... a fait naître une passion...

ABOULFARIS, à part.

La perfide!

LE PRINCE.

Qui ne finira qu'avec elle... elle me l'a écrit!

ABOULFARIS, à part.

Juste ce qu'elle me disait de vive voix!

LE PRINCE.

Et lorsque, me conformant aux ordres de mon père, je lui ai offert ma main, lorsque j'ai déjà fait publier ce mariage par tout le royaume... voilà que cette jeune fille, que j'ai aperçue dans ces bosquets de fleurs, me retient comme fasciné par sa vue!

ABOULFARIS.

En vérité!

LE PRINCE.

ROMANCE.

Premier couplet.

Oui, chaque jour je viens l'attendre
En ce séjour délicieux!
Mais quand son cœur semble se rendre,
Elle m'échappe, hélas! et fuit loin de mes yeux!

Reine des fleurs, fraîche comme elles,
Ange du ciel, apaise-toi!

Ah ! ne va pas ouvrir tes ailes,
Reste encor, reste auprès de moi !

Deuxième couplet.

A ses genoux, hier encore,
Avec amour je l'implorais !
Quand sa voix, sa voix que j'adore,
M'a banni de sa vue, et moi je lui disais :

Reine des fleurs, fraîche comme elles,
Ange du ciel, apaise-toi !
Ah ! ne va pas ouvrir tes ailes ;
Reste encor, reste auprès de moi !

J'ignore donc si j'ai pu toucher son cœur... mais moi, c'est de l'amour, c'est du délire !... Tandis que pour ma cousine, pour la sultane, je ne ressens là qu'une complète indifférence !

ABOULFARIS.

Elle n'est pourtant pas mal !

LE PRINCE.

Qui te l'a dit ?

ABOULFARIS, tremblant.

Vous-même, tout à l'heure, magnanime sultan...

LE PRINCE, d'un air distrait.

Je ne le croyais pas... et j'ai promis, j'ai engagé ma foi royale... Ah ! si mon auguste fiancée pouvait ne pas m'aimer !

ABOULFARIS.

C'est impossible !...

LE PRINCE.

Je serais trop heureux ! Car, d'après une clause du testament de mon père... s'il m'est prouvé qu'elle aime, ou qu'elle a aimé quelqu'un... je ne suis plus obligé à rien !... Et si tu pouvais me trouver cet autre... cet amant heureux...

ABOULFARIS, avec joie.

Qu'en feriez-vous ?

LE PRINCE.

Je le ferais empaler à l'instant, et je me regarderais comme libre.

ABOULFARIS, avec terreur.

O ciel!

LE PRINCE.

Tu comprends quel bonheur pour moi!

ABOULFARIS.

Mais pas pour lui!

LE PRINCE.

Tais-toi!...

ABOULFARIS.

Qu'est-ce donc?

LE PRINCE.

Voici l'heure où elle descend dans ses jardins!

ABOULFARIS.

De quel côté?

LE PRINCE.

Je ne sais... on la voit tout à coup sortir d'un buisson de roses...

ABOULFARIS, troublé.

Vous permettez, monseigneur!...

LE PRINCE.

Je te permets de t'en aller... voilà tout... et même je te l'ordonne!

(Aboulfaris sort par la droite, et le prince par la gauche.)

SCÈNE III.

(Le fond s'ouvre, on aperçoit Nérilha au milieu de jeunes nymphes groupées autour d'elle, et lui présentant des roses; elle leur fait signe de s'éloigner, et redescend le théâtre; le prince, caché dans le bosquet, à gauche, dont il écarte les branches, regarde pendant quelques instants Nérilha, puis il referme doucement les branches.)

NÉRILHA.

AIR.

Des roses, partout des roses !
Sur les gazons naissants des fleurs fraîches écloses,
Et je ne sais... mais, maintenant je crois
Les voir, les admirer pour la première fois !

O suave et douce merveille,
Par qui mon cœur est transformé !
Mon cœur bat, mon âme s'éveille,
Tout mon être s'est animé !
Dans un long sommeil engourdie,
A la nuit succède le jour !
C'est l'existence, c'est la vie !
C'est la lumière, c'est l'amour !

La rose nouvelle,
Plus fraîche et plus belle,
Répand autour d'elle
Parfums plus doux encor !
Et cette onde si pure,
Avec son vif murmure,
Dans ces bosquets prend son essor.

A toi je m'abandonne,
Bonheur qui m'environne !
Mon cœur déjà rayonne
D'un pur et tendre amour !
Un pouvoir tutélaire
Sur la nature entière
Répand un nouveau jour !

SCÈNE IV.

NÉRILHA, LE PRINCE.

NÉRILHA.

O ciel! c'est lui!

LE PRINCE.

Oui, c'est moi, qui malgré votre défense viens encore vous implorer!... Rien qu'un instant... laissez-moi vous dire que depuis le premier jour où je vous ai vue, ce que je ressens là, c'est de l'amour!

NÉRILHA, effrayée.

Est-il possible!... De l'amour! Ce mot si terrible... qu'il m'est bien défendu de prononcer... (A part.) Mais non pas de...

LE PRINCE.

Eh! que craignez-vous de moi?... En vous est ma vie!... Je voudrais la passer dans ce royaume de fleurs, qui ferait oublier tous les autres!...

NÉRILHA, troublée.

Seigneur!...

LE PRINCE.

Près de vous, qui ne m'aimez pas, je le sais... qui jamais ne pourrez éprouver ce que j'éprouve pour vous!

NÉRILHA, à part.

Je n'en voudrais pas répondre!

LE PRINCE.

Mais, dites-moi seulement, dites-moi qu'un jour peut-être...

NÉRILHA.

Jamais!... Jamais!... Et si vous ne voulez pas, comme hier, me forcer à vous fuir... il faut me promettre de ne jamais rien demander... rien exiger...

LE PRINCE.

Je le jure!

NÉRILHA.

Soumission absolue à tous mes ordres...

LE PRINCE.

Je le jure!

NÉRILHA.

Ah! maintenant, me voilà bien tranquille! (On entend un air de marche; regardant au fond du théâtre.) Eh! mon Dieu!... Qui vient là?... De grâce, éloignez-vous!

LE PRINCE.

Oui, je vous obéis... bientôt je reviendrai!

(Il s'éloigne par la gauche.)

SCÈNE V.

NÉRILHA, CADIGE et XAÏLOUN, entrant par le fond du théâtre. Ils regardent autour d'eux avec étonnement ces jardins inconnus. Puis ils poussent un cri de surprise en voyant Nérilha.

NÉRILHA, se retournant.

Que vois-je?... Xaïloun!... Cadige!... Comment vous trouvez-vous chez moi?...

CADIGE.

Avec Gulnare, l'ancienne lavandière, qui est passée princesse!

(On entend un air de marche.)

XAÏLOUN.

Voici son cortége... entendez-vous?...

NÉRILHA.

Ah! j'entends retentir et tambour et cimbale!

CADIGE.

De Gulnare voici la marche triomphale!

SCÈNE VI.

NÉRILHA, CADIGE, XAILOUN, GULNARE, portée sur un riche palanquin. ESCLAVES, HOMMES et FEMMES, puis LE PRINCE.

LE CHŒUR.

Plaisirs, ivresse et fête!
Que le divin prophète,
De l'hymen qui s'apprête
Protége la splendeur!
Et vous, en qui rayonne
L'éclat de la couronne,
Ah! que Brahma vous donne
Gloire, amour et bonheur!
Quel beau jour! quelle fête!
O triomphe! ô grandeur!
De l'hymen qui s'apprête
O sublime splendeur!

Grand sultan, la gloire environne
Ta sublime couronne!
A jamais que Brahma te donne
Gloire, amour et bonheur!

GULNARE, qui est descendue de son palanquin.

AIR.

Je commande, je suis la reine!
Vous qu'ici le respect enchaîne,
A l'aspect d'une souveraine,
Au nom de mon royal époux,
Esclaves, prosternez-vous!

LE CHŒUR.

O Brahma! Brahma!
Puissant Brahma!

GULNARE.

Le bonheur règne d'avance
En ce séjour!

Je ne veux pour récompense
Que votre amour !
Soyez heureux,
Soyez joyeux,
Car je le veux !
Livrez-vous aux plaisirs les plus doux,
Ou sinon malheur à vous !
Le bonheur règne d'avance
En ce séjour !
Je ne veux pour récompense
Que votre amour !

LE CHŒUR.

O Brahma ! Brahma !
Puissant Brahma !

GULNARE, se retournant et apercevant Cadige et Nérilha.

Bonjour Cadige, et toi, petite Nérilha !
(La prenant à part, et à voix basse.)
Comme nous, je le vois, le destin t'exauça !
(Haut.)
Mon pouvoir vous protégera !

CADIGE et NÉRILHA, s'inclinant.

Que de bontés !

(En ce moment, le prince sortant de l'allée, à gauche, où il s'était réfugié,
se trouve en face de Gulnare, qui remontait le théâtre.)

GULNARE, apercevant le prince.

Ah ! grand Dieu... Qu'ai-je vu ?

TOUS.

Qu'est-ce donc ? qu'est-ce donc ?

GULNARE, s'approchant du prince.

L'amour en traits de flamme,
Avait trop bien gravé son portrait dans mon âme,
Pour n'avoir pas à l'instant reconnu
Le sultan, mon époux !

TOUS, étonnés, regardant le prince et se prosternant.

Le sultan !

NÉRILHA, à part avec douleur.
Son époux !

Ensemble.

NÉRILHA.

Dieu puissant, que dit-elle?... Est-ce un rêve?
Quoi! C'est lui... qui serait son époux!
Le dépit en mon âme s'élève,
Je ne puis contenir mon courroux!

LE PRINCE.

Quel tourment dans mon âme s'élève!
Il faut perdre un espoir aussi doux!
Adieu donc, mon bonheur et mon rêve,
C'en est fait! Me voilà son époux!

GULNARE.

Jusqu'à lui sur le trône il m'élève,
Et chacun de mon sort est jaloux!
Dans ma main j'ai le sceptre et le glaive,
Devant moi tombez tous à genoux!

XAÏLOUN et CADIGE.

La beauté jusqu'au trône l'élève,
Et chacun de son sort est jaloux!
Dans sa main sont le sceptre et le glaive
Qu'elle tient du sultan son époux!

SCÈNE VII.

LES MÊMES; ABOULFARIS et PLUSIEURS SEIGNEURS, entrant dans ce moment.

LE PRINCE, s'adressant à Gulnare.

Noble et vertueuse princesse,
Que je présente à Votre Altesse
Les premiers de ma cour !

(Prenant Aboulfaris par la main.)
D'abord mon grand visir !

GULNARE et ABOULFARIS, se regardant l'un l'autre avec effroi.
O ciel ! ô ciel !... Je me sens défaillir !

Ensemble.

GULNARE.

O fatale présence !
Comment m'y dérober ?
Hélas ! en défaillance
Je suis prête à tomber !
Si ce fatal mystère
Venait à voir le jour,
Dans son cœur la colère
Remplacerait l'amour !

LE PRINCE, regardant Nérilha.

A sa douce présence
Il faut me dérober !
Pour moi quelle souffrance !...
Je crains d'y succomber !
Dans ma douleur amère,
Il faut fuir sans retour.
Adieu, toi qui m'es chère !
Adieu, mon seul amour !

NÉRILHA.

Sortons, à sa présence
Il faut me dérober !
Pour moi quelle souffrance !...
Je crains d'y succomber !
Le dépit, la colère,
M'agitent tour à tour.
Rien ne peut plus me plaire
En ce triste séjour !

ABOULFARIS, regardant Gulnare.

O fatale présence !
Comment m'y dérober ?
Hélas ! en défaillance
Je suis prêt à tomber !
Cachons bien ce mystère,
Ou mon maître en ce jour

Pourrait dans sa colère
Châtier notre amour!

XAÏLOUN.

Quelle douce espérance
Vient déjà m'absorber!
A ce bonheur, d'avance,
Je crains de succomber!
Ma belle ménagère
M'a payé de retour!
C'est moi qu'elle préfère,
Je suis son seul amour!

CADIGE.

Quelle douce espérance
Vient soudain m'absorber!
A ce bonheur, d'avance,
Je crains de succomber!
Oui, son ardeur sincère
Me paya de retour!
Oui, c'est moi qu'il préfère,
Je suis son seul amour!

(Gulnare présente sa main au prince, qui la porte à ses lèvres, et s'éloigne avec elle, ainsi que sa suite, au milieu de laquelle disparaissent Aboulfaris, Cadige et Xaïloun.)

SCÈNE VIII.

NÉRILHA, seule.

Ils s'éloignent!... Grâce au ciel!... Je ne sais ce que je serais devenue... ce qui allait arriver!... Je sentais, là, comme un fer aigu qui me déchirait et me faisait froid... et cette douleur... (Portant vivement la main à son cœur.) mais je l'éprouve encore... rien ne peut me l'ôter... (Agitant sa rose.) Pas même ce talisman magique auquel rien ne résistait... O Atalmuc... Atalmuc... que n'es-tu là... près de moi!...

SCÈNE IX.

NÉRILHA, ATALMUC, sortant de dessous terre.

ATALMUC.

Me voici!... Autrefois ton maître, à présent ton esclave! Que me veux-tu?

NÉRILHA.

Ah! si tu savais!

ATALMUC.

Je sais tout!

NÉRILHA.

C'est affreux!... N'est-ce pas!... C'est indigne!... Ce prince, venir ici sous un déguisement et par une tromperie!... Pourquoi ne m'a-t-il pas dit tout d'abord : Je suis le sultan... l'époux de Gulnare? (Avec dédain.) Mon Dieu, il en est bien le maître... et à coup sûr ce n'est pas moi qui veux l'empêcher!...

ATALMUC, froidement.

Tu veux donc qu'il l'épouse?

NÉRILHA, vivement.

Non, non, au contraire!... Venge-moi! punis-le!

ATALMUC.

C'est facile!... Je n'ai qu'un mot à dire pour que les plus grands dangers le menacent!

NÉRILHA, avec effroi.

Lui!... Des dangers!... Lesquels?... (Agitant sa rose.) Je le défends! je le protége!...

ATALMUC, avec fureur.

Malheureuse!...

NÉRILHA.

Oui, bien malheureuse!... (Portant la main à son cœur.) Je ressens là... des tourments...

ATALMUC.

Que j'éprouvais pour toi... et que j'éprouve encore...

NÉRILHA, lui prenant la main.

Mon pauvre maître !...

ATALMUC.

Mon art ne peut rien pour moi-même, ni pour toi ! Mais cet amour que tu ne crains pas de m'avouer me rend à la fois content et furieux !... Celui que tu aimes, je le maudis, et le remercie, car bientôt, grâce à lui, tu vas retomber en ma puissance !

NÉRILHA.

Moi !

ATALMUC.

Tu sais nos conventions ! Et si tu lui avoues cet amour, si tu lui en donnes la moindre preuve...

NÉRILHA.

De ce côté-là, rassure-toi ! Ce que j'éprouve là... c'est du ressentiment... de la colère... de la haine... oui, de la haine !... Et tout à l'heure... tiens... lorsque Gulnare lui a présenté sa main, qu'il a portée à ses lèvres... Pourquoi ? Qu'avait-il besoin de lui baiser la main ?... elle n'est pas déjà si belle !... Eh bien !... dans ce moment... tout prince qu'il est... si j'avais pu le frapper... et elle aussi !...

ATALMUC, avec colère.

Mais tu ne veux donc pas me laisser le moindre doute ?... Jalouse !... tu es jalouse !

NÉRILHA.

Moi !... grand Dieu !...

ATALMUC.

Cette jalousie que tu me reprochais... que tu ne comprenais pas...

NÉRILHA.

Ah ! je la comprends !... Et tout à l'heure, quand il l'a

embrassée... (S'arrêtant, et avec dépit.) Ah ! çà !... est-ce qu'il l'embrassera toujours ainsi ?...

ATALMUC, froidement.

C'est son mari !

NÉRILHA.

Son mari... son mari !... Ah ! voilà à quoi je n'avais jamais songé... et rien que cette idée...

ATALMUC.

Modère-toi !... Gulnare vient de ce côté...

NÉRILHA.

Et pourquoi y vient-elle ?

ATALMUC, froidement.

Sans doute pour attendre le prince !... son amant... son époux !...

NÉRILHA.

Ah! tu es un méchant! tu me dis ce mot-là... exprès pour me torturer...

ATALMUC.

Non ! mais pour t'épargner une nouvelle douleur, celle d'être témoin de leur entrevue...

NÉRILHA.

C'est-à-dire que si je m'éloigne... si je les laisse ensemble... il va encore lui baiser la main !...

ATALMUC, avec impatience.

Eh ! qu'importe après tout !

NÉRILHA.

Ce qu'il m'importe !... Tu me le demandes ! (Élevant sa rose magique.) Pour qu'il ne s'avise plus d'y songer... je veux, quand on donnera à Gulnare le moindre baiser, qu'on reçoive à l'instant un bon soufflet, bien ferme, bien appliqué !... (Avec dépit.) Oui... oui... là !... ça lui apprendra !

ATALMUC.

Tu le vois bien!... te voilà comme moi, méchante, extravagante et colère...

NÉRILHA.

Moi! colère!... Si on peut dire cela!... Quand c'est lui qui en est la cause!... (Avec emportement.) Va-t'en!... va-t'en!... méchant serviteur... et ne reviens plus!...

ATALMUC, sortant par la droite.

Soit! je vais t'attendre!

NÉRILHA.

Et quant à Gulnare... je l'ai dit, ce sera... Qu'on vienne maintenant... qu'on y vienne! Et gare aux soufflets!
(Elle disparaît par les bosquets, à droite, pendant que Gulnare entre pensive par une allée, à gauche.)

SCÈNE X.

GULNARE, seule.

Oui... c'est une fatale rencontre!... Retrouver dans le grand visir Aboulfaris ce seigneur qui me faisait la cour à Kandahar... qui venait tous les matins soupirer près de moi, à la fontaine des Palmiers... quoique, après tout, ces entrevues fussent bien innocentes, mais enfin, et quoique homme d'État, s'il est indiscret... s'il parle... s'il raconte au sultan ce que... (S'interrompant.) je suis perdue!... Il faut donc, en bonne politique, perdre moi-même le grand visir... le perdre, ou le gagner!... Le gagner sera plus facile... je lui ai fait entendre que je voulais, avant notre départ, lui parler un instant dans ces jardins... il m'a comprise... car le voici!...

SCÈNE XI.

ABOULFARIS, entrant par l'allée, à gauche, GULNARE, assise à droite.

ABOULFARIS, entrant en rêvant.

Je ne sais pourquoi je m'effrayais de cette rencontre !... Les hommes d'esprit... (Se reprenant.) non, je veux dire... les hommes d'État, sont stupides !... C'est au contraire ce qui pouvait m'arriver de plus heureux; tenant la sultane dans ma dépendance, et m'entendant avec elle, ma fortune est assurée... j'arrive à la plus haute faveur... je gouverne l'État... dont mon maître n'est plus que le sultan... honoraire !... Tandis que moi... (Levant les yeux.) C'est elle ! c'est la belle Gulnare... que dis-je ?... La céleste princesse Bedy-el-Jamal, reine de tous les cœurs !... à commencer par le mien !

DUO.

GULNARE, se levant et d'un geste impérieux lui ordonnant de s'avancer.

Si votre langue peu discrète
Cesse un instant d'être muette !...

ABOULFARIS.

J'entends parfaitement !

GULNARE.

C'est fait de vous ! Car à l'instant
Vous êtes mort, j'en fais serment !

ABOULFARIS.

J'entends parfaitement !

GULNARE.

Mais si vous gardez le silence,
A vous la gloire et la puissance !

ABOULFARIS.

J'entends parfaitement !

GULNARE.
Vous serez du roi, mon mari,
Le premier visir...
ABOULFARIS.
Et l'ami!
J'ai compris, Dieu merci!
GULNARE et ABOULFARIS.
Sur ce traité qui m'intéresse
Le secret doit être sacré!
ABOULFARIS.
Je l'ai promis!
GULNARE.
Je l'ai juré!
(Lui tendant la main.)
Recevez-en le gage!
ABOULFARIS, prenant sa main.
Ah! quelle ivresse!...
(La portant à ses lèvres, et recevant un soufflet invisible, dont on entend le bruit.)

Ensemble.

ABOULFARIS, à part.
Ah! quel soufflet!
Quel soufflet!
Quel soufflet!
J'en reste stupéfait!
Et sa main nous enseigne,
Que sous ce nouveau règne,
En place de bienfaits
Il pleuvra des soufflets!

GULNARE, à part.
Ah! j'ai bien fait,
J'ai bien fait,
Le voilà satisfait!
Oui, je veux sous mon règne,
Qu'on m'aime et qu'on me craigne...

(Haut.)
Ainsi, je le promets,
Comptez sur mes bienfaits!

Or donc, et maintenant
Que vous voilà content...

ABOULFARIS, à part, se frottant la joue.
Pas trop!

GULNARE, le regardant avec surprise.
D'où vient cette grimace?

ABOULFARIS.
Eh! mais franchement... à ma place...
Vous trouveriez, entre nous deux...
Que je méritais un peu mieux!

GULNARE, baissant les yeux et minaudant.
Vraiment... c'est bien de l'exigence!
Mais vous le voulez, grand visir!
Allons, pour vous faire plaisir,
(Lui tendant la joue.)
Faisons la paix.

ABOULFARIS, s'approchant avec transport.
Quelle reconnaissance!

(Même jeu.)

Ensemble.

ABOULFARIS.
Ah! quel soufflet! etc.

GULNARE.
Ah! j'ai bien fait, etc.

SCÈNE XII.

Les mêmes; XAÏLOUN.

ABOULFARIS, à lui-même.
Deux soufflets!

XAÏLOUN, accourant.
Monseigneur...

ABOULFARIS, s'avançant vers Xaïloun.

Que veux-tu?

XAÏLOUN.

Je venais demander à Son Altesse...

ABOULFARIS, à part.

Deux soufflets!

XAÏLOUN.

L'ordre du départ...

ABOULFARIS, lui donnant un soufflet.

Le voilà!... (A part.) Reste un...
(Il offre sa main à Gulnare, et sort en se tenant en garde contre elle de l'autre main.)

SCÈNE XIII.

XAILOUN, puis NÉRILHA.

XAÏLOUN, se frottant la joue.

Par exemple!... C'est reconnaître le dévouement d'une manière trop chaude...

NÉRILHA, qui est entrée par l'allée, à droite.

Qu'y a-t-il donc?

XAÏLOUN.

Ce qu'il y a?... C'est le grand visir qui m'a chargé, pour notre auguste sultan, d'un message...

NÉRILHA.

Que tu vas lui rendre!...

XAÏLOUN.

Oh! non... je n'oserai pas!... Je me contenterai de lui annoncer que tout est prêt pour le départ...

NÉRILHA, à part.

O ciel!

IV. — XIV.

XAÏLOUN.

Et que la princesse, sa fiancée, l'attend... Seulement dans ces immenses jardins, que je ne connais pas, je ne sais comment trouver le prince...

NÉRILHA, regardant vers la gauche du spectateur, et à part.

Le prince ?... (Haut, à Xaïloun, lui montrant le fond du théâtre, à droite.) Le prince ! Je viens de le voir dans le pavillon des camélias !...

XAÏLOUN.

Oui... mais ce pavillon...

NÉRILHA, lui montrant toujours le fond, à droite.

De ce côté, la première allée à droite, puis la cinquième à gauche...

XAÏLOUN.

Je comprends !

NÉRILHA, le poussant.

Alors... va donc vite !...

(Xaïloun sort par la droite.)

SCÈNE XIV.

LE PRINCE, entrant par la gauche, NÉRILHA, cachée près d'un bosquet, à droite.

DUO.

LE PRINCE, entrant en rêvant.

N'y pensons plus !... il faut la fuir !

NÉRILHA, à part, écoutant.

O ciel !

LE PRINCE.

La voix de la sagesse
M'ordonne à l'instant de partir !
(Il fait quelques pas près du bosquet, à gauche.)
Allons retrouver la princesse.

NÉRILHA, avec jalousie.
Non... près d'elle tu n'iras pas!
(Agitant sa rose métallique.)
Que pour mieux enchaîner ses pas,
Le sommeil ferme sa paupière !
(Le prince, qui était près d'un banc de verdure, s'arrête et tombe sur le banc.)
Oui, grâce à toi, cher talisman,
Il m'obéit, ce fier sultan!
(Regardant le prince avec émotion.)
Il dort!... Avançons-nous...
(S'arrêtant avec crainte.)
Que fais-tu, téméraire?
Ne sens-tu pas trembler la terre?...
(Elle s'approche de lui et penche la tête.)
l parle bas!...
(Écoutant.)
Quels mots vient-il de prononcer?...
(Poussant un cri.)
Ah! mon nom sur sa bouche est venu se placer!

LE PRINCE, rêvant.
Nérilha!... Nérilha!...

NÉRILHA.
ROMANCE.
Premier couplet.

En dormant, en dormant,
C'est à moi, délice suprême,
C'est à moi qu'il s'en va rêvant;
C'est moi qu'il appelle et qu'il aime...
En dormant, en dormant!...
(Elle s'approche encore plus près du prince, qui semble lui prendre la main et la presser contre son cœur.)

Deuxième couplet.

En dormant, en dormant,
(Se baissant vers lui et écoutant.)

Dans ses bras voilà qu'il m'enlace !
Il me dit qu'il sera constant,
(Voyant le prince, qui de la main lui envoie un baiser.)
Et je crois même qu'il m'embrasse,
En dormant, en dormant !
(Vivement.)
Je ne sais quel pouvoir m'entraîne malgré moi !
(Avec exaltation.)
Et dût ce fatal délire
A ma perte me conduire,
(S'approchant du prince et lui parlant.)
Que je t'entende encore !...
(S'adressant au prince.)
Éveille-toi !...

LE PRINCE, s'éveillant.

Nérilha, Nérilha !
C'est bien toi !... Te voilà !...

Ensemble.

LE PRINCE.

Eh quoi ! ce doux songe,
Où l'amour me plonge,
N'est point un mensonge !
Et dans ce moment,
O réelle ivresse,
Fée enchanteresse,
C'est toi que je presse
Sur mon cœur brûlant !

NÉRILHA.

Non, non, ce doux songe,
Où l'amour le plonge
N'est point un mensonge !
Et mon cœur tremblant
Craint de sa tendresse
La fatale ivresse !
(Au prince.)
Ah ! pour ma faiblesse,
Grâce, en ce moment !

NÉRILHA, cherchant à se dégager de ses bras.
Laisse-moi, laisse-moi, prends pitié de moi-même!
LE PRINCE, avec chaleur.
Les serments que j'ai faits, et l'hymen qui m'attend,
Je briserais tout à l'instant,
Si tu m'aimais!
NÉRILHA, hors d'elle-même.
Je t'aime!...

(Le prince la reçoit dans ses bras et l'embrasse. A ce moment l'orage qui grondait sourdement, éclate dans toute sa fureur, des cris infernaux se font entendre. Le prince, comme frappé de la foudre, tombe sans connaissance sur le banc à droite. Toutes les fleurs du jardin sont soudain flétries et fanées. A un ciel d'été, succèdent l'hiver et les frimas. Nérilha effrayée, chancelle et tombe dans les bras d'Atalmuc, qui paraît derrière elle.)

ATALMUC.
Tu m'appartiens!... Souviens-toi de nos lois!
Les enfers et l'amour m'ont rendu tous mes droits!

(Nérilha est tout à coup changée en une vieille petite femme, couverte de rides; sa robe même se trouve d'une étoffe et d'une forme antiques. Nérilha pousse un cri et s'abîme sous terre avec Atalmuc, qui la tient toujours dans ses bras. Presque aussitôt, le prince se réveille en sursaut, et, saisi de stupéfaction en voyant le changement subit qui vient de s'opérer, s'écrie avec désespoir : *Nérilha!... Nérilha!...* puis il retombe accablé sur un banc.)

14.

ACTE TROISIÈME

Une grotte sous-marine, comme la grotte d'Azur, en Sicile.

SCÈNE PREMIÈRE.

ATALMUC, en robe et en bonnet de magicien, NÉRILHA, en vieille.

NÉRILHA, qu'Atalmuc entraîne par la main.
Seigneur Atalmuc, où me conduisez-vous?

ATALMUC.
Que t'importe? Où j'irai désormais, tu iras!

NÉRILHA.
Comment! ce n'est pas assez de m'avoir rendue vieille et laide, il faudra encore que je vous suive partout?

ATALMUC.
Oui; je ne veux plus te quitter d'un instant!

NÉRILHA.
Cela va être bien ennuyeux... pour vous. (Vivement.) Je ne vous parle pas de moi... (Regardant autour d'elle.) Et où sommes-nous ici?

ATALMUC.
A deux mille pieds sous la mer!

NÉRILHA.
J'aimerais autant être ailleurs... et si vous ne venez ici que pour mon plaisir...

ATALMUC.

Aujourd'hui je me rends au conseil des magiciens, présidé par le roi du Ginistan, et qui se tient dans un volcan... près d'ici...

(Lui montrant une ouverture de rocher.)

NÉRILHA.

Dans un volcan!... Et vous allez y descendre?

ATALMUC.

Aussitôt que Sathaniel, notre maître, m'appellera de sa voix d'airain.

NÉRILHA.

Et il faudra que je vous y suive?...

ATALMUC.

Non! Aucun être humain n'y peut pénétrer sans être consumé!... Tu resteras à m'attendre dans cette grotte, d'où je ne crains pas que tu puisses t'échapper!

NÉRILHA.

Je le crois bien! Deux mille pieds d'eau au-dessus de ma tête, et la flamme sous mes pieds... (Regardant vers l'ouverture du rocher, à droite.) O ciel!... Et vous, seigneur, vous allez vous plonger dans cette lave enflammée?...

ATALMUC, vivement.

Cela t'effraie pour moi?

NÉRILHA.

Dame!... je ne vous veux pas de mal... Vous avez été un bon maître... et si vous n'aviez pas tant d'affection pour moi... je finirais peut-être par en avoir pour vous.

ATALMUC, avec chaleur.

Dis-tu vrai?... Rassure-toi donc!... Avant d'entrer dans la salle du conseil, je quitte ma dépouille mortelle, et le rayon céleste qui anime mon être, l'âme, va seule rejoindre son maître dans cette région de feu.

NÉRILHA.

Ah! c'est votre âme seule qui s'en va?... C'est singulier!... Et est-elle longtemps absente, votre âme?...

ATALMUC.

Quand la séance est tranquille, et qu'on ne s'y échauffe pas trop... un quart d'heure, tout au plus, et je viendrai te rejoindre...

NÉRILHA, vivement.

Et nous remonterons sur terre?...

ATALMUC.

A l'instant!... Mais je lis dans ta pensée... renonce à l'espoir de jamais te faire reconnaître par le jeune sultan des Indes, ou par aucun de tes anciens amis!...

NÉRILHA.

Pardi! ils me prendraient tous pour ma grand'-mère!...

ATALMUC.

Et si tu t'avisais de vouloir leur raconter tes aventures, ou de leur dire qui tu es...

NÉRILHA.

Eh bien?...

ATALMUC.

A l'instant tu deviendrais muette!...

NÉRILHA, avec colère.

C'est trop fort!... Vous avez pu m'enlever ma jeunesse et ma beauté, mais m'empêcher de parler... je vous en défie!... Et dût-on ne pas me croire et me traiter d'insensée... je dirai à tout le monde... je suis...

(Atalmuc étend la main vers elle. — A l'instant Nérilha s'arrête et fait de vains efforts pour continuer.)

ATALMUC.

Eh bien! je t'en avais prévenue!... Te voilà muette... muette à tout jamais!... Oui, oui, tu me promets de garder dorénavant le silence sur un sujet dont tu connais mainte-

nant les dangers... tu me supplies de te rendre la parole...
Eh bien! soit, j'y consens! (Étendant la main vers elle.) Qu'as-tu
à me dire?...

NÉRILHA, avec volubilité et colère.

Que je vous hais! que je vous déteste! que je vous
abhorre!...

ATALMUC.

Si c'est pour cela que je t'ai rendu la parole, ce n'était
pas la peine!...

NÉRILHA, vivement.

Non!... C'est pour une autre raison... pour une autre
prière... ne soyez pas généreux à demi... (D'un air câlin.) Si
vous m'aimez, si vous m'adorez, comme vous le dites, il
doit vous être bien désagréable d'avoir une maîtresse si
laide et si vieille... et si j'étais à votre place... ne fût-ce
que par amour-propre...

ATALMUC.

Je comprends!...

NÉRILHA, vivement.

Eh bien! non, par amour, je m'empresserais de lui rendre
sa forme première!...

ATALMUC.

Te rendre jeune et belle pour un autre... non.

AIR.

Non!... Ne crains pas que je te cède
Aux regards d'un rival heureux!
Non!... J'aime mieux que tu sois laide!
Pour moi, pour moi seul, pour mes yeux,
Pour moi, ces vains déguisements
Ne cachent rien à ma tendresse!
Je vois les fleurs de ton printemps
Sous les rides de ta vieillesse!
Je vois ce front si blanc, si pur!
De tes yeux j'admire l'azur...

Seul je te vois... seul te possède !...
Ne crois pas qu'à tes vœux je cède !
Te rendre belle à d'autres yeux ?
Non, j'aime mieux que tu sois laide,
Pour moi, pour moi seul, je te veux !
(On entend plusieurs sons de trompettes infernales.)
Qu'entends-je ?...

(A Nérilha.)

Adieu !... Pour un instant, adieu !
O maître tout-puissant, c'est ta voix qui m'appelle.
(Tombant sur un banc de rocher, à droite.)
Que mon âme, quittant sa dépouille mortelle,
Se rende au pied de ton trône de feu !
Adieu !... Adieu !...

(Atalmuc tombe inanimé sur le banc, à droite. Une flamme légère, qui semble sortir de son corps, s'élève, voltige un instant, et disparaît par l'ouverture du rocher, à droite.)

SCÈNE II.

NÉRILHA, seule, appelant à haute voix.

Seigneur Atalmuc ! seigneur Atalmuc ! mon maître !...
Il ne m'entend plus, il ne me voit plus... Oui, comme il me l'avait annoncé, son âme l'a quitté, et vient de disparaître ; il ne reste plus là que le corps d'un magicien, sa robe, son turban constellé !... (Posant la main sur son cœur.) Et son grimoire, qu'il porte toujours avec lui depuis le jour où je m'en suis servi si gauchement, ce jour où j'ai donné un bal sans le vouloir... Si aujourd'hui, et pendant que son esprit voyage... j'y mettais plus d'adresse... voyons... je le tiens !... (S'avançant au bord du théâtre, avec le grimoire qu'elle tient et qu'elle ouvre.) *Chapitre VI. Moyens de former les enchantements les plus compliqués.* Ce n'est pas cela qu'il me faudrait, au contraire... (Retournant le feuillet.) Ah ! le revers de la page... (Lisant.) *Moyens de détruire les divers enchantements.* C'est mon chapitre... Ah ! le cœur me bat... lisons !... (Regardant autour d'elle, et parcourant plusieurs pages du grimoire. — Poussant un

cri.) Ah!... (Lisant.) *Devenue tout à coup vieille et laide...*
M'y voici. (Continuant.) *Un baiser a causé sa métamorphose, un baiser peut la détruire; et si elle rencontre quelqu'un qui consente à l'embrasser...* (S'interrompant.) Si ce n'est que cela!... je sais bien qu'à mon âge, et avec ma figure, ça n'est pas aisé... mais ça n'est pourtant pas impossible... achevons... (Lisant.) *Mais qu'elle choisisse bien celui de qui elle recevra ce baiser, car, à l'instant même, et pour toujours, elle lui appartiendra corps et âme!* (Poussant un cri.) Ah! mon Dieu!... C'est donc pour cela qu'Atalmuc voulait toujours m'embrasser!... Ah! que j'ai eu raison de le refuser!... Changer à ce prix-là... changer pour lui appartenir toujours!... Voilà un désenchantement!... Autant garder mes rides et mes années... ce n'est pas pour lui que je voudrais les perdre... Mais celui-là, un prince, si jeune et si beau, voudra-t-il jamais?... Enfin, s'il était là... on verrait, on tâcherait... Si je pouvais aller à lui... Cherchons. (Feuilletant le grimoire.) *Moyen d'être transporté à l'instant où l'on veut.* (Avec amour.) Ah! près de lui... près du prince... dans son palais! (Lisant le grimoire.) *Élever ce livre magique vers le ciel, en répétant trois fois le nom du dieu de l'Hindoustan.* (Avec exaltation.) Brahma!... Brahma!... Brahma!...

(Le grimoire lui tombe des mains; le théâtre change à vue; elle se trouve transportée sur la grande place de Delhi.)

SCÈNE III.

La grande place de Delhi. A gauche, l'entrée d'une mosquée; à droite, la façade du palais.

HABITANTS DU PALAIS et DE LA VILLE DE DELHI, ABOUL-FARIS, et GULNARE, assise sur un trône magnifique. Nérilka disparaît au commencement de la scène.

LE CHOEUR, pendant lequel s'exécutent des danses gracieuses.
  Accourez tous, venez,
  Habitants fortunés

De ce riant pays,
Doux paradis!
Accourez près de nous,
Les plaisirs les plus doux
Embelliront vos jours
Remplis d'amours!

De Téhéran
Et d'Ispahan,
Du beau pays de Cachemire,
On vient ici,
Et c'est Delhi
Que l'étranger toujours admire.

De tous côtés,
Jeunes beautés
A l'œil brillant plein d'étincelle!

Garde ton cœur,
O voyageur,
Du doux éclat de leur prunelle!

Accourez tous, venez! etc.

Voyez la jeune bayadère!
Rapide et fière,
Elle bondit!
Bientôt, bientôt elle a su plaire,
Mais plus légère,
Elle s'enfuit!

De Téhéran
Et d'Ispahan,

ABOULFARIS, tenant respectueusement la main de la princesse, à distance, et s'adressant au peuple.

Bien, mes amis! La princesse est sensible... et moi aussi... aux hommages de ses futurs sujets...

GULNARE, avec impatience.

Mais il suffit!... Assez d'enthousiasme et de transport!...

ABOULFARIS, d'un air de flatterie.

Que voulez-vous! l'amour du peuple...

GULNARE.

C'est à vous étourdir! Depuis trois jours, ils ne font que crier...

ABOULFARIS, à voix basse.

C'est commandé!

GULNARE, au peuple.

Je vous donne congé! reposez-vous!

ABOULFARIS, s'inclinant.

Que de bonté!

GULNARE, au peuple, d'un ton impérieux.

Et surtout laissez-nous! laissez-nous!

LE CHOEUR.

Accourez tous, venez, etc.

(Le peuple se retire.)

GULNARE.

Encore des cris... Depuis que je suis dans ma capitale, tout me déplaît, me choque et me contrarie! D'abord le prince, mon futur époux, que je ne vois jamais!...

ABOULFARIS.

C'est l'étiquette!

GULNARE.

Et vous que je vois toujours!

ABOULFARIS.

C'est l'étiquette! Premier de l'empire, après lui, c'est moi, son grand visir, qui dois le remplacer dans toutes les affaires importantes! (Souriant.) Il a confiance! il n'est pas jaloux!

GULNARE.

Pas assez! mais en revanche, toujours sombre et rêveur!...

ABOULFARIS, galamment.

Il rêve à vous!

GULNARE, avec impatience.

Qu'il le dise alors!

ABOULFARIS.

Il m'en a chargé !

GULNARE.

Vous ?...

ABOULFARIS.

C'est aujourd'hui le jour de votre mariage !

GULNARE.

Enfin !...

ABOULFARIS.

Tout s'apprête déjà pour cela à la grande mosquée, et voici le programme de la journée : Tous les grands de la cour doivent venir vous offrir leurs hommages ; il y aura présentation, réception, baise-main, *et cætera !*

GULNARE.

Quel ennui !

ABOULFARIS.

C'est pour cela qu'il faut avant tout vous occuper de votre toilette.

GULNARE, souriant.

A la bonne heure !...

ABOULFARIS.

Voici déjà vos femmes, et la petite Cadige, (A demi-voix.) votre ancienne compagne...

GULNARE, relevant la tête avec fierté.

Qu'est-ce que c'est ?

ABOULFARIS, s'inclinant vivement.

Jamais !... jamais !... Je me trompe... je voulais dire votre esclave, la jardinière du palais... qui vient vous offrir les plus belles fleurs de vos jardins !

SCÈNE IV.

LES MÊMES ; JEUNES ESCLAVES apportant des coffres remplis d'étoffes précieuses, CADIGE, portant une corbeille de fleurs.

GULNARE, à Cadige.

Que m'apportes-tu là ?

CADIGE.

Le bouquet de la mariée !... Ce qu'il y a de mieux ! des roses et des camélias blancs !

GULNARE, d'un air de dédain.

Des fleurs qui croissent pour tout le monde !

CADIGE.

Et qui n'en vont pas plus mal... (Montrant sa couronne.) Voyez plutôt...

GULNARE.

C'est pour cela que je n'en veux pas ! Je veux des fleurs que personne n'ait jamais portées ! Des fleurs inconnues, des fleurs impossibles !... Voilà ce qu'il me faut à moi, princesse ! Et dis à Xaïloun, ton futur mari, qu'il s'arrange pour en avoir !... (Se retournant vers les autres esclaves femmes, qui s'approchent.) Et vous, qu'est-ce que c'est ?

ABOULFARIS, montrant les coffres qu'on lui présente.

Les étoffes de Perse les plus précieuses... une centaine de robes que l'on offre au choix de Votre Hautesse !

GULNARE.

Voilà qui est insupportable... Grand visir, prononcez vous-même... car c'est un ennui mortel d'avoir à choisir au milieu d'une centaine de robes !

CADIGE, bas à Gulnare en souriant.

Vous n'éprouviez pas cet ennui-là... quand vous n'en aviez qu'une !

GULNARE, se retournant vivement.

Insolente !

CADIGE, à part.

Qu'est-ce qui lui prend donc ?

GULNARE.

Sortez de ma présence !

ABOULFARIS, bas à Gulnare.

Princesse !... princesse ! Quelle imprudence !... Quelle faute en diplomatie ! Maltraiter quelqu'un qui possède notre secret ?...

GULNARE, bas à Aboulfaris.

Pour la première fois, visir, vous avez raison !... (Haut, à Cadige, qui s'éloigne lentement.) Eh ! la... la, reviens, petite !... Un moment d'impatience et d'humeur... quand on est princesse...

ABOULFARIS, s'inclinant.

C'est tout naturel !

GULNARE, à Cadige.

Je te pardonne !...

CADIGE.

A la bonne heure !...

GULNARE, lui tendant la main.

Oublions tout, et faisons la paix !

CADIGE, qui a mis un genou en terre, porte à ses lèvres la main que Gulnare vient de lui tendre, et reçoit un soufflet.

O ciel !

GULNARE, à Aboulfaris.

Et nous, visir, hâtons-nous !

ABOULFARIS.

Oui, sans doute ! car tous les grands de l'empire vous attendent pour le baise-main général !

(Il sort avec Gulnare par la gauche.)

SCÈNE V.

CADIGE, seule, puis XAÏLOUN et NÉRILHA.

CADIGE, tâtant sa joue.

Je n'y ai vu que du feu !... Et de la main d'une amie encore !... Si se sont là les faveurs des princes... Je ne suis pas méchante... mais à la première occasion... où je pourrai me venger... (Regardant vers la droite.) C'est Xaïloun... Qu'a-t-il donc à causer avec cette petite vieille ?

XAÏLOUN, entrant avec Nérilha.

Oui, ma bonne femme, vous êtes à Delhi.

NÉRILHA, avec émotion.

A Delhi ?...

XAÏLOUN.

Chez notre jeune prince, le sultan des Indes !

NÉRILHA, à part.

C'est bien cela ! (Apercevant Cadige.) O ciel ! Cadige !...

(Elle court près d'elle.)

CADIGE.

Que me voulez-vous ?... Qui êtes-vous ?

NÉRILHA.

Qui je suis ? (A part.) J'allais parler et devenir muette ! (Haut.) Qui je suis ?... Une pauvre femme qui vient de bien loin !...

CADIGE.

Pour admirer ce palais... ces jardins dont Xaïloun est le jardinier en chef.

XAÏLOUN.

Par la protection de la sultane, qui a étendu sur nous sa puissante main !...

CADIGE, se touchant la joue.

Oh! oui!

XAÏLOUN.

La belle Gulnare...

NÉRILHA, vivement.

Je la connais!... Je la connais depuis son enfance!...

XAÏLOUN, à Cadige, à demi-voix.

Dis donc, c'est peut-être sa nourrice.

CADIGE, de même.

C'est possible... (Haut.) Et vous venez pour son mariage?

NÉRILHA.

Elle se marie?...

CADIGE.

Aujourd'hui... dans une heure...

XAÏLOUN.

Avec notre auguste sultan.

NÉRILHA, chancelant.

O ciel!...

XAÏLOUN.

Qu'a-t-elle donc, la vieille?... Elle se trouve mal!

NÉRILHA, vivement.

Non... non... achevez, de grâce... donnez-moi tous les détails sur ce mariage.

COUPLETS.

Premier couplet.

XAÏLOUN.

Du sultan l'hymen se prépare,
Et moi, je me marie aussi!
Il choisit la fière Gulnare,
Et moi Cadige, que voici!
Lui, c'est par l'ordre de son père,
Moi, c'est par le vœu de mon cœur!

Mais le sultan, sombre et sévère,
Semble triste de son bonheur!
(Avec amour.)
Tandis que nous...
(Rencontrant un regard de Cadige.)
Je me tais!...
Mais... mais... mais...
Le sultan est, je croi,
Bien moins heureux que moi!

Deuxième couplet.

CADIGE.

Hier je le voyais près d'elle;
Comme un prince il bâillait, hélas!
Chez nous parfois on se querelle,
Mais du moins on n'y bâille pas!
Ah! je n'envirais pas sa place,
Il ne parle jamais d'amour!
Jamais enfin il ne l'embrasse,
Elle s'en plaignait l'autre jour!...
Tandis que nous...
(Xaïloun lui fait signe de se taire.)
Je me tais!

XAÏLOUN et CADIGE.

Mais... mais... mais...
Ces augustes époux,
Sont moins heureux que nous!...

NÉRILHA.

Ainsi, vous dites que le prince est toujours triste?

XAÏLOUN.

Comme un cyprès, ou un saule pleureur.

NÉRILHA.

Et on ne connait pas la cause de cette tristesse?

XAÏLOUN.

Sur ce chapitre-là, Cadige en sait plus long que moi.

CADIGE, à demi-voix et mystérieusement.

Oui, j'avais une autre amie, bien meilleure que Gulnare... une jeune fille, fraîche et jolie...

NÉRILHA, soupirant.

Ça n'est plus comme moi !

XAÏLOUN.

Ah ! dame ! vous, ma brave femme, vous avez eu votre temps !

NÉRILHA, regardant autour d'elle.

Ça reviendra peut-être...

CADIGE.

Comment ! ça reviendra ?

XAÏLOUN, riant.

Elle est bonne, la vieille !

NÉRILHA, vivement.

Enfin, achevez... le prince ?...

XAÏLOUN.

A vu pendant quelques jours cette petite Nérilha...

NÉRILHA, avec émotion.

Nérilha !

CADIGE, avec naïveté.

C'est comme ça qu'on l'appelait, et j'ai idée qu'il pense à elle... qu'il l'aime !

NÉRILHA.

Tu en es sûre ?

CADIGE.

Dame !... quand il me rencontre dans les jardins, il me parle toujours d'elle.

XAÏLOUN.

Et un prince qui cause de cela avec une jardinière... vous conviendrez qu'il y a quelque chose !..

NÉRILHA.

Certainement!... Et que dit-il?

CADIGE.

Qu'il donnerait tout au monde, pour savoir ce qu'elle est devenue...

NÉRILHA.

Et en attendant, son mariage a lieu aujourd'hui?

XAÏLOUN.

Tout est prêt à la mosquée, et je crois même que le prince y est déjà en prière.

NÉRILHA, seule, à droite, à part.

Ah! je n'y résiste plus... et à tout prix, je veux le voir, lui parler...

(Elle s'élance vers la mosquée.)

XAÏLOUN, apercevant, à gauche, la corbeille de fleurs que Gulnare a jetée à terre à la scène précédente, court la ramasser.

Tiens! mes plus belles fleurs... Qui les a arrangées ainsi?...

(Cadige lui explique à voix basse ce qui est arrivé, et lui montre du doigt la joue qui a reçu le soufflet.)

SCÈNE VI.

Les mêmes; ATALMUC, paraissant sur les marches de la mosquée au moment où Nérilha se prépare à les franchir.

ATALMUC.

Où vas-tu?

NÉRILHA, prête à se trouver mal.

C'est fait de moi!

ATALMUC.

Tu croyais en vain m'échapper... (Étendant la main sur elle.) Je te défends de faire un pas!

(Nérilha tombe comme accablée sur un banc, à droite, près de la mosquée.)

15.

CADIGE, à gauche, à Xaïloun.

Tiens! regarde donc! (Lui montrant Atalmuc.) Notre ancienne connaissance.

XAÏLOUN.

Le seigneur Atalmuc!...

ATALMUC, s'avançant vers lui.

Qui, invité par le sultan des Indes, vient assister à son mariage avec la belle Gulnare!

NÉRILHA, à part.

O ciel!

XAÏLOUN, montrant Cadige.

Et vous assisterez aussi au mien!... Si toutefois vous ne m'en voulez plus!... comme le jour... vous savez... où vous vouliez me changer en serpent!

ATALMUC, avec ironie.

Moi! t'en vouloir... au contraire, et pour te le prouver, je veux te faire mon cadeau de noces.

XAÏLOUN, avec joie.

Est-il possible?...

ATALMUC.

Tiens!... (Tirant un bouquet de son sein.) Prends ce bouquet de camélias, dont les feuilles sont d'argent. Si Cadige n'a jamais aimé que toi... il conservera sa blancheur; mais si elle en a aimé d'autres, ou si elle te trahit jamais... ces feuilles si blanches deviendront tout à coup d'un pourpre éclatant.

XAÏLOUN, vivement.

Quel bonheur!

NÉRILHA, à droite, à part.

Ah! le sorcier lui en veut toujours.

XAÏLOUN, à Cadige.

Tiens, mets-le vite à ton côté...

CADIGE.

A quoi bon?...

XAÏLOUN.

Pour voir!

CADIGE.

C'est inutile !

XAÏLOUN.

C'est égal... ça rassure toujours!...

CADIGE.

Vous n'avez pas besoin d'être rassuré... aussi je ne veux pas...

XAÏLOUN.

Et moi... je le veux, ou sinon... je vais croire...

CADIGE.

Quoi!... qu'osez-vous dire?... Tenez... tenez... regardez plutôt!...

XAÏLOUN.

A la bonne heure!... (Regardant.) Toujours aussi blanc!... Ma bonne petite Cadige... je n'ai plus de soupçons! Me voilà tranquille... mais tu le mettras tous les jours...

CADIGE.

Par exemple!... Voilà un présent qui nous brouillera!...

ATALMUC, à part.

Je l'espère bien...

(Cadige et Xaïloun sortent en se disputant.)

SCÈNE VII.

ATALMUC, NÉRILHA.

DUO.

ATALMUC, amenant au bord du théâtre Nérilha, qui baisse les yeux.

Ainsi ta haine qui me brave
Espérait encor me tromper!

NÉRILHA.

C'était mon droit! La pauvre esclave
A son tyran peut échapper!

ATALMUC, avec colère.

Ah! traîtresse!...

(A part.)

Qu'allais-je faire?
D'elle on n'a rien par la colère,
Et je sais un meilleur moyen.

(Haut et s'approchant de Nérilha.)

Je devrais te punir... eh bien!
Vois sur moi quelle est ta puissance!
Je pardonne encor cette fois!...

NÉRILHA, à part, le regardant avec pitié.

Ah! je le plains, et sa vengeance
Me ferait moins de mal, je crois!

ATALMUC.

Mon courroux vient de disparaître!

(Lui tendant la main.)

Et toi?... m'en veux-tu?

NÉRILHA, lui tendant la main.

Non, mon maître!

ATALMUC.

Donne-m'en la preuve.

NÉRILHA.

Et comment?

ATALMUC, souriant.

Comment?... En m'embrassant!

NÉRILHA, à part.

O ciel!

ATALMUC.

Un seul baiser...

NÉRILHA, à part.

Je vois sa trahison!

ATALMUC.

Qui nous réconcilie...

NÉRILHA, s'éloignant de lui.

Oh! non, vraiment, non! non!
Car je sais tout... ce baiser peut me rendre
Ma jeunesse...

ATALMUC, étonné.

O ciel!...

NÉRILHA.

Et mes traits;
Mais ce baiser me livre pour jamais
A celui qui me le donne!

ATALMUC.

C'est vrai! c'est vrai!... Du destin qui l'ordonne
Permets à mon amour d'accomplir les décrets...

AIR.

De toi, de ta clémence,
J'implore un bien si doux,
J'abjure ma puissance,
Et tombe à tes genoux!
Que l'amour qui m'enivre
Touche à la fin ton cœur,
C'est moi, moi, qui me livre
A ton charme vainqueur!

NÉRILHA, le regardant avec pitié.

Pauvre homme!

ATALMUC, reprenant avec amour.

De toi, de ta clémence,
J'implore un bien si doux,
J'abjure ma puissance,
Et tombe à tes genoux!

NÉRILHA, attendrie et essuyant une larme.

Ah! vrai! je le voudrais!

ATALMUC.

Eh bien,
Prononce donc mon bonheur et le tien!
Les trésors, les plaisirs embelliraient ta vie!
Plus que jamais tu deviendrais jolie!...

Ou plutôt il suffit que tu sois à jamais
Ce que tu fus jadis... Tiens, regarde ces traits
Que j'adore!...

(Atalmuc étend la main vers un pan de mur de la mosquée, qui s'ouvre, et laisse voir Nérilha, comme elle était au premier acte.)

NÉRILHA, poussant un cri.

C'est moi, moi!... telle que j'étais!

Ensemble.

NÉRILHA.

Ah! que j'étais jolie!
Si je pouvais encor
De ma beauté flétrie,
Retrouver le trésor!
O séduisante ivresse!
O charme tentateur!
Des rêves de jeunesse
Vous enivrez mon cœur!

ATALMUC.

Toujours jeune et jolie,
Oui, tu pourrais encor,
De ta grâce flétrie
Retrouver le trésor!
O séduisante ivresse,
O démon tentateur!
O rêves de jeunesse,
Venez charmer son cœur!

Ah! crois-en ma promesse,
Je te rends tes attraits!

NÉRILHA.

Rendez-moi ma jeunesse,
Et nous verrons après.

ATALMUC.

Réponds!... réponds!

NÉRILHA, avec résolution.

Non, je t'appartiendrais!

ATALMUC.

Eh bien donc! malheur à jamais!...
Ah! je cède à ma rage,
Et vais, pour ton malheur,
Hâter ce mariage
Qui déchire ton cœur!

Ensemble.

NÉRILHA, avec douleur.

Bonheur d'être jolie!
O précieux trésor,
Adieu donc pour la vie!
Vous perdre, c'est la mort!
Adieu, douce espérance!
Coulez, coulez, mes pleurs!...
Toujours même souffrance,
Toujours mêmes douleurs!

ATALMUC, à Nérilha.

Cesser d'être jolie,
Oui, tel sera ton sort;
Tu perdras pour la vie
Ce précieux trésor!
Pour toi plus d'espérance,
Laisse couler tes pleurs,
Toujours même souffrance,
Toujours mêmes douleurs!

(Atalmuc sort vivement par la gauche, tandis que Cadige entre par la droite.)

SCÈNE VIII.

CADIGE, NÉRILHA.

NÉRILHA, pleurant.

Plus d'espoir!... Tout est fini!

CADIGE, entrant par la droite.

Ah! mon Dieu! la pauvre vieille qui pleure!... Qu'avez-vous donc?

NÉRILHA.

Bien du chagrin !

CADIGE.

Et moi aussi !

NÉRILHA, vivement.

Et lequel ?

CADIGE.

La défiance de Xaïloun... il n'est occupé que de ce bouquet... ce n'est plus moi qu'il regarde... c'est lui... ça m'est égal... parce que je l'aime bien... Mais s'il était toujours comme ça... défiant et jaloux... on ne sait pas ce qui peut arriver... et alors, voyez donc comme c'est dangereux... ce bouquet blanc qui tout à coup devient pourpre !... Mais, je vous le demande... quel parti prendre ?...

NÉRILHA.

Dans l'intérêt même de Xaïloun, vous défaire de ce bouquet !

CADIGE.

Oh ! je ne demande pas mieux. (Remontant le théâtre.) Que je voie seulement s'il n'est pas là... Mais ne restons pas ici... car je viens d'apercevoir le prince, qui se dirige de ce côté...

NÉRILHA.

O ciel !

CADIGE.

Comme vous voilà tremblante, ma bonne vieille !... C'est qu'elle est toute tremblante, cette pauvre vieille !...

SCÈNE IX.

NÉRILHA, CADIGE, à gauche, **LE PRINCE,** venant de la gauche, en rêvant et allant vers la droite.

LE PRINCE.
ROMANCE.
Premier couplet.

O toi, qui peut-être
Ris de mon tourment,
Pourquoi m'apparaître,
Et pour un moment?
Beauté que j'adore,
Devrais-tu me fuir?
Viens, je veux encore
Te voir et mourir!

NÉRILHA, qui a regardé le prince avec émotion.

Ah! quelle idée!... (A Cadige.) Voulez-vous pour quelques instants me prêter ce bouquet?

CADIGE.

Vous le prêter!... Je vous le donne de grand cœur, et pour toujours!...

NÉRILHA.

Merci...

LE PRINCE.
Deuxième couplet.

O fleurs, son image,
Qui charmez mes yeux!
Vous, léger nuage,
Portez-lui mes vœux!
Dites à cette belle,
Objet de mes amours,
Que je pleure et l'appelle,
Que je l'attends toujours!

SCÈNE X.

Les mêmes; ABOULFARIS.

ABOULFARIS, s'adressant au prince.

Mon prince, la sultane qui s'inquiète vous attend pour la cérémonie du baise-main!

NÉRILHA, à part.

Oh! il n'y a pas de temps à perdre. (s'approchant du prince, qui est plongé dans ses rêveries.) Mon prince... mon prince!...

LE PRINCE.

Que veut cette femme?

NÉRILHA.

La belle Gulnare se plaignait ce matin de ne pas avoir de bouquet de noces digne d'elle!...

ABOULFARIS.

J'en suis témoin!...

NÉRILHA.

Et je viens vous offrir pour elle celui-ci!

LE PRINCE.

Qui est magnifique.

ABOULFARIS.

Au fait! je ne pense pas qu'il en croisse de pareils dans vos jardins!

LE PRINCE.

C'est vrai!... Tenez, visir, offrez-le de ma part à la princesse...

(Aboulfaris s'incline et sort par la gauche; le prince, toujours plongé dans ses rêveries, s'apprête à le suivre.)

CADIGE, avec effroi, et voyant le visir qui s'éloigne.

Ah! mon Dieu! mon Dieu!...

LE PRINCE, revenant près d'elle.

Qu'as-tu donc?...

CADIGE.

Ce que j'ai!... C'est un bouquet magique, dont la vertu est telle, que ses feuilles d'argent deviennent pourpres quand celle qui les porte a déjà aimé...

LE PRINCE.

Eh bien! est-ce que cela t'effraie pour ma fiancée?...

CADIGE.

Du tout... du tout... (A part.) Ma foi! tant pis!... Pourquoi donne-t-elle des soufflets?...

LE PRINCE.

Par malheur pour moi, la sultane peut sans danger se parer de ces fleurs!...

NÉRILHA, s'approchant du prince, qui remonte le théâtre pour sortir.

Pardon, mon prince, mais je n'ai pas entendu faire à Votre Hautesse un cadeau si précieux, pour rien!...

LE PRINCE.

C'est juste! Eh bien! quel prix en demandes-tu?... Te faut-il de l'or... des diamants?...

NÉRILHA.

Bien plus encore!

LE PRINCE et CADIGE.

Comment?...

NÉRILHA, à Cadige.

Laissez-nous!...

CADIGE, à part, en sortant.

Tiens! qu'est-ce donc qu'elle va faire, la petite vieille?...

SCÈNE XI.

NÉRILHA, LE PRINCE.

DUO.

NÉRILHA.

Ah! monseigneur, à la vieillesse
On ne saurait rien refuser...
Je voudrais que Votre Hautesse
M'accordât...

LE PRINCE.
Quoi donc!

NÉRILHA.
Un baiser!

Au temps de la jeunesse
On comprend la tendresse,
Au matin des beaux jours
Conviennent les amours...
Et pourtant, pauvre vieille,
Je veux faveur pareille.
Un baiser, monseigneur!
Un seul, mon doux seigneur...
Ah! daignez par faveur
M'accorder cet honneur!

LE PRINCE.

Au temps de la jeunesse
On comprend la tendresse,
Au matin des beaux jours
Conviennent les amours!
Obtenir d'une vieille
Une faveur pareille...
Chacun, sur mon honneur,
Rirait de trop bon cœur!

NÉRILHA.

Ah! malgré vos refus rigides,
Vous devez... il faut me payer!

LA FÉE AUX ROSES

LE PRINCE, riant.

Quel créancier!

NÉRILHA.

Voyez mes rides,
D'attendre je n'ai pas le temps,
Voyez mes cheveux blancs !

Ensemble.

LE PRINCE.

Au temps de la jeunesse, etc.

NÉRILHA.

Au temps de la jeunesse, etc.

LE PRINCE, souriant.

Au fait !

(S'approchant d'elle.)

Allons ! quoi qu'il m'en coûte...

NÉRILHA, regardant autour d'elle.

On ne le saura pas !

(Tendant sa joue au prince.)

O moment désiré !

LE PRINCE, qui s'est approché d'elle, va l'embrasser, puis s'éloigne tout à coup.

Non... non... qu'allais-je faire?...

NÉRILHA.

Eh! qu'est-ce donc?

LE PRINCE.

Écoute!...

Il est une beauté dont je suis séparé,
Que j'aime, que je pleure... et je me suis juré,
Depuis le seul baiser, qu'hélas! j'ai reçu d'elle,
Que nulle autre de moi n'en recevrait...

NÉRILHA, avec douleur, à part.

Eh quoi !

C'est pour me demeurer fidèle
Qu'il refuse ici d'être à moi !

Ensemble.

NÉRILHA.

Dieu d'amour, viens à mon aide;
Amour, sois mon appui!
A mes vœux fais qu'il cède
Et que je sois à lui!

LE PRINCE.

Un amour me possède,
Et je vivrai pour lui!
En vain elle intercède...
Amour, sois mon appui!

SCÈNE XII.

LES MÊMES; GULNARE et CADIGE, sortant de la mosquée, à gauche, puis XAILOUN, ABOULFARIS, LES SEIGNEURS DE LA COUR, LE PEUPLE et ATALMUC.

CADIGE, au prince.

Eh bien! vous ne venez pas à la mosquée?... Voilà tous les grands de l'empire qui sortent du baise-main général.

FINALE.

GULNARE, tenant à la main le bouquet aux feuilles d'argent, et s'adressant à Cadige.

De ce royal présent, oui, je suis satisfaite.
D'où vous vient-il?

NÉRILHA, s'avançant.

De votre humble sujette!

LE PRINCE.

D'elle je l'acceptai pour vous l'offrir!

GULNARE.

C'est bon!

NÉRILHA, à la princesse.

Mais vous ne croiriez pas que le prince refuse
De m'en payer le prix que je veux!

GULNARE, haussant les épaules.
                    Allons donc!
Cela n'est pas! Cette femme m'abuse!

            LE PRINCE, avec impatience.
 Eh! non!.. Mais c'est un prix...

            GULNARE, avec dédain.
                    Un prince, marchander!
Et dans un jour de noce, encore! Allons, vous dis-je,
    Finissons-en... il lui faut accorder
Tout ce qu'elle voudra...

            NÉRILHA, au prince, avec malice.
                Votre femme l'exige!

            LE PRINCE, riant.
C'est différent... payons.
(Il s'approche de Nérilha, qu'il embrasse. A l'instant, un coup de tonnerre
se fait entendre : Atalmuc accourt du palais, à droite; Xaïloun, effrayé
sort de la mosquée, à gauche, avec la foule du peuple. Les vieux vête-
ments et les cheveux blancs de Nérilha disparaissent. On la revoit
jeune et fraîche comme elle était au second acte.)

            LE CHOEUR.
                O prodige!

            LE PRINCE, poussant un cri.
Trésor que je revois, vous m'êtes donc rendu!
Et je tombe à vos pieds, de bonheur éperdu!

            ATALMUC, s'approchant de lui.
Prince, que faites-vous? L'ordre de votre père!...

            LE PRINCE, prenant la main de Nérilha.
            De celle qui m'est chère,
        Rien ne peut plus me séparer!

GULNARE, qui s'est élancée du groupe de femmes où elle était, s'avance
    parée du bouquet blanc, qu'elle vient de mettre à sa ceinture.
Et la foi qu'aux autels vous deviez me jurer!

LE PRINCE, regardant le bouquet blanc, qui vient de se changer en fleurs rouges.

Et celle que de vous j'avais déjà reçue!...
De ces magiques fleurs la blancheur disparue
Prouve qu'un autre amant a su vous attendrir!
Et ce rival heureux...

XAÏLOUN et CADIGE.

Était le grand visir!

ABOULFARIS, se mettant à genoux.

C'est fait de moi!... Le sultan me condamne...

LE PRINCE, lui montrant Gulnare.

A devenir l'époux de la sultane!

ABOULFARIS, se relevant.

Quelle faveur!

NÉRILHA, apercevant Atalmuc, qui détourne la tête et essuie une larme.

Et vous dont j'ai pitié...
Pour guérir tant d'amour...

ATALMUC.

Vaine fut ma science!
Il n'est pas de moyen!...

NÉRILHA.

Il en est un, je pense,
Que notre cœur vous offre!...

ATALMUC.

Et lequel?

NÉRILHA, lui tendant la main.

L'amitié!
Magicien et sorcellerie,
Votre art succombe dans ce jour!

Et le pouvoir de la magie
Ne vaut pas celui de l'amour!

LE CHOEUR.

Magicien et sorcellerie, etc...

GIRALDA
ou
LA NOUVELLE PSYCHÉ

OPÉRA-COMIQUE EN TROIS ACTES

MUSIQUE DE ADOLPHE ADAM.

Théatre de l'Opéra-Comique. — 20 Juillet 1850.

| PERSONNAGES. | ACTEURS. |

LE PRINCE D'ARAGON, mari de la reine . .	MM. Bussine.
GINÈS PERÈS, meunier	Sainte-Foy.
DON JAPHET D'ATOCHA, premier menin de la reine	Ricquier.
DON MANOEL, jeune seigneur de la cour. . .	Audran.
UN AFFIDÉ DU SAINT-OFFICE	Adolphe.
UN DOMESTIQUE.	Lejeune.
LA REINE D'ESPAGNE.	Mmes Meyer.
GIRALDA, fiancée de Ginès Perès.	Félix Miolan.
UNE DAME D'HONNEUR.	Marie.

Pages. — Dames et Seigneurs de la cour. — Garçons et Jeunes Filles du village.

Dans un petit village de la province de Galice, aux environs de Saint-Jacques de Compostelle, aux deux premiers actes; dans le palais de la reine, à Saint-Jacques de Compostelle, au troisième acte.

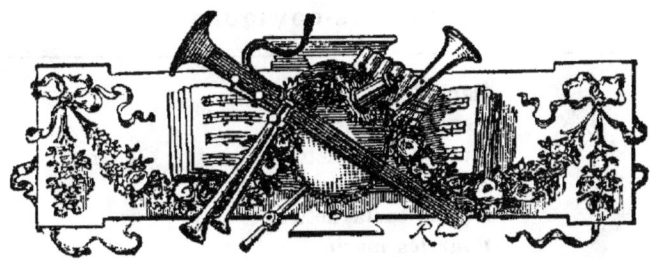

GIRALDA
ou
LA NOUVELLE PSYCHÉ

ACTE PREMIER

A gauche une ferme vue à l'extérieur ; en face, à droite une grange ; au fond une campagne agréable, traversée par la rivière de la Tambra. On aperçoit au loin la ville de Saint-Jacques de Compostelle et sa cathédrale. A gauche, l'entrée de la ferme avec une grande porte, au-dessus de laquelle se trouve une lucarne ; au troisième plan, à droite, un chemin qui descend et conduit à la chapelle.

SCÈNE PREMIÈRE.

GARÇONS et JEUNES FILLES du village, puis GINÈS, et UN TAILLEUR.

(Au lever du rideau, des garçons et des jeunes filles, venant de la droite, traversant le hangar, s'arrêtent à gauche devant la porte de la ferme ; les garçons portent des mandolines, les jeunes filles ont des castagnettes, et une sérénade commence.)

INTRODUCTION.

LE CHOEUR.

Et plaisir et joie !
Qu'ici l'on déploie

Mantille de soie !
Venez et riez ;
Garçons et fillettes
Ont des chants de fêtes
Et des castagnettes
Pour les mariés !

GINÈS, sortant de la ferme.

Eh ! par saint Jacques, quel tapage !

LE CHŒUR.

Pour fêter votre mariage
Nous accourons, et rien n'est prêt.

GINÈS, avec colère.

Mon habit même n'est pas fait !

LE CHŒUR.

Pauvre Ginès !

GINÈS.

Ah ! c'est atroce !
J'attends vainement le tailleur,
Et n'ai pas, le jour de ma noce,
Cessé de me mettre en fureur !
Cela peut me porter malheur !

LE CHŒUR.

C'est certain ! mais malgré votre mauvaise humeur,
Avec nous gaîment souriez
Et venez !

LE CHŒUR et GINÈS.

Et plaisir et joie ! etc.

GINÈS, qui a regardé au fond.

Ah ! je le vois enfin !

LE CHŒUR.

Qui ?

GINÈS.

Ce scélérat d'homme,
Ce coquin de tailleur !... il faut que je l'assomme !

TOUS.

Y pensez-vous?

GINÈS.

Eh! oui, vraiment,
Ce sera d'aujourd'hui mon premier agrément...
(Au tailleur qui vient d'entrer.)
Mon habit! mon habit!
(Le tailleur l'a déployé et le montre avec satisfaction.)

LE CHOEUR.

Ah! qu'il est élégant!

GINÈS.

Vous trouvez?

TOUS.

Il est charmant!

GINÈS.

COUPLETS.

Premier couplet.

O mon habit de mariage,
Que te voilà frais et coquet!
Que de rubans! quel beau bouquet!
Quand depuis ce matin j'enrage,
Sous tes plis fais qu'enfin mon cœur
Ne batte plus que de bonheur,
O mon habit de mariage!

Deuxième couplet.

O bel habit de mariage!
Plus d'un époux t'a revêtu,
Lequel, plus tard, t'en a voulu.
Puissé-je, un jour, en mon ménage,
Ne pas maudire, époux vexé,
Le jour où je t'aurai passé,
Mon bel habit de mariage!

SCÈNE II.

Les mêmes ; GIRALDA, en costume de mariée, sortant de la ferme en rêvant.

LES JEUNES FILLES, la regardant.

Ah ! c'est la fiancée !... elle baisse les yeux !
Oui, malgré son bonheur, elle a l'air peu joyeux.

GIRALDA, à elle-même.

Rêve heureux du jeune âge,
Avenir sans nuage,
Jour d'hymen dont l'image
Faisait battre mon cœur !
Quand pour moi tu vas luire,
Ah ! je tremble et soupire...
(Regardant Ginès.)
Il vaut mieux tout lui dire
Que mourir de douleur !
(Aux jeunes filles et aux jeunes garçons.)
Allez tous à la ferme, allez vous rafraîchir.
(Bas, à Ginès.)
Je voudrais bien, seigneur, vous parler...

GINÈS, à part.

O plaisir !

LE CHOEUR.

Allons nous rafraîchir,
Et livrons-nous au plaisir !
Venez et riez ;
Garçons et fillettes
Ont des chants de fêtes
Et des castagnettes.
Pour les mariés !

(Ils entrent tous dans la ferme, à gauche.)

SCÈNE III.

GINÈS, GIRALDA.

GINÈS.

Eh bien! ma petite femme, vous avez l'air bien ému!... nous voilà seuls... Que voulez-vous me dire à moi, en particulier?

GIRALDA.

Écoutez-moi, seigneur Ginès!... Nicolo Almedo le fermier, qui m'a recueillie et élevée, veut absolument me marier, moi, pauvre orpheline, à vous, seigneur Ginès Pérès, parce que vous êtes son voisin et un habile meunier!

GINÈS, riant.

Et c'est ce soir, à minuit, qu'on nous marie, là, dans la chapelle... et j'ai déjà reçu la dot... trois cents ducats... ils sont là... (Frappant sur son gousset.) On les entend... et tout ça, grâce au ciel! fait que les choses sont bien avancées!

GIRALDA.

Et cependant Nicolo Almedo vous a laissé ignorer des circonstances qu'il faut que vous sachiez!

GINÈS.

Lesquelles?

GIRALDA.

C'est qu'il y a du risque à m'épouser!

GINÈS, effrayé.

Ah!

GIRALDA.

Oui... d'abord, mon père était un gentilhomme...

GINÈS.

Ça ne m'effraie pas!

GIRALDA.

Qui, lors de nos guerres civiles, a été proscrit, exilé.

GINÈS.
Lui!... mais non pas vous!

GIRALDA.
Tous ses biens confisqués!

GINÈS.
Ça, c'est indigne... mais enfin, il vous reste une dot de trois cents ducats!

GIRALDA.
C'est bien peu!

GINÈS.
C'est superbe dans le pays!

GIRALDA.
Vous trouvez?

GINÈS.
Il n'y a pas mieux... (A part.) Sans cela!...

GIRALDA.
Eh bien! puisque tout cela vous est indifférent, j'ai une autre objection, bien plus forte, dont je n'osais vous parler!

GINÈS.
Et quelle est-elle?

DUO.

GINÈS, regardant Giralda.
Faut-il donc vous aider, ma chère,
Et deviner votre embarras?...
C'est que vous m'aimez!...

GIRALDA, baissant les yeux.
Au contraire,
C'est que je ne vous aime pas!

GINÈS, stupéfait.
Vous!

GIRALDA.
Moi!

GINÈS.
C'est impossible!
De moi vous voulez vous jouer!

GIRALDA.
Non, c'est là ce secret terrible
Que je n'osais vous confier!

GINÈS, avec désespoir.
Et mon habit que j'ai fait faire,
Mon logis que j'ai disposé!...

GIRALDA.
Par vous, maintenant, je l'espère,
Un tel lien sera brisé!

GINÈS.
Par moi!

GIRALDA.
Par vous.

GINÈS.
Non!

GIRALDA, étonnée.
Comment! non!

GINÈS, avec fureur.
Non! non! non!... J'en perdrai la raison!

Ensemble.

GINÈS.
N'espérez pas que de mon âme
Sorte à jamais pareille flamme,
Non, non, vous avez trop d'appas
Et vous avez trois cents ducats!...

GIRALDA.
Ah! c'est indigne! c'est infâme!
Il veut encor m'avoir pour femme,
Son amour qui ne s'éteint pas
Ne voit, hélas! que mes ducats!...

Pour calmer un pareil délire,
Et pour éteindre votre ardeur,
Un tel aveu devrait suffire,
Je vois quelle était mon erreur!

GINÈS.

Eh bien! donc!

GIRALDA.

S'il faut vous le dire,
Un autre possède mon cœur!

GINÈS.

A vous?

GIRALDA.

A moi!

GINÈS.

C'est impossible!
C'est une ruse, je le voi!

GIRALDA.

Non, c'est là le secret terrible
Que je confie à votre foi.

GINÈS, avec désespoir.

Et le contrat que j'ai fait faire!
Le curé que j'ai prévenu!

GIRALDA.

Par vous, maintenant, je l'espère,
Un tel lien sera rompu.

GINÈS.

Par moi?

GIRALDA.

Par vous!

GINÈS.

Non!

GIRALDA.

Comment! non!

GINÈS.
Non! non! non!... J'en perdrai la raison!

Ensemble.

GINÈS.
N'espérez pas que de mon âme, etc.

GIRALDA.
Ah! c'est indigne! c'est infâme, etc.

GINÈS.
Oui, j'épouse, j'épouse!
Mon âme est peu jalouse,
Et mon cœur,
Sans frayeur,
Rit d'un tour imposteur.
Oui, j'insiste
Et persiste,
Et du sort le plus triste,
Bon époux,
Sans courroux,
Je braverai les coups!

GIRALDA.
Il m'épouse, il m'épouse!
Son âme peu jalouse,
Sans frayeur,
Voit mon cœur
Brûler d'une autre ardeur!
Il insiste,
Il persiste!
A mon tour je résiste,
Et pour vous,
Noble époux,
Du sort craignez les coups!
(Avec résolution.)
Tremblez, monsieur, tremblez, hélas!
Car je suis méchante et colère,
J'ai le plus mauvais caractère...

GINÈS, l'interrompant.
Mais vous avez trois cents ducats!

Ensemble.

GINÈS.
Oui, j'épouse, j'épouse! etc.

GIRALDA.
Il m'épouse, il m'épouse! etc.

Quoi! monsieur, de pareilles considérations ne vous arrêtent pas?

GINÈS.
Non! parce qu'il m'est aisé de voir que vous voulez seulement m'effrayer... et que rien de tout cela n'est vrai... d'abord, vous n'avez pas d'amoureux...

GIRALDA, avec colère.
Je n'en ai pas!

GINÈS.
On le saurait dans le village!... ça se sait toujours... même quand ça n'est pas!... ainsi, à plus forte raison!

GIRALDA.
Mais quand je vous atteste, moi, que j'en ai un!

GINÈS.
C'est de la vanterie... vous êtes trop sage, trop honnête... vous avez trop de vertu!

GIRALDA.
Moi!

GINÈS.
Si vous n'y croyez pas, vous ne pouvez pas empêcher les autres... moi, j'y crois... j'en mettrais la main au feu!

GIRALDA.
Ah! c'est à vous faire enrager!

GINÈS.

Eh bien! cet amoureux, quel est-il? il n'y en a pas dans le village... je suis le seul, c'est ce qui fait ma force.

GIRALDA.

Il n'est pas du pays!

GINÈS.

D'où est-il donc?

GIRALDA.

Je l'ignore!

GINÈS.

Quel est-il?

GIRALDA.

Je n'en sais rien!

GINÈS.

Et son nom?

GIRALDA.

Il ne me l'a pas dit!

GINÈS.

Mais sa figure du moins?

GIRALDA.

Je ne l'ai jamais vu!

GINÈS, riant.

Ah! ah! ah! voilà qui est joli... vous voyez bien que vous vous moquez de moi!

GIRALDA.

Non! car je l'aime, et n'aimerai jamais que lui.

GINÈS.

Je vous défie de me persuader cela!

GIRALDA.

Eh bien donc! si, pour vous convaincre... il faut tout vous raconter!...

GINÈS.

Vous me ferez plaisir!

GIRALDA.

Vous savez que c'est moi qui suis chargée de vendre les produits de la ferme?

GINÈS.

Je ne dis pas non!

GIRALDA.

Que je pars tous les mercredis soirs afin d'arriver le lendemain, au point du jour, au marché de Santiago?

GINÈS.

C'est la vérité.

GIRALDA.

Qu'il faut traverser, à la nuit, un bois de sycomores qui a un quart de lieue à peu près?

GINÈS.

C'est possible!... je ne dirai pas au juste... car volontiers j'évite d'y passer!

GIRALDA.

Il ne m'y était jamais rien arrivé... excepté il y a trois mois... le temps était couvert, la nuit très-sombre... je distinguais les pas de gens qui me suivaient, pour m'effrayer, pour me voler peut-être...

GINÈS.

Pour le moins!

GIRALDA.

En ce moment, je crus entendre dans le taillis le galop lointain d'un cheval... je me mis à crier : « A moi! au secours!... » Tais-toi, dirent ces vilaines gens, en m'entourant... tais-toi!... Moi, de crier plus fort!... et quelques instants après, arrivait sur nous, comme la foudre, un cavalier dont je ne pouvais voir les traits, mais dont j'entendais la voix menaçante... tous avaient disparu... et le jeune homme, c'en était un, j'en suis sûre!... s'était élancé près de moi, à moitié évanouie de frayeur... J'étais si faible, que je n'aurais jamais pu arriver à Santiago... il m'assit alors devant lui, sur son cheval, lui, couvert de son grand chapeau rabattu et m'écoutant... moi, lui disant qui j'étais... mon nom, ma naissance. Déjà nous étions aux portes de la ville, et il faisait jour à peine... il me déposa à terre et me dit : « Adieu!... » Ce fut là notre première rencontre!

GINÈS.

Votre première?... il y en a donc eu d'autres?...

GIRALDA.

Certainement!... le mercredi suivant et chaque semaine.

GINÈS.

C'est donc ça que vous ne manquiez jamais le marché!

GIRALDA.

Je le trouvais toujours à la nuit à l'entrée de ce bois qu'il ne voulait plus me laisser traverser sans guide... mais il me quittait toujours un peu avant la sortie de la forêt... et tout le long de la route, tout ce qu'il me disait avait tant de charme!... mais tout cela sans me dire son nom et sans me laisser voir ses traits!

GINÈS.

C'est qu'il est laid!

GIRALDA, vivement.

Oh! non! j'en suis certaine!... et maintenant comprenez-vous enfin que j'aime quelqu'un... et que... ce n'est pas vous!

GINÈS.

Ce n'est pas moi!... c'est possible!... mais moi je ne me cache pas... on me connaît, on me voit!...

GIRALDA, rentrant vivement dans la ferme.

Par malheur!

GINÈS.

Comment! par malheur!... (Se retournant vers don Japhet qui entre au fond.) Hein! qui vient là?

SCÈNE IV.

GINÈS, DON JAPHET, précédé de quelques **HABITANTS DU VILLAGE.**

DON JAPHET, aux jeunes gens qui le précèdent.

Allez toujours... allez donc... Informez-vous... voyez si dans ce misérable village on pourrait trouver des logements pour les gens de la suite... (A Ginès.) Avance ici, imbécile !

(Les habitants sortent.)

GINÈS, se rengorgeant.

Un grand seigneur qui me connaît !

DON JAPHET.

Es-tu de ce pays ?...

GINÈS.

Je suis d'une demi-lieue d'ici... Ginès, le meunier... pour vous servir !

DON JAPHET.

Dis-moi alors, cette maison, la plus belle, non, la moins laide de l'endroit, à qui appartient-elle ?...

GINÈS.

A Nicolo Almedo, le fermier... mon futur beau-père.

DON JAPHET.

Ah ! tu te maries !... Et lui aussi !... Je ne m'étais pas trompé... un imbécile !

GINÈS.

Monseigneur est marié ?

DON JAPHET, brusquement.

Du tout !... Préviens Nicolo Almedo, ton beau-père, que je mets en réquisition pour cette nuit sa maison tout entière !

GINÈS.

Et nous autres ?...

DON JAPHET, d'un ton d'autorité.

Vous en sortirez!

GINÈS.

Le jour de mes noces!... Encore faut-il que moi et ma femme!...

DON JAPHET.

Silence!

GINÈS.

Nous logions quelque part... et je me dis...

DON JAPHET.

Ça ne te regarde pas!

GINÈS.

Et qui donc cela regarde-t-il?...

DON JAPHET.

Moi, don Japhet d'Atocha, premier menin de la Reine, chargé de préparer les logements de Leurs Majestés!

GINÈS.

Est-il possible!... Le roi et la reine...

DON JAPHET.

Ont décidé qu'ils ne feraient que demain leur entrée à Saint-Jacques de Compostelle, et qu'ils s'arrêteraient ici ce soir.

GINÈS.

Pour me prendre ma chambre nuptiale!

DON JAPHET.

C'est trop d'honneur pour toi!

GINÈS.

Un honneur bien désagréable!... mais quand une fois le guignon s'attache à un mariage...

DON JAPHET.

Il ne le quitte plus... au contraire!

GINÈS, naïvement.

Monseigneur est marié?

DON JAPHET, vivement.

Je t'ai déjà dit que non!... je suis garçon... je le serai toujours!

GINÈS.

Ça ne m'étonne pas... Monseigneur a l'air d'avoir trop d'esprit!...

DON JAPHET, avec satisfaction.

C'est bien!

GINÈS.

Avec son âge et sa tournure... songer à...

DON JAPHET.

Qu'est-ce à dire?...

GINÈS.

C'est un compliment que je me permets... parce que nous autres paysans galiciens...

DON JAPHET, avec impatience.

Eh bien?

GINÈS.

Nous ne sommes pas bêtes!

DON JAPHET.

Il ne se croit pas bête!... Conçoit-on un aveuglement pareil!... Va-t'en! va-t'en prévenir ton beau-père et tout disposer!...

GINÈS.

Oui, monseigneur!

(Il entre vivement dans la ferme à gauche.)

SCÈNE V.

DON JAPHET, seul.

J'ai vu le moment où, en causant avec ce rustre, ce butor, j'allais me trahir... C'est inconcevable, dès qu'on me parle mariage, je perds toute ma présence d'esprit : la tête n'y est plus... Allons, ne pensons plus à cela et occupons-nous de nos logements. (Tirant un livre de sa poche.) Voyons combien il nous faut d'appartements... chambre du Roi, chambre de la Reine... et les demoiselles d'honneur, et les premiers gentilshommes... je ne pourrai jamais placer tout ce monde-là ensemble... séparément!

SCÈNE VI.

DON JAPHET, assis à droite et écrivant, DON MANOEL, entrant par le fond, à droite.

DON MANOEL, à part.

Elle n'est pas venue hier! elle n'a pas traversé la forêt... voilà huit jours que je ne l'ai vue... quelque accident la retiendrait-il?... Voici la ferme de Nicolo Almedo... personne ne m'y connaît... et je puis, sous le premier prétexte...

(Il se trouve face à face avec don Japhet qui se lève.)

DON JAPHET, poussant un cri de surprise.

Don Manoël!

DON MANOEL, à part.

Malédiction!... don Japhet d'Atocha!... il m'a reconnu!

DON JAPHET.

Vous venez au-devant de Leurs Majestés!

DON MANOEL, vivement.

Vous l'avez dit!

DON JAPHET.

Zèle inutile!... la cour n'arrivera que demain à Santiago, dont vous êtes le gouverneur... La Reine veut s'arrêter ce soir à Noya et faire ses dévotions au caveau de Saint-Jacques-le-Majeur... car notre jeune Reine qui, contre l'avis de son conseil et le mien, a voulu élever jusqu'à elle le prince d'Aragon, son cousin, notre Reine, dis-je, brille par sa dévotion et ses vertus, ainsi que son mari...

17.

DON MANOEL.

Par ses folies!

DON JAPHET.

Ce n'est pas moi qui l'ai dit!

DON MANOEL.

Mais vous le pensez!... Prince charmant qui n'a qu'un défaut...

DON JAPHET.

Celui d'aimer toutes les femmes!

DON MANOEL.

Donc il aime la sienne... et ne penserait qu'à elle, j'en suis sûr... si, moins sévère, moins défiante, moins jalouse peut-être...

DON JAPHET.

A qui le dites-vous!... Sa Majesté m'avait chargé, moi, premier gentilhomme de la chambre, d'espionner son auguste époux... fonctions honorables, qui pourraient me coûter cher...

DON MANOEL.

Comment cela?

DON JAPHET.

C'est à ce sujet que j'aurais besoin de votre crédit, à vous, don Manoël, qui en avez tant!...

DON MANOEL.

Moi, fils d'un connétable rebelle et coupable de lèse-majesté... moi qui, condamné dès l'enfance, n'ai dû ma liberté qu'à la clémence de la Reine... et à des conditions...

DON JAPHET.

Que chacun envie!... Favori du Roi et de la Reine, vous pouvez me défendre, me sauver...

DON MANOEL.

Vous, monsieur le duc?...

DON JAPHET.

La Reine, comme je vous le disais, m'avait ordonné de surveiller exactement toutes les démarches de son mari, lequel s'est aperçu de la chose, et a dit tout haut, devant des personnes qui me l'ont rapporté : « Ah! ah! don Japhet se mêle de mon ménage! C'est bien! S'il se marie jamais, je me mêlerai du sien et me vengerai sur sa femme! je le jure! »

DON MANOEL.

En vérité !

DON JAPHET.

Or, en ce moment je voudrais...

DON MANOEL.

Vous marier?...

DON JAPHET.

Hélas! non... c'est déjà fait.

DON MANOEL, avec étonnement.

Est-il possible !...

DON JAPHET.

La fille d'un vieil hidalgo... Rosine de Pontevedra, que j'ai épousée en province et en secret, vu les projets de vengeance du Roi, qui n'est pas homme à y renoncer... au contraire!... Le hasard lui a fait rencontrer Rosine de Pontevedra... et, soit fatalité, soit instinct... il l'a trouvée...

DON MANOEL.

Charmante!

DON JAPHET.

Ravissante... sans se douter qu'elle était ma femme... jugez s'il le savait... C'est à faire frémir !...

DON MANOEL.

Vous avez raison!

DON JAPHET.

Cela peut avoir les suites les plus graves... et si vous

vouliez seulement, dans mon intérêt, éveiller l'attention de la Reine sur les assiduités de son mari, je serais tranquille... la jalousie de Sa Majesté serait la sauvegarde de mon honneur... Mais, pardon ! c'est là, dans la ferme de Nicolo Almedo, que Leurs Majestés doivent s'arrêter cette nuit...

DON MANOEL, vivement.

Cette nuit !...

DON JAPHET.

Je vais m'occuper de leurs logements, et nous reprendrons plus tard, si vous le voulez bien, cette question toute palpitante d'émotion et de dangers.

DON MANOEL.

Très-bien, très-bien ! que je ne vous retienne pas !...

(Don Japhet entre dans la ferme, à gauche.)

SCÈNE VII.

DON MANOEL, seul.

AIR.

Quoi ! le Roi passerait la nuit dans cet asile !
Et si ma Giralda vient s'offrir à ses yeux...
Tremblons !... Roi connaisseur et séducteur habile,
Il voudrait me ravir ce trésor précieux.

O premiers rêves de la vie,
Charme heureux des amours discrets !
Tout nous rapproche, tout nous lie,
Tout nous enchaîne pour jamais !

O fleur printanière,
Rose qui m'est chère,
Et dans le mystère
Eclose pour moi !
Si fraîche et si tendre,
Toi qu'on peut surprendre,
Sachons te défendre
Même contre un roi !

Que l'orage qui me menace
Ne puisse jamais l'effleurer !
Pour la soustraire à ma disgrâce,
Protégeons-la sans nous montrer.

O fleur printanière, etc.

(Pendant cet air la nuit est venue tout à fait. On entend des cris bruyants dans la ferme à gauche.)

DON MANOEL.

Eh ! mon Dieu ! d'où viennent ces joyeuses acclamations?... Leurs Majestés pourtant ne sont pas encore arrivées.

SCÈNE VIII.

GINÈS, sortant de la ferme, en habit de marié, le bouquet au côté, couvert d'un feutre gris, avec plumes blanche et rouge, et enveloppé d'un large manteau, DON MANOEL, qui, à l'entrée de Ginès, a remonté le théâtre.

GINÈS, à la cantonade.

Oui, riez ! riez !... ça n'est pas gai !... tout semble conjuré contre moi !

DON MANOEL, à part.

Un pauvre diable qui se plaint... (Haut.) Qu'y a-t-il donc, mon garçon ?

GINÈS.

Autant que la nuit me permet de distinguer, encore un seigneur... et nous en avons déjà assez comme ça !

DON MANOEL.

En vérité !

GINÈS, de mauvaise humeur.

Oui, sans doute... Je suis meunier, monsieur... un meunier, qui se marie, monsieur !...

DON MANOEL, à part.

Une noce dans le village !... Tant mieux, Giralda y sera !

GINÈS.

Et on me prend ma chambre et celle de ma femme, monsieur, pour loger le Roi et la Reine, monsieur !

DON MANOEL.

Voilà en effet qui est fâcheux !

GINÈS.

Passe encore si on ne me prenait que ça !... car aussitôt après la bénédiction j'emmène ma femme à mon moulin, le moulin de Tambra, dont j'ai la clef sur moi... mais on me prend encore...

DON MANOEL.

Quoi donc ?

GINÈS.

Le curé qui devait nous marier ! le vieux Gregorio, qui vient avec son clergé de partir au-devant de la Reine... Il ne reste que le petit vicaire, pas autre chose, le père Angelo !

DON MANOEL.

Qui est ici depuis un mois !

GINÈS.

Vous le connaissez ?...

DON MANOEL.

Un ami !... (A part.) C'est moi qui l'ai fait nommer !

GINÈS.

Et au lieu de la grande chapelle, la plus belle, la seule de l'église, que l'on réserve pour les dévotions de la Reine, ils vont nous marier dans un petit caveau où l'on n'y voi goutte... et, vu que la fabrique n'est pas généreuse, c'est tout au plus si on nous accordera un cierge pour tout luminaire.

DON MANOEL.

Qu'importe, si tu aimes, si tu es aimé !

GINÈS.

Voilà encore qui n'est pas des plus clairs... et Giralda...

DON MANOEL, vivement.

Giralda!... c'est Giralda que tu épouses... qui consent à l'épouser?...

GINÈS.

Elle! Pas du tout!... Et si ce n'était le fermier Almedo, son père, à qui elle n'ose résister... elle dirait : non!... mais, vu qu'elle a une dot, moi je dis : oui.

DON MANOEL, à part.

Quelle horreur!... Ah! quoi qu'il arrive, sauvons-la d'abord, et nous verrons après!... (Haut.) Écoute-moi!...

DUO.

C'est dans l'église du village...

GINÈS.

Qu'on va nous bénir à l'instant.

DON MANOEL.

Et l'on t'apporte en mariage...

GINÈS.

Trois cents ducats, argent comptant.
Cela m'a décidé...

DON MANOEL, à part.

Qu'entends-je!

(A Ginès.)
Je t'en offre le double.

GINÈS, stupéfait.

Vous!...

DON MANOEL.

Si tu me cèdes en échange,
Ta place et ton titre d'époux.

GINÈS.

Qu'entends-je!... O ciel! c'est diabolique!

DON MANOEL.
Eh! non, vraiment, c'est sans réplique.
En échange de ce chapeau,
De ce bouquet, de ce manteau,
(Faisant sonner une bourse qu'il tire de sa poche.)
Tiens, tiens... six cents ducats en or, par moi donnés.

GINÈS.
En or!...
(Se frottant l'oreille.)
Six cents!... c'est trois cents de gagnés...

Ensemble.

GINÈS, à part.
Voyons, examinons,
Avec soin calculons...
Fillette jeune et fraîche,
Mais fière et pie-grièche,
Qui me déteste, hélas!
Et que je n'aime pas;
Plus, une forte somme
Que m'offre un galant homme,
Pour m'acheter ici
Mon titre de mari!...
C'est de moins une femme,
Et de plus des écus;
Non, sans crainte de blâme,
Non, je n'hésite plus.
   C'est convenu,
   C'est résolu,
   Marché conclu!

DON MANOEL, à Ginès.
Voyons et calculons,
Ensemble raisonnons...
Fillette jeune et fraîche,
Mais tant soit peu revêche,
Qui te déteste, hélas!
Et que tu n'aimes pas;
Plus une forte somme

Que t'offre un galant homme,
Pour t'acheter ici
Ton titre de mari !
C'est de moins une femme,
Et de plus des écus ;
Va, sans craindre le blâme,
Crois-moi, n'hésite plus.
C'est convenu,
C'est résolu,
C'est convenu !

(A la fin de l'ensemble, Ginès remet à don Manoël son chapeau, son bouquet et son manteau.)

DON MANOEL, prêt à lui donner la somme.

Tu ne trahiras pas un mot de ce marché.

GINÈS.

C'est dit.

DON MANOEL.

Jusqu'à demain tu te tiendras caché.

GINÈS.

C'est dit.

DON MANOEL.

Tandis que moi, d'après la foi promise,
Sous ce déguisement que la nuit favorise,
Je conduirai ce soir ta future à l'autel.

GINÈS, se récriant.

Permettez...

DON MANOEL.

Et de plus, c'est là l'essentiel,
Tu vas, me confiant toute ta destinée,
Me remettre à l'instant la clef de ton moulin.

GINÈS, de même.

La clef de mon moulin !...

DON MANOEL.

Après notre hyménée,

C'est tout simple...

GINÈS.
Pourtant...

DON MANOEL.
Je le veux!

GINÈS.
Mais enfin...

(A ce moment don Manoël fait résonner la bourse, puis il la remet à Ginès, qui la prend avec joie.)

Ensemble.

GINÈS.
Voyons, examinons, etc.

DON MANOEL.
Voyons et calculons, etc.

GINÈS.
Ah! l'excellente affaire!
Que le ciel soit béni!
Joyeux célibataire,
Je n'ai plus de souci.
Séduisante colombe,
Restez auprès de lui;
Sur lui que tout retombe!
Je ne suis plus mari.
J'entends la noce, la voici...
Je pars, je m'éloigne d'ici.

DON MANOEL.
C'est au plus téméraire
Que le destin sourit;
Par une loi sévère
L'hymen m'est interdit.
Demain que je succombe,
Il me reste aujourd'hui;
J'emporte dans la tombe
Le nom de son mari!
J'entends la noce, la voici
Va-t'en, éloigne-toi d'ici!

(Ginès disparaît par le hangar à droite. Don Manoël, enveloppé du manteau et le front caché par le grand chapeau de Ginès, reste au milieu du théâtre.)

SCÈNE IX.

GIRALDA et **TOUS LES GENS DE LA NOCE**, sortant de la ferme, à gauche, **DON MANOEL**, enveloppé dans son manteau.

(Il fait nuit.)

LE CHOEUR.

Vers la chapelle solitaire
Partons dans l'ombre de la nuit.
Oui, l'amour chérit le mystère,
Et c'est l'amour qui nous conduit!

DON MANOEL, apercevant Giralda habillée en mariée.

C'est elle! ô doux instants...

GIRALDA, s'adressant à don Manoël qu'elle prend pour Ginès.

Je vous le dis encor, monsieur, il en est temps,
Malgré moi je cède.
Voyez ma douleur,
Un autre possède
Mes vœux et mon cœur.

DON MANOEL, à part.

O bonheur!...

GIRALDA.

Après un tel aveu, vous persistez encor...

DON MANOEL, à part.

Plus que jamais!
(Haut.)
Venez!

GIRALDA, avec douleur.

Ah! ce sera ma mort!

LE CHŒUR.

Vers la chapelle solitaire, etc.

(Don Manoël entraîne Giralda. Toutes les personnes de la noce les
suivent et sortent avec eux par le fond, à droite.)

SCÈNE X.

GINÈS, sortant avec précaution du hangar, suit des yeux la noce qui s'éloigne, et redescend tenant à la main la bourse que lui a donnée don Manoël.

Je crois décidément qu'elle ne m'aimait pas,
  Et céder pour six cents ducats
  Une femme qui vous abhorre,
C'est bien vu... J'en connais qui donneraient, hélas !
  La leur pour rien et du retour encore.
 (Regardant au fond, à gauche.)
Eh ! mais, quel est ce bruit ?... Le tambour, le clairon,
J'aperçois des flambeaux. On accourt, on s'empresse.
 (Montrant la ferme.)
Dans quelque coin là-haut, fidèle à ma promesse,
Cachons-nous et laissons la place à mon second...
     (Il entre vivement dans la ferme.)

SCÈNE XI.

Paraissent des GARDES, portant des flambeaux, puis LE ROI, en habit
de voyage et entouré de JEUNES SEIGNEURS de la cour.

LE ROI.

AIR.

Que saint Jacque et les saints me viennent tous en aide,
Car voyager en prince est un mortel ennui ;
  Mais la Reine, que je précède,
Est loin... et, pour l'attendre, arrêtons-nous ici...

  A nous la jeunesse,
  A nous les plaisirs !

Que l'amour renaisse
Du sein des désirs !
Douces destinées,
Mesurons nos jours,
Non par les années,
Mais par les amours !

D'une puissante reine
Mari, sans être roi,
J'acceptais une chaîne
En acceptant sa foi ;
De ses vertus hautaines,
Subissons les rigueurs,
Et déguisons nos chaînes
En les couvrant de fleurs !

A nous la jeunesse, etc.

SCÈNE XII.

Les mêmes ; LA REINE, appuyée sur le bras de DON JAPHET, entre, suivie de toutes ses DAMES et de ses PAGES.

LA REINE et LE CHOEUR, au fond du théâtre, s'arrêtant et s'agenouillant.

Dieu tout-puissant, dont je réclame
Le pouvoir terrible et vengeur,
Porte le calme dans son âme
Et la sagesse dans son cœur !

LE ROI, sur le bord du théâtre, regardant la Reine.

Je la revois, ô noble dame !
Son ascendant doux et vainqueur
Porte le calme dans mon âme
Et la tendresse dans mon cœur !

(Allant offrir galamment la main à la Reine, et redescendant avec elle le théâtre.)

Votre Majesté n'est-elle pas bien fatiguée du voyage ?

LA REINE.

Un peu !... Cela ne m'empêchera pas de passer ici la nuit

en prières, près des bienheureuses reliques de Saint-Jacques-le-Majeur.

LE ROI, à part.

Toute la nuit... tant pis!

DON JAPHET, à la reine.

Moi qui avais fait préparer la chambre de Votre Majesté et celle du Roi, là, dans cette ferme.

LE ROI.

Une ferme! j'en suis ravi... cela délasse des palais... c'est gai, c'est champêtre... (A don Japhet.) Y soupe-t-on?

DON JAPHET, s'inclinant.

J'ai veillé à ce que rien ne manquât!

LE ROI, à ses gentilshommes.

Messieurs, je vous invite... La Reine veille! nous veillerons aussi... Nous boirons à la santé de ces bons paysans, et nous ferons sauter les paysannes... (A don Japhet.) Comment sont-elles dans ce canton?

LA REINE.

Sire, de pareils détails...

LE ROI.

Conviennent à un prince qui veut s'instruire!

DON JAPHET.

Tout ce que je sais, c'est qu'il y a une noce dans cette ferme!

LE ROI.

Une noce... une mariée de village... c'est charmant... et je trouve...

LA REINE.

Inconvenant que don Japhet nous ait placés près de cette noce!

DON JAPHET.

La noce s'en va.

LA REINE.

C'est mieux !

LE ROI, avec humeur.

Tant pis !

DON JAPHET.

En sortant de l'église, le mari emmène sa femme chez lui !

LE ROI, à part.

Mais tant pis ! tant pis !

LA REINE.

C'est bien... Le Roi passera la nuit dans la chambre que vous lui avez préparée... Vous logerez près de lui, don Japhet !

DON JAPHET.

Quel honneur !

LA REINE.

Vous veillerez en sujet fidèle sur sa Majesté, (A demi-voix.) et demain vous me rendrez compte... (Aux gentilshommes.) Vous, messieurs, approchez !...

DON JAPHET, à qui la Reine a parlé bas.

Le mot d'ordre, messieurs !

(Sur un signe de don Japhet, les seigneurs de la cour viennent rejoindre la Reine, qui se trouve à gauche sur le devant du théâtre, pendant que don Manoël enveloppé de son manteau, sort de la droite avec Giralda qu'il entraîne.)

SCÈNE XIII.

LES MÊMES ; DON MANOEL, entraînant GIRALDA ; JEUNES GARÇONS et JEUNES FILLES du village.

GIRALDA.

Pourquoi m'entraîner ainsi en sortant de la chapelle, et me séparer de mes compagnes ?... Non ! non ! je n'irai pas plus loin... (Se dégageant des bras de don Manoël, elle aperçoit les gentilshommes qui entourent la Reine.) Oh! tous ces beaux seigneurs!

DON MANOEL, regardant autour de lui, à part.

Dieu! le Roi! fuyons!

(Il disparaît par le hangar, à droite, et laisse sur une chaise le chapeau et le manteau qu'il ôte vivement. Pendant ce temps, Giralda a remonté le théâtre pour aller rejoindre les jeunes filles qui entrent en ce moment.)

FINALE.

DON JAPHET, regardant vers le fond.

Voici la noce, et filles et garçons!...

LE ROI.

A merveille! voyons!

(A Giralda, qu'il a prise par la main et amenée au bord du théâtre.)

Vous êtes donc, ma belle mariée...

GIRALDA.

Fille d'Almedo, le fermier!

LA REINE.

Et pour jamais le Ciel vous a liée?...

GIRALDA.

A Ginès Perès, le meunier.

LE ROI.

Qui, non loin de ces lieux demeure?

GIRALDA.

Au moulin de Tambra, moins d'un mille d'ici!

LE ROI, à part.

C'est utile à savoir!

LA REINE.

Je veux voir son mari...

Qu'il approche...

GIRALDA, sans se tourner vers son mari.

Venez, monsieur...

(Ne le voyant pas.)

                    Mais tout à l'heure
Il était là...

LE CHOEUR.

C'est vrai!... de son bouquet paré...

GIRALDA.

A la ferme il sera rentré...

LE CHOEUR, appelant à la porte de la ferme.

Ginès! Ginès! Ginès!

GINÈS, paraissant à la lucarne au-dessus de la porte.
              Eh bien! que me veut-on?
Dieu! que de monde!

LE CHOEUR.
            A l'instant, descends donc!
La Reine te demande.

LE ROI, à part.
            Ah! nous avions raison,
L'époux ne la vaut pas, et n'est pas digne d'elle!

GINÈS, entrant.
La Reine me demande... ô surprise nouvelle!
Je ne puis refuser...

DON JAPHET, qui a parlé bas à la Reine.
            Oui, madame, voici
Le marié, c'est lui!...

LE CHOEUR.
            C'est lui! c'est lui! c'est lui!

GINÈS.

Que disent-ils!

LA REINE, à Giralda.
Ah! c'est là ton mari?

GIRALDA.

Hélas! oui...

GINÈS, étonné, à part.
            Comment! elle aussi!

GIRALDA, à la Reine.

Le même sort à présent est le nôtre...
Car on vient à l'autel de nous unir...

GINÈS, stupéfait, à part.

Et l'autre!...

(Tâtant sa poche.)
Et ces ducats, et mon serment...

LE ROI, à Giralda.

Recevez notre compliment!

Ensemble.

GINÈS.

Quoi! sur la meunière,
Je reprends mes droits?
C'est ma ménagère
Encore une fois!
Embarras extrême!
Ils le veulent tous.
J'y consens moi-même,
Soyons son époux!

LE ROI.

Gentille meunière,
Séduisant minois,
Chacun sur la terre
Subirait tes lois;
Et du rang suprême,
Pour un sort si doux,
Oui, le Roi lui-même
Descendrait pour vous!

DON JAPHET et LE CHŒUR.

Gentille meunière,
Séduisant minois,
Pour charmer et plaire
Elle a tous les droits.
Mais, péril extrême,
Gare à son époux!
Car le Roi lui-même
Lui fait les yeux doux!

GIRALDA.

O destin contraire!
C'en est fait... je dois
Pleurer et me taire
Et subir tes lois!
Souvenir que j'aime,
O rêves si doux,
Il me faut moi-même
Renoncer à vous!

LA REINE.

Gentille meunière,
Séduisant minois,
Ah! d'un œil sévère,
Veillons sur mes droits;
Car le diadème,
Dont ils sont jaloux,
Ne saurait lui-même
Fixer un époux!

(A Ginès.)
Vous allez emmener votre nouvelle femme
Dans votre moulin!...

GINÈS, étonné.

Moi?...

LA REINE.

Sur-le-champ!

GINÈS.

Quoi! madame...

LA REINE.

Je l'ai dit... je le veux ainsi!

LE ROI, à Ginès.

Au moulin de Tambra, moins d'un mille d'ici...

GINÈS.

Oui, Sire...

LE ROI.

En côtoyant la rive
Gauche...

GINÈS.
Non pas... la droite...
LA REINE, avec impatience.
Et qu'importe ! partez
Sur-le-champ, je l'ai dit...
GINÈS interdit, bas, à Giralda.
Vous, vous y consentez ?...
GIRALDA.
Il le faut bien...
GINÈS, étonné, à lui-même.
Et l'autre... Ah ! je crains qu'il n'arrive !
LE CHŒUR, à Ginès.
Quand la Reine l'ordonne, allons, prends ton manteau !
GINÈS, étonné.
Mon manteau !
LE CHŒUR, le lui donnant.
Le voici... Ton chapeau...
GINÈS, stupéfait.
Mon chapeau !
Mon chapeau, mon manteau !
(A part.)
De plus, ma femme... et cependant...
Et ses ducats... et mon serment !
LA REINE, à ses femmes.
Allons passer la nuit à la chapelle...
(Au roi.)
Vous, à la ferme...
LE ROI, à part.
Oui, pour y rêver d'elle !
GINÈS, à part, regardant Giralda.
Elle y consent ! moi, son époux !
Allons, puisqu'ils le veulent tous...
(Prenant le bras de Giralda.)
A mon bonheur résignons-nous...

Ensemble.

GINÈS.
Quoi ! sur la meunière, etc.

LE ROI.
Gentille meunière, etc.

DON JAPHET et LE CHOEUR.
Gentille meunière, etc.

GIRALDA.
O destin contraire, etc.

LA REINE.
Gentille meunière, etc.

(Le Roi, suivi de don Japhet et des seigneurs, entre dans la ferme après avoir regardé Giralda attentivement. La Reine et ses dames d'honneur se dirigent vers le fond, à droite. Ginès, entouré de tous les gens de la noce, a pris le bras de Giralda, qu'il emmène par le fond, tout en regardant avec crainte si don Manoël ne paraît pas.)

ACTE DEUXIÈME

Intérieur d'un moulin avec ses tournants et ses bluteries ; — porte à gauche et à droite, sur le premier plan ; sur le second, à droite, une petite porte secrète ; à gauche, sur le troisième plan, une porte d'entrée ; au milieu du théâtre une trappe par laquelle on descend aux étages inférieurs du moulin ; au fond, un peu à gauche, une croisée donnant sur un balcon en bois ; sur le premier plan, une table avec un flambeau allumé.

SCÈNE PREMIÈRE.

JEUNES FILLES, entrant par la porte à gauche et conduisan GIRALDA et GINÈS.

LES JEUNES FILLES.
Heure mystérieuse,
Qui rend l'âme rêveuse,
Moment terrible et doux,
Où, timide et craintive,
Jeune fille on arrive
Au logis d'un époux ..
(Ginès salue les jeunes filles et veut les renvoyer.)
Quant à vous, pas d'impatience,
Restez, monsieur le marié,
Dussiez-vous par notre présence
Être encor plus contrarié !
Conformez-vous à l'étiquette,
La mariée et sa toilette
Nous appartiennent aujourd'hui...

Oui, l'usage le veut ainsi,
Attendez-nous, restez ici !

Heure mystérieuse, etc.

(Les jeunes filles sortent avec Giralda par la première porte, à gauche.)

SCÈNE II.

GINÈS, seul.

Il paraît que décidément et à l'unanimité, je suis son mari... toutes les femmes du village vont s'en aller et me laisser ici avec ma femme... seul... tout à fait seul... Et Antonio, mon garde-moulin. (Allant à la trappe qu'il soulève.) Antonio... va-t'en chez ton père... je n'ai pas besoin de toi avant demain... demain, très-tard, entends-tu ?... Oui, vraiment, me voilà bien chez moi, dans mon ménage... et je serais tenté de regarder mon marché comme un rêve... (Tirant une bourse de sa poche.) si je n'avais encore là les ducats de l'autre, qui a disparu et s'en est allé comme il était venu, me laissant l'argent et la femme, la femme et l'argent... ce n'est pas ma faute, c'est la sienne !

COUPLETS.

Premier couplet.

Tant que j'étais célibataire,
Soir et matin, et jour et nuit,
Dans ce vieux moulin solitaire
Je n'entendais que ce seul bruit :
Tic, tac, tic, tac, tic, tac... et ça vous étourdit,
C'est monotone et ça vous étourdit.
Mais, près d'une femme jolie,
C'est une plus douce harmonie.
(Portant la main à son cœur.)
Tic, tac, tic, tac, et ce bruit-là
Dans mon moulin me charmera.
Oui, ce bruit-là, ce doux bruit-là,
Dans mon moulin me charmera.

Deuxième couplet.

Il est vrai que ma ménagère
A regret me donne sa foi !
Qu'au mien son cœur ne répond guère,
Et ne fera jamais pour moi
Tic, tac, tic, tac, tic, tac ; je le vois sans effroi ;
Je m'y résigne et le vois sans effroi.
C'est ainsi dans plus d'un ménage :
L'amour s'enfuit ; il est volage.
Mais l'argent reste... Il me dira :
(Frappant sur son gousset.)
Tin ! tin ! tin ! tin... et ce bruit-là
Du reste me consolera,
Oui, de tout me consolera !

(Sur la ritournelle, une porte pratiquée dans le panneau à droite vient de s'ouvrir ; paraît don Manoël, qui s'avance vers la table et souffle le flambeau.)

SCÈNE III.

GINES, DON MANOEL.

GINÈS, se retournant.

Hein ? quelle obscurité... qu'est-ce que ça signifie... on a marché... qui va là ?

DON MANOEL.

Moi.

GINÈS.

Qui, vous ?...

DON MANOEL.

Celui qui, en vertu de notre marché, vient réclamer sa femme.

GINÈS, à part.

O ciel !

DON MANOEL, lui saisissant la main.

Ne me reconnais-tu pas ?

GINÈS.

Si fait... rien qu'à la voix... cette voix je la reconnaîtrais entre mille... car il me semble que c'est celle de Belzébuth!

DON MANOEL.

Peut-être !

GINÈS, effrayé.

Comment, peut-être ?...

DON MANOEL.

Aussi, tremble, s'il t'arrivait de manquer à ta parole !

GINÈS.

Jamais !

DON MANOEL.

Cela, cependant, commençait déjà !... comment te trouves-tu ici ?

GINÈS.

Avec ma femme !

DON MANOEL.

Qu'oses-tu dire ?

GINÈS.

Non... je me trompe... avec la vôtre !...

DON MANOEL.

Tu l'avais emmenée à ton bras ?

GINÈS.

Malgré moi, et pour ne pas trahir notre secret !

DON MANOEL.

Et tu allais prendre ici ma place ?

GINÈS.

Par intérim, et en vous attendant, mais prêt à vous la rendre... parce que je suis un honnête homme...

DON MANOEL.

C'est bien !

GINÈS.

Dès que vous reviendriez.

DON MANOEL.

Me voici, va-t'en !

GINÈS.

Et si l'on me voit sortir ?

DON MANOEL.

On ne te verra pas... reste en ce moulin, prêt à me servir, si j'ai besoin de toi.

GINÈS.

Ce n'était pas dans nos conditions.

DON MANOEL, lui donnant une bourse.

C'est juste... voici cinquante ducats de plus.

GINÈS.

Est-il possible !... ô généreux remplaçant !... (A part, en pesant la bourse.) Il est évident que c'est un meilleur parti que moi et que ma femme a bien fait de l'épouser... (Haut.) Je vais descendre par cette trappe, dans la chambre aux moutures, qui est là, au-dessous.

DON MANOEL.

Très-bien !

GINÈS.

Et dès que vous m'appellerez...

DON MANOEL.

A merveille !... (A Ginès, qui va descendre.) Attends !... quel est ce bruit ?

(Il montre la porte à gauche.)

GINÈS.

Les jeunes filles du village qui sortent de la chambre de la mariée... et amènent ici notre femme. (Se reprenant.) Non ! la vôtre !

DON MANOEL, le retenant.

Reste !

SCÈNE IV.

Les mêmes, à droite du théâtre. LES JEUNES FILLES sortant de la première porte à gauche et amenant GIRALDA, vêtue de blanc, sans sa couronne et son bouquet de mariée.

LES JEUNES FILLES.

Heure mystérieuse,
Qui rend l'âme rêveuse !
Moment terrible et doux,
Où, joyeuse et craintive,
La jeune fille arrive
Auprès de son époux !

(Appelant.)
Ginès ! Ginès !...

DON MANOEL, bas à Ginès.
Réponds-leur.

GINÈS, haut.
Me voici.

LES JEUNES FILLES.
Pourquoi donc est-il sans lumière ?...

DON MANOEL, bas, à Ginès.
Dis-leur que tu le veux ainsi.

GINÈS, aux jeunes filles.
Je suis le maître, je l'espère,
Et cela me convient ainsi.

LES JEUNES FILLES.
Ah ! le joli petit mari !
Qu'il est galant, qu'il est gentil !

DON MANOEL, bas à Ginès.
Congédie à présent la noce et le cortége.

GINÈS.
Merci, mes bons amis, que le Ciel vous protége...
Mais... mais... allez-vous-en, gens de la noce...

LES JEUNES FILLES.

Eh quoi!
Nous renvoyer...

GINÈS.
C'est là mon plus beau privilége.
Avec ma femme laissez-moi.

LES JEUNES FILLES.
Éloignons-nous,
Laissons ces deux époux.
(Les jeunes filles sortent par la porte à gauche, au deuxième plan.)

GINÈS, à don Manoël.
On s'éloigne...

DON MANOEL, à demi-voix.
Bien!... Maintenant...
Prends la peine d'en faire autant.

GINÈS, s'approchant de la trappe.
Oui, je comprends... j'entends,
J'entends... et je descends...
(Il descend par la trappe.)

SCÈNE V.

GIRALDA, DON MANOEL.

(Don Manoël s'assure que toute la noce est partie, puis, quand Ginès a fermé sur lui la trappe, il s'avance vers Giralda, qui recule saisie de terreur.)

DUO.

GIRALDA, à part.
Ah! le désespoir me reste!
(A voix haute.)
De moi, monsieur, n'approchez pas,
(Tirant un poignard.)
Ou ce poignard, je vous l'atteste,
Saura m'arracher de vos bras!...

DON MANOEL, s'arrêtant.

O ciel !

GIRALDA, avec résolution.

Oui, je l'ai dit, et je le jure,
Un autre par moi fut choisi,
Et je saurai, fidèle et pure,
Mourir pour me garder à lui.

DON MANOEL.

A ma voix sois calmée...

GIRALDA, surprise, à part.

Dieu ! cette voix !...

DON MANOEL.

Ginès est loin de nous.
C'est moi, ma bien-aimée.
Moi, qui suis ton époux !...

GIRALDA, avec bonheur.

C'est lui !...

DON MANOEL.

De ton futur j'ai su prendre la place,
Et par moi prévenu, tantôt, devant l'autel,
Un prêtre, un ami sûr, secondant mon audace,
Nous a liés tous deux par un nœud solennel.

Ensemble.

GIRALDA.

Ah ! ma crainte est calmée,
Me voilà près de vous !
Et mon âme charmée
Reconnaît mon époux.

DON MANOEL.

A ma voix sois calmée,
Ginès est loin de nous,
C'est moi, ma bien-aimée,
Moi, qui suis ton époux.

GIRALDA.

Eh quoi ! celui qu'en mon amour fidèle
Je repoussais avec effroi...

DON MANOEL.
C'était moi.

GIRALDA.
Et qui reçut, dans la sainte chapelle,
Mon anneau d'or et ma foi...

DON MANOEL.
C'était moi.
Le voici, ce gage suprême !
Et celui qui, devant Dieu même,
Jure de vivre sous ta loi,
C'est moi, c'est moi,
C'est toujours moi !...

Ensemble.

GIRALDA.
Ah ! ma crainte est calmée, etc.

DON MANOEL.
A ma voix sois calmée, etc.

DON MANOEL.
Maintenant, c'est Dieu qui l'ordonne ;
Rien ne peut plus nous désunir...
Mais, en cas de péril, grave en ton souvenir
Le mot d'ordre que je te donne...
Et qui seul me fera reconnaître de toi.

GIRALDA.
Quel est-il donc ?...

DON MANOEL.
Écoute-moi :
Amour et mystère !

GIBALDA, répétant.
Amour et mystère.

DON MANOEL.
Puis après un baiser...

GIRALDA.
Un baiser...

DON MANOEL.

Tu ne l'oublieras pas?

GIRALDA, timidement.

Non, vraiment, je l'espère...
C'est facile...

DON MANOEL.

Pas tant... Tu pourrais t'abuser.

GIRALDA.

Non, vraiment, non, je ne peux m'abuser!

DON MANOEL et GIRALDA.

O dieu d'amour! dieu du mystère,
Ton charme heureux
Nous fait connaître sur la terre
Plaisirs des cieux!...
Anges des nuits, d'une aile épaisse
Cachez toujours
Et nos serments et notre ivresse
Et nos amours!...

DON MANOEL.

Voyons, par excès de prudence...
Te souviens-tu de ma leçon?...

GIRALDA.

Amour et mystère.

DON MANOEL.

C'est bon!...
Et le reste?...

GIRALDA, baissant les yeux.

Le reste?... Ah! de ma souvenance
Il s'est, je crois, échappé...

DON MANOEL.

Tu vois donc
Qu'il faut que je te le rappelle!

GIRALDA, à don Manoël, qui l'embrasse.

Assez, monsieur, assez...

DON MANOEL.
Non, car je vois, hélas!
Que ta mémoire est infidèle.

GIRALDA.
Mais, moi, monsieur... moi, je ne le suis pas!

DON MANOEL et GIRALDA.
O dieu d'amour! dieu du mystère, etc.

GIRALDA, timidement.
Maintenant, plus qu'un mot, qui vous fâchera peut-être... mais que j'ai pourtant bien le droit de vous adresser... Mon doux mari, qui êtes-vous?

DON MANOEL.
Si je te le disais, tu me reprocherais peut-être de t'avoir entraînée dans ma ruine... car si la Reine, si l'Inquisition connaissaient notre mariage, je serais perdu, et toi aussi!

GIRALDA.
Moi, peu importe!

DON MANOEL.
Encore quelques jours... jusqu'au moment où nous pourrons en secret quitter ce royaume!

GIRALDA.
Allons, je me résigne, je me tais... mais jusqu'à présent, mon doux seigneur et maître, pourquoi m'avoir caché vos traits?

DON MANOEL.
D'abord par prudence, et maintenant par crainte...

GIRALDA.
Laquelle?

DON MANOEL.
Tu m'as aimé sans me connaître, sans me voir, et je tremble maintenant que mon aspect ne détruise ce que je dois à mon absence et à ton imagination peut-être!

GIRALDA.
Non! car ce que j'aime en vous, ce sont les nobles sen-

timents qui vous animent... c'est votre loyauté, votre tendresse !

DON MANOEL.

Eh bien ! cela devrait te suffire !

GIRALDA.

C'est vrai... mais on a beau se raisonner, on tient à voir son mari... non pas que je ne vous connaisse, car d'avance votre portrait est là, dans mon cœur et devant mes yeux... je veux seulement comparer et savoir s'il est ressemblant... vous ne pouvez pas me refuser !

DON MANOEL.

Non, Giralda... mais si je n'étais pas ce que tu crois...

GIRALDA.

Qu'en savez-vous ?

DON MANOEL.

Si tu allais ne plus m'aimer !

GIRALDA.

Ce n'est pas possible !... (Montrant la chambre à gauche.) Dans la pièce où j'étais tout à l'heure, il m'a semblé voir du feu briller encore dans l'âtre... Je vais allumer une lampe et je reviens, n'est-ce pas, mon mari ?... Il n'a pas répondu... il consent !...

(Elle sort vivement.)

DON MANOEL, seul.

Ah ! Giralda ! comment ne pas t'aimer ?... toutes les beautés de la cour ne valent pas un de tes regards... Qu'entends-je ?... cette croisée qui s'ouvre... qui ose venir ainsi ?

SCÈNE VI.

DON MANOEL, se tenant à l'écart, à droite, LE ROI, entrant par la fenêtre du fond, DON JAPHET.

LE ROI, s'adressant à don Japhet, qui est encore sur le balcon.

Qu'est-ce? qu'y a-t-il?

DON JAPHET.

L'échelle que je viens de renverser, en enjambant ce balcon.

LE ROI.

Maladroit! plus de retraite possible... raison de plus pour aller en avant!

DON MANOEL, à part.

C'est le Roi!

LE ROI, à don Japhet.

Vous, restez en sentinelle sur ce balcon.

DON JAPHET, se récriant.

En plein air?

LE ROI.

Vous n'en observerez que mieux... et au moindre danger, avertissez-moi.

DON JAPHET, de même.

En plein air!... et le vent qui a emporté mon chapeau!... Diable! diable...

(Il disparaît et referme la croisée.)

LE ROI.

Une bonne idée que j'ai eu là d'emmener don Japhet... il était placé dans mon antichambre, par la Reine sans doute... impossible de m'échapper cette nuit de la ferme, sans être aperçu par lui... De mon espion j'ai fait un complice... c'est adroit... il ne pourra plus me trahir auprès de la Reine... qu'elle passe sa nuit en exercices pieux à la chapelle de

Noya, chacun son goût... moi, j'aime le grand air, je me promène... c'est un exercice comme un autre... je me promène du côté de ce moulin, qui est fort bien, et de la meunière qui est charmante... il s'agit seulement de découvrir où est sa chambre.

DON MANOEL, à part.

Ah! c'est là son dessein!

LE ROI.

Quant à son mari, le meunier Ginès, je chargerai don Japhet de causer avec lui... je ne l'ai amené que pour cela... ami et confident du prince, c'est son emploi... (Se dirigeant vers la droite.) Voyons, cherchons de ce côté!

DON MANOEL, portant la main à son poignard.

Ah! si je m'en croyais!... (Se reculant en laissant passer le Roi devant lui.) Non! c'est le Roi!...

(Le Roi disparaît par la porte à droite.)

SCÈNE VII.

DON MANOEL, GINÈS.

DON MANOEL, courant à la trappe qu'il ouvre.

Ginès! Ginès! dors-tu?

GINÈS, dont la tête apparaît.

Non! ni vous non plus à ce qu'il paraît.

DON MANOEL.

Veux-tu gagner cette fois, non cinquante ducats, mais cinquante pistoles, et même plus!

GINÈS.

Tout de suite!

DON MANOEL.

Eh bien, à l'instant, et malgré la nuit, tu vas courir...

GINÈS.

Moi, garçon, je n'ai que cela à faire!

DON MANOEL.

A la chapelle de Noya; demande l'officier de garde, et dis-lui de prévenir la Reine que le Roi est ici, en ce moulin, où il court en ce moment le plus grand danger!

GINÈS.

Le Roi! qu'est-ce que ça signifie?

DON MANOEL.

Cela ne te regarde pas!... il s'agit seulement de cinquante pistoles que je te donne à ton retour!

GINÈS.

Je pars.

DON MANOEL.

Sans compter ce que te donnera la Reine!

GINÈS.

Je suis parti.

(Il disparaît, refermant la trappe.)

SCÈNE VIII.

LE ROI, DON MANOEL, DON JAPHET.

LE ROI, *reparaissant au fond, à droite.*

On s'oriente mal à tâtons!

DON JAPHET, *se montrant à la croisée, qu'il ouvre.*

Brr! brr! les nuits sont fraîches... j'ai beau penser à ma femme! à cette chère Rosine de Pontevedra... cela ne m'empêche pas d'avoir... brr! brr!

LE ROI.

Hein! qui va là?

DON JAPHET.

C'est moi... pardon, Sire!... mais est-il bien nécessaire de rester en sentinelle sur ce balcon?

LE ROI.

Sans doute!

DON JAPHET.

Toute la nuit?...

LE ROI.

Peut-être!

DON JAPHET, se récriant.

Comment! peut-être!... mais, Sire!...

LE ROI.

C'est bien! assez, monsieur! un bon soldat doit rester à son poste!...

DON JAPHET.

C'est juste, Sire... je vais me remettre en faction... mais cependant les nuits sont fraîches... brr! brr!...

(Il referme la croisée, puis on l'entend éternuer.)

SCÈNE IX.

DON MANOEL, LE ROI.

LE ROI, entendant don Japhet éternuer.

Imbécile! qui a l'imprudence de s'enrhumer!... (A lui-même.) Personne!... pas apparence de meunière de ce côté... (Regardant à gauche.) Je crois bien!... la voici de celui-ci... ah! qu'elle est jolie ainsi... où va-t-elle sur la pointe du pied, et cette petite lampe à la main?... Par saint Jacques! de la prudence, et observons!...

(Il se retire au fond du théâtre.)

SCÈNE X.

LE ROI, DON MANOEL, GIRALDA.

GIRALDA, s'avançant de la chambre à gauche.

Plus de feu dans le foyer... pas une étincelle... je me suis mis les doigts en sang avec ce maudit briquet... plus on est pressé, moins on avance... et j'étais si pressée... enfin!...

TRIO.

GIRALDA, tenant une lampe à la main.

Où donc est-il, mon doux seigneur?
Comme je sens battre mon cœur!

(Pendant ce temps, le Roi s'est avancé doucement derrière Giralda, dont il saisit la main droite; elle pousse un cri et laisse tomber sa lampe.)

Ah! vous m'avez fait une peur!
Voilà ma lampe renversée,
Et l'on y voit moins que jamais!
Ne suis-je pas bien avancée,
Moi qui tiens tant à voir vos traits!

LE ROI, à part.

Qu'est-ce que cela signifie?

GIRALDA.

Mon cher petit mari, laissez-moi, je vous prie,
Le temps de rallumer cette lampe.

LE ROI.

A quoi bon?
On peut bien, sans se voir, et causer et s'entendre...
Entre femme et mari...

GIRALDA.

Juste ciel!

LE ROI.

Qu'as-tu donc!

GIRALDA.

Ce n'est pas son parler et si doux et si tendre!
Ce n'est pas là sa voix...

LE ROI.

Je te jure que si!

GIRALDA.

Non, vous n'êtes pas mon mari!

LE ROI.

Si vraiment!

GIRALDA.
Non! non! non!
LE ROI.
Je te jure que si!

Ensemble.

LE ROI, à part.
Dans la nuit obscure,
Jamais, je le jure,
Plus douce aventure
N'a charmé mon cœur!
Intrigue espagnole
Séduisante et folle,
Voilà mon idole!
Voilà mon bonheur!

GIRALDA.
Oh! j'en suis bien sûre,
C'est une imposture.
Dans la nuit obscure,
Craignons une erreur!
Croire sur parole
Serait une école,
Et je serais folle
De livrer mon cœur!

DON MANOEL, à part.
O mortelle injure,
Tourment que j'endure
Et dont la blessure
Irrite mon cœur!
D'une âme espagnole
L'honneur est l'idole,
A lui seul j'immole
Ma juste fureur!

LE ROI, à Giralda.
Oui, je suis ton mari, je n'en veux pas démordre.

GIRALDA.
Vous!

LE ROI.
Moi !

GIRALDA.
Vous !
(A part.)
Je vais bien le voir.
(Haut.)
Allons, monsieur, dites-moi le mot d'ordre !

LE ROI, avec embarras.
Quoi ! le mot d'ordre ?

GIRALDA.
Eh ! oui, vous devez le savoir !

LE ROI, de même.
Certainement ! mais moi, ton époux et ton maître,
Laisse-moi t'embrasser !

GIRALDA.
Non pas, c'est là la fin.
Ce que je désire connaître,
C'est le commencement !

LE ROI, à part.
Qu'ici je cherche en vain.
(Haut.)
Le commencement, c'est qu'avant tout je t'adore !

GIRALDA.
C'est bien, mais ce n'est pas encore
Le mot d'ordre !

LE ROI.
Vraiment !

GIRALDA.
Non ! ce n'est pas cela !

LE ROI, avec embarras.
Le mot d'ordre !

GIRALDA.
A lui seul mon cœur obéira.

Ensemble.

LE ROI.
Dans la nuit obscure, etc.

GIRALDA.
Oui, j'en suis bien sûre, etc.

DON MANOEL.
O mortelle injure, etc.

LE ROI, poursuivant Giralda dans l'obscurité.
Tu veux en vain m'échapper!

GIRALDA, se réfugiant vers la droite du théâtre.
Ah! je tremble!

LE ROI, cherchant toujours à tâtons du côté gauche.
Malgré la nuit, je saurai bien
Te retrouver!

DON MANOEL, bas, à Giralda.
Giralda, ne crains rien!
Je suis auprès de toi!

GIRALDA, à part.
C'est sa voix, il me semble!

DON MANOEL, bas.
Amour!

GIRALDA, répétant.
Amour!

DON MANOEL, bas.
Et mystère!

GIRALDA, à part.
C'est lui!

DON MANOEL.
Et de plus...
(Il l'embrasse.)

GIRALDA, poussant un cri.
Ah! c'est mon mari!

LE ROI, à gauche, se retournant.

Qu'est-ce ?

GIRALDA.

Vous disiez vrai... Maintenant je suis sûre
Que mon époux est bien ici !

DON MANOEL, bas.

Tais-toi !

LE ROI.

O bonheur ! avançons !
(Il fait quelques pas et s'arrête au bruit que fait don Manoel en embrassant Giralda.)

Mais dans l'ombre je croi
D'un baiser indiscret entendre le murmure !

Ensemble.

LE ROI.

C'est charmant,
Et pourtant
Ce piquant
Incident
Me paraît
D'un effet
Importun
Et commun !
Quoiqu'étant
Indulgent,
C'est un tort
Par trop fort
D'être heureux
Sous mes yeux,
Devant moi,
Moi, le Roi !

DON MANOEL.

Lui présent,
C'est charmant !
O piquant
Incident !
Peu lui plaît,

En effet,
De voir un
Importun.
(A Giralda.)
Ton amant,
Oui vraiment,
Dans son sort
Est encor
Plus joyeux,
Plus heureux
Près de toi
Que le Roi!

GIRALDA.

Lui présent,
C'est charmant!
O piquant
Incident!
Peu lui plaît,
En effet,
De voir un
Importun.
(A don Manoël.)
O moment
Séduisant!
Oui, mon sort
Est encor,
A mes yeux,
Plus heureux,
Car c'est toi,
Près de moi!

(Sur la ritournelle du trio, le Roi s'est avancé sans bruit et a saisi la main de Giralda.)

LE ROI.

Ah! par saint Jacques! cette fois tu ne m'échapperas pas!

DON MANOEL, à part.

Que faire?

GIRALDA, se débattant.

Laissez-moi!

LE ROI.

Et nous allons savoir avec qui tu es là, car il y a quelqu'un !

DON MANOEL, à part.

O ciel !

SCÈNE XI.

Les mêmes ; GINÈS.

GINÈS, soulevant la trappe.

Me voilà, c'est moi !

LE ROI.

Qui ? toi !

GINÈS.

Moi, Ginès, le meunier !

LE ROI, qui a lâché la main de Giralda.

Ah ! diable ! le mari, c'est différent !... il est dans son droit... A tout seigneur, tout honneur ! (Pendant ce temps, don Manoël a pris la main de Giralda, qu'il emmène et qu'il fait entrer dans la chambre à droite. Il reste sur le pas de la porte et écoute.) Tâchons prudemment de battre en retraite... (Rencontrant, au milieu du théâtre, Ginès qui est sorti de la trappe.) Impossible ! j'ai rencontré l'ennemi !

GINÈS.

Comment ! vous êtes encore ici ! au lieu d'être là-bas avec ma femme !... (Se reprenant.) c'est-à-dire la vôtre... c'est convenu !

LE ROI, à part.

Qu'est-ce que j'apprends là ?... (A voix basse et avec embarras.) Certainement je sais bien que je suis le mari...

GINÈS.

Ah ! vous pouvez parler tout haut !... que rien ne vous gêne... vous êtes chez vous !

LE ROI, à part.

Je n'y comprends rien, mais c'est égal... (Haut, avec joie.) Moi, mari!

GINÈS.

C'est votre titre... il est à vous... vous l'avez bien payé... Maintenant, seulement, payez-moi mes cinquante pistoles!

LE ROI.

Volontiers! mais pourquoi?

GINÈS.

Ma commission que je viens de faire... et lestement encore... J'en suis tout essoufflé... J'ai trouvé à la porte de la chapelle où priait la Reine l'officier des gardes que vous m'aviez indiqué...

LE ROI, à part.

Comment!

GINÈS.

Et à qui j'ai dit : « Prévenez la Reine que le Roi est à cette heure dans mon moulin, où il court le plus grand danger! »

LE ROI.

Malheureux! qui t'a dit cela?

GINÈS.

Par Notre-Dame del Pilar! vous-même, tout à l'heure.

LE ROI.

Moi! (A part.) C'est clair! il y en a un autre, un troisième... celui qui sans doute tout à l'heure... Mais quel est-il?... comment le connaître? Ah! si j'avais le temps!... mais je ne l'ai pas... Et la Reine qui va venir!

GINÈS.

Et mes cinquante pistoles?

LE ROI.

Non pas cinquante, mais cent!

GINÈS.

Vraiment!

LE ROI.

Si tu me donnes les moyens de sortir d'ici sans être vu et à l'instant.

GINÈS.

Vous!

LE ROI.

Moi!

GINÈS.

Et notre femme qui attend!

LE ROI.

C'est bien là ce qui me désespère... il faut que je m'en aille!

GINÈS.

Encore!... (A part.) Ah çà, ce mari-là s'en va donc toujours... Et puis, c'est singulier, il n'a plus la même voix que tout à l'heure... Mais, dès qu'il me promet cent pistoles au lieu de cinquante... (Haut.) Venez donc... ce n'est pas malin... il n'y a qu'un petit sentier, celui qui conduit du moulin à Noya.

LE ROI.

C'est bien!.

GINÈS.

Vous y rencontrerez même la Reine et sa suite qui ne peuvent en prendre d'autre!

LE ROI, effrayé.

Pas d'autre!

GINÈS.

Il y a la rivière, sur laquelle j'ai une barque... à moins qu'elle ne soit pleine d'eau... ce qui est possible ; je m'en vas voir! (Revenant sur ses pas.) Vous dites cent pistoles ?

LE ROI, avec impatience.

Eh! oui!

GINÈS.

Oh! le digne, le brave associé!.. c'est une fortune que cet homme-là, soit qu'il arrive, soit qu'il s'en aille... (Geste de colère du Roi.) Dans l'instant, tout sera prêt pour que vous puissiez partir!...

(Il sort vivement par la gauche, et don Manoël entre par la droite.)

SCÈNE XII.

LE ROI, puis DON JAPHET et DON MANOEL.

LE ROI, seul, avec dépit.

Partir! partir!... au moment le plus intéressant... Mais qui a pu me dénoncer et avertir la Reine?...

DON JAPHET, paraissant à la croisée du fond.

Sire! Sire!...

LE ROI, à lui-même.

Eh! pardieu! don Japhet... Il n'y a que lui!

DON JAPHET.

Un grand danger nous menace!

LE ROI, à part.

Il me le paiera!

DON JAPHET.

Du haut de ce balcon, j'ai aperçu, à travers la forêt, des cavaliers, des flambeaux et la litière de la Reine... et si elle me trouve en ce moulin, moi à qui elle a ordonné de ne pas quitter la ferme... je suis perdu!

LE ROI, à part.

Voyez-vous le traître! Et Ginès qui ne revient pas... (Haut.) Et pour sortir d'ici sans être vu, comment faire?...

DON MANOEL, qui vient de sortir de la droite, s'approche du Roi.

Vous fier à moi, Sire!...

LE ROI.

Qui es-tu donc?

DON MANOEL, à voix basse.

Qu'importe, si je vous sauve... venez!

LE ROI, le suivant.

Ah! je te promets pour récompense!...

DON MANOEL, l'entraînant.

Je ne veux rien!

LE ROI, lui donnant le ruban qu'il porte à son cou.

Tiens, tiens... prends du moins ce gage... et rappelle-toi que je n'aurai rien à refuser à celui qui me le rapportera!

(Ils sortent tous deux par la droite.)

SCÈNE XIII.

DON JAPHET, puis GINÈS.

DON JAPHET, entrant par la croisée et cherchant dans l'ombre.

Sire! Sire!... qu'ordonnez-vous? le temps presse... Écoutez-moi, Sire!... Où êtes-vous donc?

GINÈS, à don Japhet qu'il rencontre.

Par eau ou par terre, impossible de se sauver... car voici la Reine qui monte l'escalier du moulin...

DON JAPHET.

Alors où me cacher?... où trouver un refuge?...

GINÈS.

Eh! parbleu! dans la chambre de votre femme.

DON JAPHET, à part, avec effroi.

Ma femme! dit-il... ma femme en ce moulin!... (Haut.) Et cette chambre où est-elle?

GINÈS, le conduisant vers la porte à gauche.

Par ici, venez!...

DON JAPHET, dans le plus grand trouble.

Qu'est-ce que cela signifie?... ma femme!...

(Il entre vivement dans la chambre à gauche, que Ginès vient de lui indiquer.)

GINÈS, stupéfait.

Encore une autre voix que celle de tout à l'heure!... Il en change donc à volonté?... Ça regarde Giralda... c'est à elle de s'y reconnaître...

(Les gens de la suite de la Reine, portant des flambeaux, entrent par la porte du fond, à gauche. A ce bruit, Giralda sort de la porte à droite sur le premier plan.)

GINÈS, apercevant Giralda.

Tiens! vous êtes de ce côté pendant que votre mari est de celui-ci!

GIRALDA.

Mon mari, dites-vous!... Où est-il?

GINÈS.

Là, chez lui, dans votre chambre!

GIRALDA.

O ciel!

SCÈNE XIV.

LES MÊMES; LA REINE, SES ÉCUYERS, SES PAGES et SES FEMMES, entrant par la porte du fond, à gauche, ainsi que LES GENS DU VILLAGE.

FINALE.

LA REINE, à Ginès et à Giralda.

Pardonnez si, le jour de leur union même,
De nouveaux mariés sont dérangés par moi;
   On est craintive quand on aime...
On parle d'un complot formé contre le Roi!
On prétend qu'en ces lieux, attiré par la ruse,
Ses jours sont en danger...

GIRALDA.

Je crois qu'on vous abuse,
Je n'ai rien vu, rien entendu...

LA REINE, aux gens de sa suite.

Que ce moulin par vous, messieurs, soit parcouru...
(Plusieurs officiers sortent, la Reine s'avance au bord du théâtre. — A part.)

De tromper mon amour serait-il donc capable?
Ah! je vais à l'instant savoir s'il est coupable...

LES OFFICIERS, rentrant.

Personne!... et nous avons tout visité pourtant...
Excepté cette chambre...

(Montrant celle de gauche.)

LA REINE.

Entrez-y!...

GIRALDA, avec embarras.

C'est la mienne...

LA REINE.

N'importe! ouvrez!

GIRALDA.

Je conjure la Reine
De ne pas l'exiger...

LA REINE.

Qui! vous! c'est étonnant!...
Et rien qu'une telle demande
Pourrait, à juste titre, éveiller le soupçon...
Oui, c'est là qu'est le Roi... du moins je l'appréhende,
Qu'on brise cette porte!...

GIRALDA, se plaçant au devant des officiers.

Ah! grâce!

SCÈNE XV.

Les mêmes; LE ROI, paraissant à la porte d'entrée, au fond du théâtre; puis DON MANOEL.

LE ROI.
Qu'est-ce donc?

TOUS.
Le Roi! le Roi!

LA REINE, courant à lui.
C'est bien lui que je revoi!...

LE CHOEUR.
O surprise sans pareille!
J'en crois à peine mes yeux!
Ah! je ne sais si je veille...
Le Roi! le Roi dans ces lieux!

LE ROI, gaîment.
Eh! oui, dans cette ferme, où d'un sommeil paisible
Je goûtais les douceurs... tout à coup réveillé
Par le bruit d'un départ... le vôtre... J'ai tremblé
Pour vous, et j'ai suivi vos pas!

LA REINE.
Est-il possible!
Lorsqu'ici les dangers environnaient le Roi...
On me l'a dit...

LE ROI.
Qui donc?

LES OFFICIERS, montrant Ginès.
Lui!

LA REINE.
Cet homme?

GINÈS.
Oui, madame.

LE ROI.
Qui t'en avait chargé?

GINÈS.
Le mari de ma femme!...
TOUS.
Le mari de sa femme?...
LE ROI, à part.
Ah! voilà le mystère!
(A la Reine.)
Et pour vous et pour moi,
Nous le découvrirons...
LA REINE, à Ginès.
Mais ce mari... c'est toi!
GINÈS, avec embarras.
Oui, d'abord, j'en conviens; mais on m'a pris ma place.
LE ROI, à part.
Cela se voit parfois!
LA REINE, à Ginès.
Par or ou par menace?...
GINÈS.
Tous deux!...
LA REINE.
Achève... Où donc est cet époux?
GINÈS, montrant la porte à gauche.
Ici, chez sa femme!
LE ROI, à Giralda.
Chez vous?
GIRALDA.
Oui, Sire!
LE ROI.
Et quel est-il?
GIRALDA.
En honneur, je l'ignore!
Je ne l'ai jamais vu!
LA REINE.
C'est plus étrange encore!

GIRALDA.

Mais je sais seulement qu'en s'unissant à moi
Il craignait le courroux et de vous et du Roi !
    Grâce pour lui ! Grâce ! je vous implore !

LA REINE.

Nous verrons... Mais d'abord qu'il paraisse à nos yeux !

LE ROI.

Oui, je veux le connaître... Entrons donc !
    (La porte s'ouvre et don Japhet paraît.)

TOUS.

              Ah ! grands dieux !

(Giralda, à droite, pousse un cri ; près de se trouver mal, un jeune seigneur s'élance d'un groupe qui est derrière elle ; c'est don Manoël qui la reçoit dans ses bras et la porte sur un siége. Pendant ce temps, le Roi, la Reine, tous les courtisans se sont jetés au-devant de don Japhet, et ont masqué Giralda.)

LE CHOEUR.

   O surprise sans pareille !
    Lui qu'on croyait garçon !
   Je ne sais si je veille,
   C'est à perdre la raison !

LA REINE, à don Japhet.

Ce que nous apprenons a droit de nous surprendre,
   Vous, don Japhet, vous, marié ?

DON JAPHET, effrayé.

         Comment ?

LE ROI.

Et marié secrètement !

DON JAPHET, à part.

Ils savent tout !...

    (Haut.)
Reine, daignez m'entendre !...

LA REINE.

Il l'avoue !...

DON JAPHET.
Eh bien! oui!

LE ROI, à part.
Bonheur inattendu!
Je pourrai me venger!

DON JAPHET, à part.
Ah! me voilà perdu!...

LA REINE.
Le hasard nous a fait connaître votre femme!
(Montrant Giralda qui est revenue à elle et vient de se lever.)
Et la voici!

DON JAPHET, à part, voyant Giralda.
Je suis sauvé!
(Au roi.)
Oui, Sire, c'est elle!
(A la Reine.)
Oui, madame!
(A part, regardant Giralda.)
Par elle du danger me voilà préservé!

Ensemble.

DON JAPHET.
Méprise salutaire!
O rempart tutélaire,
Derrière qui j'espère
Abriter mon bonheur!
Cet heureux mariage,
Qui malgré moi m'engage,
Me sauve de l'orage,
Profitons de l'erreur!

GIRALDA.
O funeste lumière,
A mes désirs contraire,
Qui brille, qui m'éclaire,
Hélas! pour mon malheur!
De crainte de l'orage
Ah! bannissons l'image

Qui, par un doux présage,
Souriait à mon cœur!

LE ROI.

Rencontre tutélaire!
Vengeance qui m'est chère,
Je pourrai, je l'espère,
Savourer ta douceur!
Malheur à qui m'outrage!
Je reprends l'avantage,
Ce précieux otage
Me répond du bonheur!

DON MANOEL.

L'adorer et se taire!
O funeste mystère!
Mais avant peu, j'espère
Détruire son erreur!
Oui, l'amour nous engage,
Je veille, et mon courage
Saura braver l'orage,
Et vaincre sa fureur!

LA REINE.

La vérité m'éclaire,
J'abjure ma colère;
Mes soupçons, je l'espère,
Portaient sur une erreur!
Et quand, malgré son âge,
Plus amoureux que sage
L'hymen ici l'engage,
Confirmons son bonheur!

GINÈS.

Tout s'arrange, j'espère;
Heureux célibataire,
Laissons ma ménagère
A ce noble seigneur!
En homme habile et sage,
Je renonce au ménage
Et je garde en partage
Et richesse et bonheur!

LE CHOEUR.

En tout temps si sévère,
La Reine délibère
Et son cœur moins austère
Penche pour la douceur !
Puisque le mariage
En secret les engage
Il est prudent et sage
D'approuver leur bonheur !

GINÈS, regardant don Japhet, à part.

Je le croyais de plus belle apparence,
Et si ce n'étaient ses ducats,
Franchement il ne me vaut pas !
(Regardant Giralda.)
Elle y perdra !

LE ROI, à don Japhet.

Comptez, mon cher, sur ma clémence !
Sur celle de la Reine !

LA REINE.

Oui, vraiment, et je veux,
Puisque nous pardonnons, qu'il parte de ces lieux,
Et que chez lui sur-le-champ il emmène
Sa femme !

DON JAPHET.
Moi !

DON MANOEL, avec frayeur.
Grands dieux !

DON JAPHET, s'inclinant.
J'obéis de grand cœur aux ordres de la Reine !

GINÈS.

C'est singulier... sa voix paraît tout autre... enfin !
J'irai toujours, chez lui, lui demander demain
Ce qu'il me doit...

DON JAPHET, à part, regardant Giralda.
Ma femme est fort gentille !

LA REINE, à sa suite.

Retournons au village, allons, messieurs, partons!

DON JAPHET.

Et cette fois c'est au roi de Castille
Que je dois mon bonheur!

DON MANOEL, à part.

C'est ce que nous verrons!

Ensemble.

DON JAPHET.

Méprise salutaire, etc.

GIRALDA.

O funeste lumière, etc.

LE ROI.

Rencontre tutélaire, etc.

DON MANOEL.

L'adorer et se taire, etc.

LA REINE.

La vérité m'éclaire, etc.

GINÈS.

Tout s'arrange, j'espère, etc.

LE CHOEUR.

En tout temps si sévère, etc.

(Sur un signe de la Reine, don Japhet offre son bras à Giralda qui, tremblante, l'accepte.; le Roi donne la main à la Reine et tous deux se dirigent vers le fond, à droite; tandis que don Manoël, enveloppé de son manteau, suit don Japhet et Giralda qui s'apprêtent à sortir, et qu'il jure de ne pas abandonner.)

20.

ACTE TROISIÈME

Le palais de la reine à Saint-Jacques de Compostelle. — Salon élégant ouvert au fond sur une galerie qui conduit dans les jardins dont on aperçoit l'entrée. Portes latérales ; au fond, à gauche, l'oratoire de la Reine. De chaque côté du théâtre une table ; sur celle de droite est placé un timbre d'argent.

SCÈNE PREMIÈRE.

GIRALDA, assise près de la table, à droite.

AIR.

La Reine, m'a-t-on dit, près de moi va se rendre,
Et par son ordre exprès ici je dois l'attendre !
A quels nouveaux malheurs doit encor m'exposer
Ce sort que je ne puis connaitre, ni briser !
  (Se levant.)
    De cette pompeuse retraite
    L'éclat, la royale splendeur,
    Hélas ! de mon âme inquiète
    Ne peuvent bannir la terreur !
      Moi, que mon nom seul condamne
      A l'infortune, à l'oubli,
    Moi, pauvre et simple paysanne,
      Pourquoi me conduire ici ?

        Viens, ô mon bon ange !
        Entends mes souhaits !
        Par un doux échange

Reprends tes bienfaits.
Qu'une autre préfère
Palais et grandeur;
Rends-moi ma chaumière,
Rends-moi le bonheur!

Pour éviter l'orage
Que j'entends au lointain,
Laisse-moi du village
Reprendre le chemin!

Ah! viens, mon bon ange!
Entends mes souhaits,
Par un doux échange
Reprends tes bienfaits!

(A la fin de l'air, deux dames d'honneur sortent de l'oratoire et font signe à Giralda d'y entrer.)

SCÈNE II.

LA REINE, entre par le fond avec DON MANOEL; LES DEUX DAMES vont au-devant de la Reine et lui parlent bas, en lui montrant la porte du fond, à gauche.

LA REINE, leur répondant.

Giralda m'attend dans mon oratoire... bien! je la verrai tout à l'heure... J'ai d'abord à parler au seigneur Manoël.
(Les deux dames s'inclinent et se retirent.)

DON MANOEL, à part.

La reine se douterait-elle?...

LA REINE, à don Manoël.

Des raisons d'État, vous le savez, vous avaient condamné au berceau... dernier rejeton d'une famille qui, jadis, avait osé aspirer au trône, vous n'avez été épargné qu'à la condition de vous consacrer un jour aux autels... ce jour est arrivé.

DON MANOEL, à part.

O ciel!

LA REINE.

Mais l'affection que nous vous portons... et vos goûts, que nous avons cru deviner, nous ont fait choisir pour vous...

DON MANOEL.

Quoi donc, madame ?

LA REINE.

Un ordre qui fût en même temps religieux et militaire... l'ordre de Saint-Jacques, dont nous vous nommons grand-maître.

DON MANOEL.

A moi, un tel honneur !

LA REINE.

Nous réglerons tous ces détails avec le cardinal-légat que nous attendons, et qui a fixé lui-même la cérémonie à aujourd'hui trois heures.

DON MANOEL, à part.

Ah ! que devenir ?

LA REINE.

Mais auparavant... vous savez quelle confiance nous avons en vous... je voulais vous parler... vous consulter...

DON MANOEL.

Sur quoi donc, madame ?

LA REINE.

COUPLETS.

Premier couplet.

Je suis la Reine, et sous un joug pesant
A chaque pas l'étiquette m'enchaîne !
Mes jours, mes nuits s'écoulent lentement
Dans l'abandon, dans les pleurs, et pourtant...
    Je suis la Reine !

Deuxième couplet.

C'est à Dieu seul, qui me voit et m'entend,
Que je redis mon secret et ma peine!
D'un pur amour, quand mon cœur est brûlant,
Je ne saurais être aimée, et pourtant...
    Je suis la Reine!

DON MANOEL.

Eh! qui peut troubler le repos de Votre Majesté?...

LA REINE.

Vous le dirai-je... tout excite mon inquiétude, ma défiance... jusqu'à cette aventure d'hier qui me paraît si invraisemblable.... Don Japhet d'Atocha épouser une fermière!

DON MANOEL.

Giralda est fille d'un noble hidalgo qui, ruiné et proscrit...

LA REINE.

En êtes-vous bien sûr?

DON MANOEL.

Oui, madame!

LA REINE.

N'importe! j'hésite à l'admettre à ma cour.

DON MANOEL.

Et pour quelle raison?

LA REINE.

Une raison, que je ne dirai à personne qu'à vous... J'ai remarqué que le Roi regardait cette jeune fille avec une attention...

DON MANOEL.

En vérité!... mais voilà qui est bien différent!

LA REINE.

N'est-ce pas?

DON MANOEL.

Oui, vraiment.

LA REINE.

Vous, au moins, vous me comprenez!... Eh bien! voilà pourquoi les aventures d'hier, dans ce moulin, ont laissé en mon esprit des doutes qu'à tout prix je veux éclaircir!...

DON MANOEL, à part.

Ciel!

SCÈNE III.

LES MÊMES; DON JAPHET et GINÈS, entrant par le fond, puis LE ROI, sortant de la première porte à gauche, précédé de DEUX PAGES.

QUINTETTE.

GINÈS, à don Japhet.

Eh quoi! me traiter de la sorte!
Un seigneur manquer à sa foi!
Et vouloir me mettre à la porte!
Ah! c'est trop fort!

DON JAPHET, à demi-voix.

Tais-toi! tais-toi!
Car voici la Reine et le Roi.

GINÈS.

Tant mieux! tant mieux! j'aurai justice!
Devant la Reine et le Roi!

LA REINE.

Qu'est-ce encor?

DON JAPHET.

Je ne dois pas souffrir que ce butor
De son babil vous étourdisse.

LA REINE.

Non pas! je veux qu'il parle!

GINÈS.

Aussi, je le veux bien,
D'autant que volontiers je parlerais pour rien!

(Le Roi et la Reine viennent s'asseoir tous deux, près de la table, à gauche, pour écouter Ginès, à qui la Reine fait signe de parler.)

GINÈS.

Ce récit est vraiment
Étrange et surprenant,
Et sans y rien comprendre
Je vais tout vous apprendre,
Car c'est l'événement
Le plus intéressant !

Je ne puis affirmer si celui que j'accuse
Est sorcier ou démon, ou tous deux à la fois ;
Il paraît, disparaît... vous promet, vous abuse,
Il change à volonté de formes et de voix !
Et pour six cents ducats... non que je les réclame,
Ceux-là furent payés... il vint sournoisement
Marchander et mon nom et ma place et ma femme,
Avec un son de voix qui m'est encor présent !

DON MANOEL, à part.

Taisons-nous, ou sinon c'est moi que l'on condamne !

GINÈS.

Plus tard, dans mon moulin, me prenant par le bras :
« Sauve-moi, » me dit-il, avec un autre organe,
Que je reconnaîtrais soudain...

LE ROI, à part.

Ne parlons pas !

GINÈS.

Et quand il me promit, l'autre nuit, cent pistoles,
Quand je viens réclamer pour avoir mon argent,
Il ne veut rien donner et me paie en paroles,
Déguisant de nouveau sa voix et son accent !
Il ne veut plus payer et refuse l'argent !

Voilà l'événement !
N'est-il pas surprenant ?
Moi, sans y rien comprendre,
J'ai voulu vous l'apprendre !
Car le récit vraiment
M'en semble intéressant !

LA REINE, au Roi.
Cette aventure est singulière,
Qu'en pensez-vous, Sire?

LE ROI, à part.
Grand Dieu! que faire?
(A la Reine, d'un air de doute.)
Hum! hum! hum!

LA REINE, se levant.
Comme moi, vous semblez indécis!
Et vous, don Manoël?

DON MANOEL, à part.
Ah! ma perte est certaine!
(Haut et secouant la tête d'un air indécis.)
Hum! hum! hum! hum! hum! hum!

LA REINE.
Don Japhet est coupable?

DON MANOEL, se récriant.
Oh! oh! oh! oh!

LA REINE.
Alors, et c'est me l'annoncer,
C'est donc l'autre?...

DON MANOEL, ayant l'air de se souvenir.
Hum! hum!

LA REINE, se retournant vers le Roi.
Le pensez-vous aussi?

LE ROI, d'un air de doute.
Hum! hum!

LA REINE, avec impatience.
Parlez! l'affaire est-elle donc si grave!
Pour n'oser en parler ici!

Ensemble.

LE ROI et DON MANOEL.
Ah! prenons garde,
On nous regarde,

Rien qu'à ma voix,
Je le prévois,
Notre secret
Se trahirait !
Devant la Reine,
Ah ! quelle gêne !
Mais il le faut,
Ne disons mot !
Quel embarras !
Ne parlons pas,
Non, non, je ne parlerai pas !

DON JAPHET.

Ah ! prenons garde !
On nous regarde,
Dans mon effroi,
Tenons-nous coi,
Ou mon secret
Se trahirait !
Devant la Reine,
Ah ! quelle gêne !
Mais il le faut,
Ne disons mot !
Quel embarras !
Ne parlons pas,
Non, non, je ne parlerai pas !

GINÈS.

On me regarde !
Je suis en garde,
Que cette voix
Vibre une fois,
Et ce secret
Se connaîtrait !
Devant vous, Reine,
Et souveraine,
J'ai dit tout haut
Tout mot pour mot,
Et je n'ai pas
Bronché d'un pas !
Non, non, je ne me trompe pas !

LA REINE.
Prenons bien garde !
On me regarde,
Ici je dois,
Tels sont mes droits,
Savoir les faits
Les plus secrets.
Devant la Reine,
Qu'on se souvienne,
Je veux, il faut
Qu'on parle haut !
Je n'aime pas
Ces vains débats.
Parlez ! qu'on ne m'abuse pas !

Nous connaîtrons plus tard toute la vérité !
(Montrant Ginès.)
Que cet homme à l'instant, Sire, soit arrêté !
Donnez-en l'ordre !

LE ROI, effrayé, à part.
Moi !...
(Bas, à don Manoël.)
Veuillez, je vous en prie,
Don Manoël, donner cet ordre...

DON MANOEL, bas, au Roi.
Moi,
Donner tout haut un ordre, en présence du Roi !

LA REINE, avec impatience.
Eh bien ! vous hésitez...

LE ROI, à voix basse.
Sans doute, chère amie,
L'éclat, en pareil cas, offre quelque danger !
Il vaudrait mieux interroger,
Seul, en tête-à-tête, cet homme,
(A part.)
Qui ne sait rien et qui ne dira rien !
(Pendant que le Roi parle à la Reine, don Manoël s'approche de Ginès.)

DON MANOEL, à voix basse.

Quoi ! tant de bruit pour cette somme !
(Lui glissant une bourse dans la main.)
La voilà... mais tais-toi... sinon, tremble !

GINÈS, avec joie.

Fort bien !

(Le Roi, qui vient de parler à la Reine, rencontre, en se retournant, Ginès,
qui remonte le théâtre.)

LE ROI, bas, à Ginès.

Cent pistoles, nous disais-tu?
Les voici, mais silence... ou sur-le-champ pendu !

GINÈS, faisant sauter une bourse dans chaque main.

Encor !

LA REINE, qui a réfléchi.

C'est juste... allons, parlons-lui seule...

(A Ginès.)
Avance !

Parle, réponds-moi !

LE ROI, de l'autre côté.

Du silence !

LA REINE, à Ginès.

Ton récit contient-il toute la vérité?

GINÈS, avec embarras.

Hé ! hé ! hé ! hé ! hé ! hé !

LA REINE.

Jusqu'à lui qui ne veut rien dire !
Parleras-tu ?... Dieu ! quel martyre !

GINÈS, de même.

Hé ! hé ! hé !

LA REINE, à don Manoël et au Roi.

Qu'en dites-vous?

LE ROI et DON MANOEL.

Hé ! hé ! hé !

JAPHET, à part.

Qu'ont-ils donc tous?

Ensemble.

GINÈS.

Ah! prenons garde, etc.

DON JAPHET.

Ah! prenons garde, etc.

LE ROI et DON MANOEL.

Ah! prenons garde, etc.

LA REINE.

Prenez bien garde, etc.

(Sur la ritournelle, une dame d'honneur sort de la porte, à droite.)

UNE DAME D'HONNEUR.

Le service de la Reine attend pour la toilette.

LA REINE, avec impatience.

Et Giralda que je voulais interroger... (Montrant Ginès.) Et cet homme que je veux faire parler!

LE ROI.

Sans doute... mais l'étiquette, à laquelle la Reine d'Espagne ne peut se soustraire... l'étiquette avant tout!

LA REINE, avec ironie.

Vous y tenez beaucoup aujourd'hui, Sire!... (A don Manoël, montrant Ginès.) Don Manoël, assurez-vous de cet homme... vous m'en répondez... plus tard, je m'occuperai de Giralda et de lui... je rejoins ces dames qui m'attendent. (Au Roi.) Vous nous suivez, Sire?

LE ROI.

A l'instant même!

(Don Manoël et Ginès sortent par le fond; la Reine et la dame d'honneur sortent par la porte à droite.)

SCÈNE IV.

LE ROI, DON JAPHET.

LE ROI, à don Japhet, qui veut sortir.

Deux mots, don Japhet, sur la scène d'hier... (A demi-voix.) J'ai tout compris!

DON JAPHET.

Sa Majesté est bien heureuse!

LE ROI.

J'ignorais, en vous emmenant au moulin, que la meunière fût votre femme... Vous, de votre côté, vous avez appelé la Reine à votre secours...

DON JAPHET.

Moi, Sire?... je vous jure...

LE ROI.

C'est de légitime défense... c'est mari... c'est très-bien... à vous la victoire... aussi, quelque gentille que soit la meunière, j'y renonce... et pour vous le prouver, à vous, désormais mon confident, je vous avouerai que j'ai déjà des vues ailleurs... une autre passion commencée... la belle Rosine de Pontevedra!..

DON JAPHET, à part, avec effroi.

O ciel!... ma femme!... (Haut, essayant de rire.) Je la connais...

LE ROI.

Parbleu! je le sais bien... vous allez souvent dans la maison... voilà pourquoi je vous en parle!

DON JAPHET.

Mais y songez-vous, Sire... une vertu si rigide, si sévère!

LE ROI, souriant.

Oh! oh! pas tant.

DON JAPHET.

Pas tant!... comment cela?

LE ROI.

D'abord, elle meurt d'envie de rester à la cour, où elle est en ce moment... ce qu'elle craint le plus au monde, c'est de retourner dans sa solitude, où elle s'ennuie à la mort... et c'est à ce sujet que je voudrais lui parler... c'est là ce que je lui écris dans ce petit billet, sans nom, sans adresse... et qui ne peut la compromettre.

DON JAPHET.

Et Votre Majesté oserait le lui remettre, à elle...

LE ROI.

Moi, que la Reine observe sans cesse!... non pas... mais vous, don Japhet!...

DON JAPHET, à part, avec indignation.

Par exemple!

LE ROI.

Vous qui êtes reçu habituellement chez elle... à moins que cela ne vous contrarie... auquel cas...

DON JAPHET, à part.

Un autre s'en chargerait!.. (Haut.) Du tout, Sire, du tout!

LE ROI, lui donnant le billet.

A la bonne heure!... tenez!...

DON JAPHET.

Quel honneur!... (A part.) Ah! je le tiens!

LE ROI.

Cachez-le donc... car voici déjà la Reine qui revient.

SCÈNE V.

Les mêmes; LA REINE, sortant de la première porte à droite; puis DON MANOEL, plusieurs Seigneurs et Pages.

LA REINE, avec émotion.

Ah! c'est un excès de scandale que je ne puis tolérer!...

moi qui voulais que ma cour fût le sanctuaire des principes les plus rigides !

LE ROI.

Est-ce qu'il n'en serait pas ainsi?... cela m'étonnerait bien

LA REINE.

Jugez-en vous-même, Sire... Je racontais, devant les dames de mon service et devant quelques dames des environs, le mariage si extraordinaire de don Japhet d'Atocha, avec la fille d'un fermier... quand tout à coup une des dames, devant qui je parlais, pâlit et manque de se trouver mal... c'était une charmante personne, fille unique d'un vieil hidalgo, Annibal de Pontevedra...

DON JAPHET, à part.

Ma femme !

LA REINE.

Laquelle se jette à mes pieds, et me demande justice en m'avouant qu'elle est secrètement mariée depuis trois mois avec ce même don Japhet !

LE ROI, vivement.

O ciel ! et moi qui, tout à l'heure, lui confiais, lui adressais...

LA REINE.

Quoi donc?

LE ROI.

Des compliments sur son autre mariage.

LA REINE, avec indignation.

Deux mariages ! deux femmes !

DON JAPHET.

Permettez, madame... daignez m'écouter !

LA REINE.

Je ne le puis... crime de bigamie... bigamie à ma cour... (Elle frappe sur un timbre qui est sur la table ; paraissent don Manoël et plusieurs seigneurs et pages de la cour.) Don Manoël, grand-maître de Saint-Jacques, M. le duc d'Atocha est votre prisonnier... je vous charge de le livrer au Saint-Office!

DON JAPHET.

Il ne manquerait plus que ça... brûlé!... brûlé vif, pour un crime que je n'ai pas commis...

LA REINE.

Vous osez nier?...

DON JAPHET, avec chaleur.

Certainement!... et puisque la vérité est connue... autant l'avouer maintenant à vous, au Roi, au monde entier... Eh! bien, oui, je le déclare... j'ai épousé secrètement Rosine de Pontevedra, mais jamais je n'ai été le mari de Giralda la meunière... jamais! jamais!...

LA REINE.

Mais, cependant, vous en êtes convenu!...

LE ROI.

Vous êtes parti avec elle, dans votre carrosse!

LA REINE.

Vous l'avez amenée avec vous, cette nuit, au palais...

DON JAPHET, au Roi.

Non, Sire... (A la Reine.) Non, Votre Majesté... les apparences sont contre moi... j'ai l'air d'un mari, j'en conviens... mais je ne le suis pas le moins du monde... et si Giralda était ici!...

LA REINE.

Elle y est.

DON JAPHET.

Comment!

LA REINE, montrant la porte au fond, à gauche.

Là! dans mon oratoire.

(Sur un signe de la Reine, les pages entrent dans l'oratoire chercher Giralda.)

DON JAPHET, avec trouble.

Eh bien, tant mieux! elle-même attestera que si j'ai une femme, ce n'est pas elle... car je n'en ai qu'une, je le jure... rien qu'une... et c'est déjà...

SCÈNE VI.

Les mêmes; GIRALDA, sortant de l'oratoire et s'avançant en tremblant; le Roi va au-devant d'elle et lui offre la main, UN DOMESTIQUE.

LA REINE, à Giralda, avec douceur.

Venez, señora, nous tenons à savoir ce qui vous est arrivé depuis hier soir... depuis votre départ de Noya... parlez!

GIRALDA, timidement.

Que Votre Majesté daigne m'en dispenser!

LA REINE.

N'êtes-vous pas montée hier soir en carrosse, seule, avec M. le duc d'Atocha!

GIRALDA.

C'est vrai!

DON JAPHET, vivement.

Eh bien! oui, j'en conviens... mais au bout de quelques instants, à la traversée d'un bois de sycomores, notre voiture a été arrêtée par une vingtaine de bandits masqués... vingt, pour le moins...

LA REINE, à Giralda.

Est-ce la vérité?

GIRALDA.

C'est possible! je n'en ai aperçu que deux!

DON JAPHET.

Je crois bien... la frayeur l'a empêchée... enfin l'un d'eux s'est écrié d'une voix terrible : « Giralda, don Japhet est un

21.

imposteur ! il n'est point votre mari !... » et pendant ce temps l'autre... (Se reprenant.) les autres brigands, me tenant le poignard sur la gorge, me demandaient : ma femme ou la vie !...

TOUS.

Eh bien !...

DON JAPHET.

J'ai préféré vivre... je suis descendu de voiture, et me suis trouvé seul, la nuit, au milieu des bois, obligé de revenir à pied, jusqu'à la ville, où je ne suis arrivé que ce matin... pendant que l'infâme bandit, qui avait pris ma place dans le carrosse, roulait en tête-à-tête avec Giralda... Voilà tout ce que je sais !

LA REINE, à Giralda.

Est-ce vrai ?

GIRALDA.

Oui, madame... et près de ce redoutable inconnu, tremblante, je respirais à peine !

COUPLETS.

Premier couplet.

Il a parlé, terreur soudaine !
Sans respirer je l'écoutais !
Mon sang s'est glacé dans mes veines,
En vain la nuit cachait ses traits !
Au son de cette voix si tendre
Impossible de se méprendre :

  Mon front pâlit,
  Mon cœur frémit,
  Car tout me dit
  Que ce bandit
  C'est lui ! c'est lui !
  C'est mon mari !
  C'est lui ! c'est lui !
  Mon vrai mari !

Deuxième couplet.

Pour moi maintenant tout s'explique,
Et ses discours mystérieux,
Et la façon dont il s'applique
A se dérober à mes yeux!
Quoi! c'est là mon seigneur et maître,
Et celui que j'aimais peut-être!

Mon front pâlit, etc.

LA REINE, à Giralda, avec bonté.

Achevez, ma fille, achevez!...

GIRALDA.

De honte et d'effroi, j'avais perdu connaissance... j'ignore combien de temps je restai dans cet état... mais lorsque je revins à moi, le jour ne paraissait pas encore, et nous étions aux portes du palais... « Là, me dit-il, là, près de la Reine, est l'asile le plus sûr pour vous... mais, quoi qu'il arrive, je veillerai toujours... » En achevant ces mots, et sans que j'aie pu l'empêcher, il m'a pressée sur son cœur, m'a embrassée, et il a disparu... Voilà tout, madame!

LE ROI, à ses gentilshommes.

C'est fort singulier, messieurs, fort singulier!...

GIRALDA, avec émotion.

O ciel! cette voix!...

LA REINE.

Qu'a-t-elle qui vous étonne?... et d'où vient votre émotion?

GIRALDA.

Pardon, Majesté... il me semblait l'avoir entendue hier soir, dans un moment...

LA REINE.

Lequel?

GIRALDA.

Je ne sais... je m'abuse sans doute

DON MANOEL, à la Reine.

En effet !

GIRALDA, dont l'émotion redouble.

O mon Dieu !

DON MANOEL.

Je crois que la señora se trompe !

GIRALDA, de même.

Cette voix...

LA REINE.

Encore !... Toutes les voix produisent sur vous un effet...

GIRALDA.

Dans le trouble où je suis, c'est tout simple !

LA REINE, à elle-même.

C'est vrai; plus je pense à cette scène d'hier, et plus je sens naître de soupçons... (Bas, à don Japhet.) que vous m'aiderez à vérifier... Nous retournerons ensemble à ce moulin de Tambra aujourd'hui même.

DON JAPHET, à part.

Laisser ma femme ici avec le Roi !... non pas !...

(La Reine va s'asseoir à la table à droite. Don Japhet et quelques seigneurs sont groupés autour d'elle. Le Roi est assis à la table à gauche et joue aux échecs avec plusieurs gentilshommes. Pendant ce temps, don Manoël s'approche de Giralda, qui est restée au milieu du théâtre dans le plus grand trouble.)

DON MANOEL, à Giralda, s'avançant vers elle.

Comment la señora a-t-elle pensé que cet inconnu, qui veillait sur elle sans rien exiger, fût un bandit ?...

GIRALDA, à part.

Ah! si j'en croyais mon cœur!... (Haut.) Pardon, monseigneur!...

DON MANOEL.

Que me voulez-vous, señora?

GIRALDA, à part, le regardant avec bonheur.

Ah! il me semble que c'est ça... ou du moins je le désirerais tant!... (Haut, timidement.) Je voulais seulement, avec tout le respect que vous doit une pauvre fille comme moi, vous demander si... vous êtes bien sûr... de ne pas être...

DON MANOEL.

Je ne comprends pas, señora!

GIRALDA.

C'est juste... Pour me faire comprendre, je n'ai qu'un mot à vous dire... non, je me trompe... deux, que j'ai entendu prononcer hier, et que peut-être m'expliquerez-vous... (A voix basse.) « Amour et mystère!... » (A part, regardant don Manoël, qui reste immobile.) Il n'a pas tressailli... il reste immobile!

DON MANOEL, froidement.

Et puis, señora?...

GIRALDA, avec douleur.

Et puis!... (A part.) Ah! bien oui, je n'irai pas lui dire le reste... puisque, hélas! ce n'est pas lui!...

UN DOMESTIQUE, sortant de l'oratoire.

Le cardinal légat attend Sa Majesté dans son oratoire!

LA REINE, vivement.

Le cardinal!... c'est le ciel qui me l'envoie!... (Aux gentilshommes.) Je ne vous retiens plus, messeigneurs... (A Giralda.) Vous, demeurez!...

(Les seigneurs sortent.)

LE ROI, se levant.

J'attendrai alors ici Votre Majesté.

LA REINE, avec colère.

En vérité!... (A part.) Il reste... il ne craint pas devant moi... (Bas, à don Manoël.) Don Manoël, pendant que je m'occuperai de vous avec le cardinal, ne les quittez pas d'un instant, je le veux, je l'ordonne!...

DON MANOEL.
Et Votre Majesté sera obéie, je le jure!
LA REINE.
Don Japhet, mon livre d'heures!
DON JAPHET, à part.
Ah! quelle idée!...
(Il va chercher le livre sur la table à droite, et y glisse le billet que lui a remis le Roi, puis il donne le livre à la Reine.)
LA REINE, à don Manoël.
Et à trois heures, à trois heures nous vous attendons dans la cathédrale!
DON JAPHET, à part.
Et moi, je vais retrouver ma femme, et ne la quitterai plus!...
(La Reine entre dans son oratoire, et don Japhet sort par la porte à droite.)

SCÈNE VII.

GIRALDA, LE ROI, DON MANOEL, un Affidé du Saint-Office.

TRIO.

LE ROI, à don Manoël.
L'histoire est fabuleuse, admirable, sublime,
N'est-il pas vrai ?
DON MANOEL.
Oui, Sire.
LE ROI.
    Un mari complaisant,
Qui doit être en ces lieux et garde l'anonyme...
DON MANOEL.
Il a tort !
LE ROI.
Oui, sans doute, il a tort d'être absent,

De laisser dans les pleurs aussi gentille veuve !
Notre devoir à nous est de la consoler !

DON MANOEL.

Vous, Sire ?

LE ROI.

Oh ! oui, j'en veux du moins tenter l'épreuve.
(A demi-voix.)
Si tu m'aimes, va-t'en !

DON MANOEL.

Moi, Sire, m'en aller !...
Je ne le puis !...

LE ROI.

Comment !

DON MANOEL, en confidence.

J'ai reçu de la Reine
L'ordre formel de rester là...
De ne pas vous quitter !

LE ROI, riant.

Bon, je comprends cela.
(Lui montrant la table, à droite.)
Eh bien ! tu peux dormir, lire ou faire sans peine
Comme si tu n'étais pas là...
(S'adressant à Giralda, qui, pendant les couplets suivants, a les yeux
constamment fixés sur don Manoël.)

COUPLETS.

Premier couplet.

Ange des cieux,
Charme des yeux !
O rose,
Fraîche éclose,
Loin du zéphir
Et du plaisir,
Tu vas languir,
Nul ne vient te cueillir !
L'amour, les grâces
Suivent tes traces,

Et cet amant
Ose être absent !
Comment, hélas !
Fuir tant d'appas !
Qui peut les fuir ne les mérite pas !
(Pendant ce couplet don Manoël fait tous ses efforts pour se contenir.)

GIRALDA, qui a toujours regardé don Manoël.
Dans tous ses traits quelle souffrance !

DON MANOEL, à part.
Ah ! la rage brise mon cœur !...

GIRALDA, de même.
Je sens renaître l'espérance
A voir son trouble et sa fureur !...

DON MANOEL, de même.
Écoutons !...

GIRALDA, de même.
Il écoute et tressaille ! ô bonheur !

LE ROI.

Deuxième couplet.

(Giralda observe toujours don Manoël.)
Loin d'un époux
Si peu jaloux,
Prudence
Est démence !

GIRALDA, parlé, regardant don Manoël.
Il se lève...

LE ROI, continuant.
En peu d'instants
Fuit le printemps,
Usons du temps,
Et malheur aux absents...

GIRALDA, parlé.
Il s'avance...

LE ROI, de même.
Naïve et belle,

L'amour l'appelle,
Et ce mari
N'est pas ici !

GIRALDA, parlé.

Il s'approche...

LE ROI, de même.
Comment, hélas !
Fuir tant d'appas !
Qui peut les fuir ne les mérite pas !

(Le Roi a pris la main de Giralda et va pour l'embrasser : don Manoël porte la main à son poignard et fait un pas vers eux : un affidé du Saint-Office entre en ce moment par la porte de l'oratoire : tous trois s'arrêtent. Le Roi va au-devant de l'affidé.)

L'AFFIDÉ DU SAINT-OFFICE, à demi-voix.

Sire ! il faut que je vous parle !

LE ROI, à part.

Cet affidé du Saint-Office, qui m'est dévoué !

L'AFFIDÉ DU SAINT-OFFICE, de même.

Un billet doux de Votre Majesté vient de se trouver dans le livre d'heures de la Reine !

LE ROI, à part.

O ciel ! ce livre d'heures, que don Japhet vient de remettre devant moi à la Reine... (A Giralda.) Pardon, señora, je reviens... (Bas, à don Manoël.) Parle-lui pour moi... (A part.) Et quant à don Japhet, je vais lui apprendre à se taire !

(Il sort par le fond avec l'affidé du Saint-Office.)

SCÈNE VIII.

DON MANOEL, GIRALDA.

DUO.

DON MANOEL, avec colère à Giralda.
Oh ! perfidie
Qui sacrifie
L'amour et l'honneur d'un époux !

GIRALDA, à part, avec joie.
Jaloux! jaloux! jaloux! jaloux!

DON MANOEL, avec colère.
Ivre de plaire,
Heureuse et fière
De voir un prince à ses genoux!

GIRALDA, avec joie.
Jaloux! jaloux! jaloux! jaloux!...

DON MANOEL, éclatant.
Oui, je le suis!...

GIRALDA, poussant un cri de joie.
C'est lui!... Dans mon délire,
Moi, si j'aspire
A voir un prince à mes genoux...

DON MANOEL.
Que dites-vous?

GIRALDA.
C'est pour vous dire
Que son empire
Est à mes yeux moins doux que vous.

DON MANOEL, avec joie.
Qu'ai-je entendu?...
Mon secret...

GIRALDA.
M'est connu.

DON MANOEL.
Ton mari...

GIRALDA.
S'est trahi!...
Dissipe ton effroi;
Je t'entends, je te vois;
Et mon cœur et ma foi
Sont à toi, rien qu'à toi!

DON MANOEL et GIRALDA.

Amour et mystère,
Ombre tutélaire,
Devise si chère,
Protége nos jours!
Qu'importe l'orage,
Si l'amour m'engage
A toi pour toujours!

DON MANOEL.

L'heure approche, on m'attend aux autels consacrés.
Par des vœux éternels il faut que je m'enchaîne;
Il y va de mes jours... Eh! bien donc, à la Reine
J'avoûrai tout ou je mourrai!

GIRALDA.

Non, tu ne mourras pas... ou bien je te suivrai!...

DON MANOEL.

Sans l'aveu de la Reine, et sans le Saint-Office,
Ne crois pas que jamais notre hymen s'accomplisse.
Ils nous sépareront...

GIRALDA.

Jamais! car j'ai ta foi...
Avec toi je veux vivre ou mourir avec toi!...

DON MANOEL et GIRALDA.

Amour et mystère, etc.

(On entend sonner trois heures.)

DON MANOEL.

Voici l'heure fatale... Adieu, je dois partir...

GIRALDA.

Non, non, rien désormais ne peut nous désunir!

DON MANOEL et GIRALDA.

Amour et mystère, etc.

SCÈNE IX.

LES MÊMES; LE ROI, regardant Giralda et don Manoël, d'abord avec étonnement, puis avec gaieté.

LE ROI, à don Manoël, qui presse Giralda sur son cœur.

A merveille! don Manoël!... si c'est ainsi que vous parlez pour moi!...

DON MANOEL.

Je ne le pouvais, Sire... car ce mari qui n'osait se faire connaître... c'est moi!

GIRALDA, montrant don Manoël.

C'est lui!

LE ROI, riant.

Décidément! je joue de malheur dans mes confidents...

DON MANOEL.

Et rien ne peut nous dérober au courroux de la Reine... rien ne peut nous sauver, je le sais, que ce ruban, Sire!...
(Il lui remet l'ordre qu'il lui a donné au deuxième acte.)

LE ROI, riant.

Le mien!... quoi! la nuit dernière... c'était lui... (A part.) C'est juste... ce devait être lui!

DON MANOEL.

Le gentilhomme qui me l'a remis, a juré de me défendre!

LE ROI.

Il tiendra sa parole, don Manoël... et ne demande pour toute récompense qu'un baiser de la mariée...

(Giralda s'incline devant le Roi qui l'embrasse sur le front; en ce moment, la Reine sort de l'oratoire et l'aperçoit.)

SCÈNE X.

Les mêmes; LA REINE.

FINALE.

LA REINE.

Dieu! qu'ai-je vu!

LE ROI, GIRALDA et DON MANOEL, à part.
La Reine!

LA REINE.
O trahison nouvelle!
Et voilà pourquoi dans ces lieux
Vous tenez tant à rester auprès d'elle!

LE ROI, montrant Giralda et don Manoël.
Pour protéger deux pauvres amoureux.

LA REINE, montrant don Manoël.
Quand l'église l'attend pour recevoir ses vœux,
Oser me soutenir...

LE ROI.
Que pour elle il soupire...

LA REINE.
Ce n'est pas vrai!

LE ROI.
Qu'ils s'adorent tous deux!

LA REINE.
Ce n'est pas vrai!

LE ROI.
Qu'ils n'osent vous le dire!...

LA REINE.
Imposture!

LE ROI.
Et qu'ici je vous le dis pour eux.

LA REINE, avec dépit, montrant Giralda.
En l'embrassant!...

LE ROI.
Loyalement,
Sans intérêt et chastement!
Demandez-leur plutôt...

DON MANOEL et GIRALDA.
Nous en faisons serment!

LA REINE, prenant le Roi à part.
Comment alors m'expliquer cette lettre :
« Dans les jardins de ce palais,
« Ce soir, ma toute belle, au bosquet d'aloès,
« Je vous attends... »
(Avec impatience.)
Eh bien?

LE ROI, froidement.
Eh bien! à don Japhet
J'avais, tantôt, prescrit de vous remettre
En secret ce billet.
Et je vois qu'il l'a fait!

LA REINE.
A moi!...

LE ROI.
Vous-même!...

LA REINE.
Un rendez-vous, à moi!...
Par écrit, et pourquoi?

LE ROI.
Pourquoi?...
(A demi-voix.)
Mais pour vous révéler qu'ils s'aiment tendrement!
Demandez-leur plutôt...

DON MANOEL et GIRALDA.
Nous en faisons serment!

LA REINE, passant à la table, à droite.

Tremblez! tremblez!... Malheur à qui m'abuse!
D'un supplice éternel je punirai leur ruse.
(Elle s'assied et écrit.)

DON MANOEL et GIRALDA.

Ah! plus d'espoir! ah! c'en est fait!
La Reine, hélas! a signé notre arrêt!

LA REINE, au Roi, lui faisant signe d'approcher.

Venez!... et près du mien mettez là votre nom.

LE ROI, hésitant et prenant le papier, qu'il lit.

Qui! moi!...

LA REINE.

Vous hésitez!
(A part.)
J'en étais sûre!

LE ROI, vivement.

Non!

DON MANOEL et GIRALDA, pendant que le roi écrit.

Ah! plus d'espoir! ah! c'en est fait!
Le Roi lui-même a signé notre arrêt!

(Pendant ce temps la Reine a frappé sur le timbre, toutes les portes s'ouvrent.)

SCÈNE XI.

Les mêmes; DON JAPHET, GINÈS, Seigneurs et Dames
DE LA COUR.

LA REINE, prenant le papier que le Roi vient de signer.

Écoutez tous...
(A part.)
Par leur mensonge extrême
Je punirai les criminels.
(A haute voix.)

De l'État la raison suprême
(A don Manoël.)
Vous condamnait à jamais aux autels;
Mais par la volonté du Roi, mais par la mienne,
Ces liens sont brisés!
(Regardant le Roi, avec un air de vengeance satisfaite.)
L'édit, signé par nous,
Vous imposant une autre chaine,
Veut que de Giralda vous deveniez l'époux!

TOUS.
O bonheur!

DON MANOEL et GIRALDA, tombant aux pieds de la Reine.
O bonheur! vous comblez tous nos vœux!

LA REINE, étonnée, regardant tour à tour le Roi et les deux amants.
Quoi! cet arrêt comble leurs vœux?

LE ROI.
Oui, grâce à vous ils sont heureux!

LA REINE, à don Japhet.
De votre hymen secret je consacre les nœuds;
Demeurez à ma cour, ainsi que votre femme.

DON JAPHET.
O ciel! trop de bonté!... Mais permettez, madame...

LA REINE.
Je le veux!

LE ROI, à don Japhet.
Oui, la Reine le veut!

GINÈS, de même, à don Japhet.
Oui, la Reine le veut!

GIRALDA, à la reine.
O Reine, par vous brille
La Castille,
Et soudain
Un jour serein
Luit par vous sur mon destin!
Pour mon offrande,
Que Dieu vous rende

TABLE

	Pages.
HAYDÉE OU LE SECRET.	1
LA NUIT DE NOEL OU L'ANNIVERSAIRE.	89
LA FÉE AUX ROSES.	185
GIRALDA OU LA NOUVELLE PSYCHÉ	279

Le bonheur,
Qui, par vous, règne enfin sur mon cœur!

LE CHOEUR.

Vive notre Reine,
Qui par ses bienfaits
A jamais enchaîne
Ses heureux sujets!

www.ingramcontent.com/pod-product-compliance
Lightning Source LLC
Chambersburg PA
CBHW060603170426
43201CB00009B/875